조사이어 웨지우드.
가난한 도공의 막내아들로 태어나 한 시대를 이끄는 거인으로 성장했다. 정규교육을 못 받고, 어릴 때 앓은 천연두의 후유증으로 오른쪽 다리를 거의 못 쓰게 되었음에도 타고난 명민함과 성실함으로 평생 배우고, 연구하고, 실험하면서 영국 제조업의 체질을 바꾸는 데 헌신했다. 이 초상화는 웨지우드의 오랜 벗이자 당대 최고 화가로 영국 왕립미술원 초대 원장을 지낸 조슈아 레이놀즈 경이 그린 것이다.

토머스 윌던과 동업하던 초창기(1754~1759년)부터 웨지우드는 두각을 드러냈다. 크림색 바탕에 녹색 유약을 곁들여 콜리플라워 모양과 질감을 섬세하게 구현한 티포트(좌, 상). 적토로 빚어 손잡이와 물대는 나뭇가지, 몸체는 꽃줄기 형상으로 장식한 주전자((우, 상). 그리고 1770년 마노 유약을 입혀 제작한 장식용 도기(아래).

재스퍼웨어 특유의 색감과 질감을 구현하기 위해 웨지우드는 3,000번이 넘는 실험과 연구를 반복했다. 그의 집요하고 성실한 성품을 그대로 보여주는 Trial Tray(작업 표본, 위). 그리고 불의 무자비하고 불확실한 속성을 연구한 끝에 발명한 고온계와 관련 논문(아래).

'왕비 폐하의 도공'이라는 칭호를 얻은 이후 밀려드는 주문을 소화하기 위해 웨지우드는 공장을 새로 마련했다. '에트루리아' 고대 그리스의 예술을 복원시키겠다는 포부를 담아, 그는 새로 지은 작업장을 그렇게 명명했다.

웨지우드와 벤틀리가 함께 물레 앞에 앉아 제작한 '에트루리아의 첫 산물'(위) 헤스페리데스 정원에 있는 헤라클레스와 벗들이 그려져 있다. 현무암의 속성을 띤 무광 자기 블랙 버설트(아래)는 '광기 어린 열병'처럼 런던의 귀족과 왕실 사람들을 매료시켰다.

하나의 작품이 세상에 나오기 위해서는 모델러와 도공, 화가의 손을 거치며 열 번이 넘는 단계를 밟아야 한다.

수백 번의 시도와 실패 끝에 드디어 포틀랜드 화병 진품(위)을 넘어서는 복제품(아래)을 만들어냈다. 도공 웨지우드의 생애에서 가장 뿌듯하고 짜릿한 순간이었다.

웨지우드의 유산은 그가 세상을 떠난 지 230년이 지난 지금도 웨지우드 사의 제품들 속에 고스란히 투영돼 있다. 1902년 시어도어 루스벨트 대통령 재임 당시 백악관에 납품한 '화이트하우스 서비스'(좌, 상), 웨지우드 당대의 장식용 화병을 현대적으로 변용한 제품(우, 상). 그리고 웨지우드 기념관 전경(아래).

조사이어 웨지우드

조사이어 웨지우드

거인의 일과 생애

새뮤얼 스마일스·송연수 옮김

황소자리

일러두기

- 이 책은 1894년 영국에서 출간된 새뮤얼 스마일스의 웨지우드 전기 《*Josiah Wedgwood, His Personal History*》를 원본으로 삼아 번역했음을 밝혀둔다.
- 초판이 나온 지 130년이 지난 책이므로 독자의 이해를 위해 부가설명이 필요하다고 판단될 경우, 옮긴이 주석을 덧붙였다.
- 익숙한 인명·지명·작품명 등은 독서 흐름을 위해 원어를 병기하지 않았다. 다만 필요할 경우 맨 처음 쓰일 때 원어를 병기했다.
- 옮긴이 주석은 위키백과를 주요 자료로 삼되, 필요할 경우 그 외 여러 자료를 참고했다.
- 도판을 곁들인 여러 권의 웨지우드 관련 서적이 시중에 나와 있던 상황에서 이 책을 쓴 스마일스는 본문에 관련 사진이나 그림을 넣는 게 불필요하다고 판단, 텍스트만으로 이루어진 평전을 완성했다. 이와 달리 한국어 번역판에서는 우리 독자의 이해를 돕기 위해 도판이 필요하다고 여겨질 경우, 관련 사진이나 그림을 곁들였다.
- 웨지우드 당대 및 후대의 사진을 입수하는 과정에서 '웨지우드 코리아'로부터 많은 도움을 받았다. 귀한 사진자료를 제공해준 '웨지우드 코리아'에 특별히 감사를 전한다.
- 본문의 문장서술 시점은 현재가 아니라 저자 새뮤얼 스마일스의 저작 시점임을 밝혀둔다.

서둘지도 머물지도 말라.
변치 않는 굳센 마음과 기쁨에 넘치는 가슴으로
쉼 없이 천천히 앞으로
활기차고 용기 있게 나아가라.

실패에 주눅 들지 말고,
성공에 우쭐대지도 마라.
고지를 점해도 더 높은 지점이 드러날지니
계속 위로 끊임없이 올라가라.

- 존 머레이John Murray 1894년, 런던

| 옮긴이의 말 |

차를 마실 때 쓰는 각종 다구는 차의 긴 역사만큼이나 나라마다 독특한 내력을 품고 있다. 그 중에서도 홍차 문화의 발상지라 할 수 있는 영국은 값비싼 차를 둘러싸고 보스턴 티파티, 아편전쟁 등 굵직한 역사의 장면들을 만들어냈으며, '하얀 금White Gold'이라 불릴 만큼 귀한 도자기 분야에서도 남다른 성취를 이뤄낸 나라다. 특히 1759년 조사이어 웨지우드Josiah Wedgwood가 회사를 설립한 이래 선보인 도자기는 격조 있는 화려함으로 지금도 전 세계 마니아들의 사랑을 받고 있다.

웨지우드의 대표작이 무엇이냐고 묻는다면, 제품 백마크가 상징하는 포틀랜드 화병 재현품 외에 우리는 가장 먼저 '왕비의 도공Queen's Potters'이란 명성을 안겨준 크림색 퀸즈웨어Queen's Ware와 재스퍼웨어Jasperware라 불리는 '웨지우드 블루' 시그니처 색상의 저부조 스톤웨어를 떠올릴 것이다. 세상에 첫선을 보인 지 250년이

넘은 이 제품들은 회사 설립자 조사이어 웨지우드 이력의 정점이자 그의 혁신과 창의성, 결단력의 상징이기 때문이다. 다만 재스퍼웨어 화병과 티컵, 티포트 위에 새겨진 정교하고 아름다운 부조가 영국의 고전주의 대표 조각가 존 플랙스먼과 존 베이컨, 윌리엄 핵우드, 헨리 웨버를 비롯한 유명 아티스트들의 손길을 거쳤다는 사실까지 아는 이는 의외로 많지 않다.

기술의 극치가 바로 예술이라 했던가?
조사이어 웨지우드는 끊임없이 연구하고, 기술 혁신을 거듭하며 당대 최고 예술가들을 영입해 제품의 미적 완성도를 가능한 최고 수준까지 끌어올린 '시대의 장인'이었다. 지금도 많은 이들의 탄성을 자아내는 웨지우드의 저부조 작품들은 고전적 예술 미학을 도자예술에 구현하는 데 단 한 번도 타협하거나 물러서지 않았던 웨지우드의 집요한 소명의식이 만들어낸, 전인미답의 성취다.
사실 웨지우드는 단순한 도공이 아니었다. 그는 영국 왕립학회 회원FRS 학자이자 발명가이기도 했다. 오른쪽 다리를 쓸 수 없는 불편한 몸으로 낮에는 도자기를 빚고, 밤이면 실험실에 틀어박혀 연구를 이어나갔다. 영국 전역은 물론 해외 각지를 뒤지다시피 하며 흙의 성분을 일일이 분석하고, 광물질 조성이 제품에 미치는 영향을 탐구했다. 산업혁명이라는 시대정신에 발맞춰 전사인쇄 방식과 동력 선반을 이 업계에 처음 적용해 예술성이 탁월한 제품들을 대량생산하는 데 성공했다. 그때까지 왕실과 귀족의 전유물로만 여겨지던 고급 도자기들을 일반 가정의 주방에서도 사용할 수 있는 일상용품으로 탈바꿈시킨 것이다. 여기에는 대중의 안목을 고대 예술을 향유할 만한 수준으로 끌어 올리자는 그의 깊은 뜻도 담겨있었다.

또 더 많은 이들에게 제품을 홍보하기 위해 세계 최초로 상품 카탈로그를 제작하고, 환불 보증과 무료배송 서비스, 1+1 판매정책을 도입한 마케팅의 귀재였다. 그럼에도 그는 (단 한 건을 제외하고) 자신이 발명한 수많은 도예 신기술에 특허를 내지 않음으로써 경쟁자들이 고루 그 혜택을 누리도록 배려했다.

웨지우드의 남다른 인생 여정은 여기서 머물지 않았다. 그는 당대 어떤 지식인보다 거시적인 안목을 지닌 선각자이자 사회운동가였다. 누구도 흉내 내기 어려운 비전과 도량으로 도로와 철도, 대운하를 건설하는 데 발 벗고 나섰을 뿐만 아니라 영국상공회의소 개설에도 절대적인 공을 세웠다.

지역사회에 학교를 짓고, 가난한 예술가와 연구자를 음으로 양으로 지원하고, 직원들이 제 능력을 발휘하고 인격적으로 성장해 나갈 수 있도록 교육과 복지에도 세심한 관심을 기울였다.

또 노예제도의 야만성을 설파하며 노예제 폐지 운동을 물심양면으로 돕고, 종교의 자유를 찾아 떠나온 난민들을 지원했으며, 미국 독립을 열렬히 지지했다.

고결한 인품으로 조슈아 레이놀즈와 제임스 와트, 이래즈머스 다윈, 벤저민 프랭클린 같은 유수의 인물들과 교유하고, 윌리엄 핵우드, 헨리 웨버 등 당대 최고의 예술가들을 영입해 함께 작업했다.

무엇보다 무학에 가까운 처지에서 오로지 스스로의 힘으로 공부해 발명가이자 학자로서 영예로운 영국왕립학회 회원에까지 올랐던 그는 자애로운 부성으로 자녀들을 모두 훌륭하게 키워냈다. 잘 알려져 있다시피 그는 《종의 기원On the Origin of Species》의 저자 찰스 다윈Charles Darwn(1809-1882)의 외할아버지이며, 다윈의 사촌이자 아내인 엠마 웨지우드Emma Wedgwood(1839-1882)의 친할아버지로도 유명하다.

한마디로 표현하자면, 웨지우드는 당대인들뿐 아니라 후대 사람들이 믿고 본받을 만한 '큰 어른'이었다.

이처럼 다양한 측면에서 경이로운 활동을 펼쳐나간 조사이어 웨지우드의 삶을 한 번쯤 상세하게 들여다보고 싶었다. 이 흥미로운 인물을 만나기 위해 국내 자료들을 탐색했지만, 아쉽게도 단편적인 언급 외에 그의 일생을 자세히 소개한 책을 찾을 수 없었다. 하는 수 없이 해외 원서로 눈을 돌리게 되었고, 그 중 저서 《자조론Self-Help》의 대표 인물로 웨지우드를 꼽은 새뮤얼 스마일스의 《웨지우드 평전》을 구해 줄을 그어가며 읽었다.

웨지우드의 삶을 다룬 영문 전기나 평전은 수십 종에 이른다.

그 많은 저서 중에서 이 책을 선택한 데는 특별한 이유가 있다. 19세기 영국의 탁월한 전기작가였던 스마일스는 이 책에서 웨지우드가 이뤄낸 성취 자체를 연대기처럼 나열하기보다 여러 가지 육체적·물리적 한계를 지녔던 그가 어떤 생각과 자기 단련을 거쳐 그 길에 이르렀는가를 보여주는 데 주력한다. 수많은 육필 원고와 편지를 토대로, 시골 마을 가난한 도기제조업자의 막내로 태어난 웨지우드의 유아 시절부터 명민한 그가 10대 초반 성치 않은 몸으로 물레 앞에 앉아야 했던 현실, 타고난 재능과 근면성을 지지대 삼아 자기 삶을 끌어올리고 마침내 영국 산업의 큰 기틀을 세우는 거인으로 성장하는 과정을 격변하는 시대 풍경이라는 밑그림 위에 한 편의 파노라마처럼 입체적으로 그려낸다.

물 흐르듯 자연스럽게 전개되는 스마일스의 필력을 따라 웨지우드와 그의 친구들, 웨지우드가 만들어낸 작품들에 얽힌 흥미진진한 히스토리를 탐독하는 과정은 실로 오랜만에 느끼는 매혹과 희열의 시간이었다.

이처럼 혼자 읽기엔 너무나 값진 내용을 가능한 많은 분들과 공유하고 싶은 마음이 간절해지던 차에 황소자리 출판사에서 흔쾌히 번역판을 출간해보자고 제안해주었다. 더없이 감사한 일이다. 또한 일부 사진을 제공해준 웨지우드 코리아에도 감사를 전한다.

다만 18세기 인물에 관한 책이다 보니 현재 시점으로 볼 때 더러 생소한 인물이나 상황이 그려질 수도 있다. 도자기 관련 전문 용어가 종종 튀어나와 당혹스러울지도 모른다. 이에 번역자 주석을 되도록 상세히 병기했다.

웨지우드라는 멋진 인물과 만나는 일이 부디 당신에게도 놀랍고 충만한 경험이기를 바라며….

2024년 초겨울, 송연수

| 저자 서문 |

조사이어 웨지우드의 삶을 다룬 책들이 이미 여러 권 출간된 상황에서 또 한 권을 보태는 데 대해 먼저 양해를 구한다.

본래 웨지우드 가문으로부터 이 걸출한 조상의 삶을 재구성해 달라는 요청을 받은 사람은 게티Charles Tindal Gatty(1851-1928, 영국 골동품학회 회원, 골동품 수집가, 음악가, 작가, 강사 — 옮긴이) 씨였다. 하지만 수차례 작업이 중단된 후 진척되지 않는 상황에서 게티 씨는 이미 대중에게 잘 알려진 《웨지우드의 삶Life of Wedgwood》을 썼던 나를 떠올렸다. 그리하여 게티 씨가 웨지우드 가문으로부터 전달받은 자료 일체를 내게 넘기며 작업을 대신해달라고 요청했고, 고심 끝에 이 책을 쓰기로 결심한 것이다.

이 자료들은 이전의 웨지우드 전기작가들이 미처 조사하지 않은 많은 내용을 포함하고 있다. 특히 스태포드셔Staffordshire 출신 '도예 대가'의 개인사를 새롭게 엿볼 수 있는 육필 원고야말로 대단히 소중한 유산이다. 점토와 가마, 색채에 관한 여러 실험 기록 등 당시까지만 해도 조악했던 영국의 도예품을 그가 어떻게 국가 주력 상품으로 변모시켰는지에 관한 흥미로운 이야기가 일기와 비망록에 잘 나타나 있다.

이 기록들에 드러난 웨지우드의 지칠 줄 모르는 근면성과 도전적인 기업가정신은 1759년부터 1794년까지 다양한 양태로 계속되다가 그가 사망하기 불과 몇 주 전 '웨지우드 선생을 위한 다윈 박사의 처방전'으로 끝을 맺는다. 또 이 기록들에는 아내와 자녀들, 아티스트, 에이전트, 파트너와 주고받은 수많은 서신은 물론 송장, 거래명세표, 과학저널 발췌본, 공기, 광물, 석탄, 점토, 빛깔, 유리에 관한 실험보고서, 나아가 건물, 운하 항행, 화석, 원예, 편자술, 유료도로, 온도계, 화병, 여행 등 온갖 주제들에 관한 메모가 뒤섞여 있었다.

그의 수많은 편지와 원고에는 오랜 시간 에트루리아Etruria(1769년 스태포드셔 스토크온트렌트에 웨지우드가 고대 그리스와 에트루리아 예술작품 부활이라는 사명을 걸고 세운 도자기 공장의 이름에서 유래한 지역 이름—옮긴이)에 보관되어 있던 적지 않은 자료들도 포함돼 있다. 사실상 폐지나 다를 게 없는 상태였는데, 일부는 금 세공인이자 골동품상인 조지프 메이어의 수중에 있다가 그가 수집한 웨지우드 도자기 컬렉션과 함께 리버풀 공공박물관에 기증되었다.

메이어 컬렉션 책임자의 배려 덕에 나는 자료들을 모두 집에 가져와 시간을 두고 검토할 수 있도록 허가를 받았다. 이 자료 속에서 웨지우드의 많은 편지들을 발견했지만, 그의 절친이자 주된 서신 교환자인 토머스 벤틀리Thomas Bentley(1731-1780)의 편지는 전혀 보이질 않았다. 벤틀리의 편지를 무척 소중하게 여겼던 웨지우드로서는 언제라도 읽어볼 수 있도록 어딘가에 잘 모아서 보관해 두었을 텐데, 지금도 행방이 묘연하다. 아니면 런던 주재 파트너이자 세일즈맨으로서 역할 외에, 벤틀리가 웨지우드의 사업과는 별 관련이 없었을 수도 있다.

그런가 하면 서튼 리치필드 인근 리틀 애쉬턴에 사는 고다드 양의 도움으로, 그녀가 입수한 다른 자료들도 참고할 수 있었다. 특히 그중 일부는 웨지우드가 왕립학회 회원 자격을 얻은 계기가 된 고온계pyrometer 발명과 연관된 내용이라 더욱 눈여겨볼 만하다.

이 책에는 웨지우드의 작품들을 묘사한 삽화는 넣지 않았다. 이미 르웰린 즈윗Llewellyn Jewitt(1816-1886. 영국의 삽화가, 조각가, 자연과학자이자 《The Wedgwoods》(1865), 《The Ceramic Art of Great Britain》의 저자 ― 옮긴이), 메티야드Eliza Meteyard(1816-1879. 영국의 작가. 웨지우드와 그 도자기에 대한 권위자로 《Life of Josiah Wedgwood》를 저술 ― 옮긴이), 처치Arthur Herbert Church(1834-1915. 영국의 화학자이자 화학 교수. 도자기, 광물 전문가, 예술가. 《English Porcelain》《Josiah Wedgwood, master-potter》의 저자 ― 옮긴이)의 전기가 출판된 적이 있고, 웨지우드 작품의 독보적 전문가인 프레더릭 래스본Frederick Rathbone(생몰연도 미상. 영국 작가로 《Old Wedgwood》를 비롯해 웨지우드 관련 저서와 작품 카탈로그 집필 및 제작 — 옮긴이)의 눈부신 삽화들이 퀴리치Bernard Alexander Christian Quaritch(1819-1899. 독일 태생 영국 서적상이자 수집가. 그의 아들 버나드 퀴리치(1871-1913) 역시 저널리스트이자 서적수집가이며 도서관 건립자였다. 1847년 설립한 회사 Bernard Quaritch Ltd는 지금도 희귀서적과 원고를 수집, 출판 중이다 — 옮긴이) 씨에 의해 곧 나올 것이기 때문이다. 아펠이 추진한 이 출판물은 흠잡을 데가 없을 정도다. 삽화로 공개될 품목들은 1760년부터 1795년까지 웨지우드가 생산한 화병, 플라크plaque(명판 혹은 평판. 사람·사건 등을 기려 이름과 날짜를 적어 벽에 붙여놓는 물건 — 옮긴이), 메달리언, 초상, 인탈리오intaglio, 카메오 등이다.

끝으로 노발리스Novalis(1772-1801. 독일 낭만파 시인 — 옮긴이)가 괴테와 웨지우드의 작품을 비교하며 언급한 말을 인용하는 것으로 이 간략한 서문을 마치도록 한다.

괴테는 진정 실질적인 인물이다. 괴테가 어떤 사람인지 그의 작품 속에 고스란히 드러나듯, 웨지우드의 인품이 그의 제품 속에 그대로 스며있다. 단순하고, 단정하며, 정격이고, 견고하다. 웨지우드가 영국 예술세계에 끼친 영향은 괴테가 독일 문학세계에 미친 것과 같다.

차례

옮긴이의 말 • 6
서문 • 12

1장 그의 출생과 교육 • 19
2장 웨지우드 가문의 기원 • 25
3장 조사이어 웨지우드, 일의 원리를 터득해나가다 • 39
4장 웨지우드, 동업자들과 손을 잡다 • 49
5장 웨지우드, 독립 사업가로 첫 발을 내딛다 • 59
6장 눈부신 기술 향상, 그리고 벤틀리와의 우정 • 73
7장 웨지우드의 결혼 • 87
8장 웨지우드, '왕비 폐하의 도공'으로 선정되다 • 95
9장 에트루리아 설립, 벤틀리와 동업 • 110
10장 스태포드셔를 관통하는 도로와 운하를 건설하다 • 117
11장 실험 또 실험, 무수한 형태로 진화하는 제품들 • 132
12장 오른쪽 다리를 절단하다 • 146
13장 거듭되는 혁신! 웨지우드가 도달한 예술의 경지 • 157

14장 예술이 일상을 만날 때 • 177

15장 17~18세기 유럽 도자기 발전의 선구자들

    : 팔리시와 뵈트거, 쿡워시 외 • 200

16장 콘월 여행 • 214

17장 웨지우드와 플랙스먼 • 231

18장 벤틀리의 죽음 • 266

19장 웨지우드의 고온계 • 285

20장 마침내 '포틀랜드 화병'을 완벽하게 복제하다 • 303

21장 자녀교육, 그리고 그의 마지막 • 318

22장 웨지우드의 인품 • 338

찾아보기 • 349

1장

그의 출생과 교육

조사이어 웨지우드는 1730년 잉글랜드 중부 스태포드셔주 버슬렘Burslem(스토크온트렌트 시의 한 마을, 스토크로 줄여 말하기도 함—옮긴이)의 처치야드 작업장Churchyard Works에 딸린 작은 집에서 태어났다. 그의 실제 출생일은 명확히 알려지지 않았지만 버슬렘 세인트 존스 교구 등록부에 세례 기록이 남아 있다.

토머스 웨지우드와 메리 웨지우드의 아들 조사이어, 1730년 7월 12일에 세례받다(스토크온트렌트에 있는 그의 묘비에는 '1730년 8월 출생'이라 새겨져 있다. 그러니 한 달 전 세례를 받은 것으로 나오는 교구 명부는 오기임이 틀림없다).

조사이어의 조상들은 대대로 도공이었다. 조사이어의 아버지는 처치야드 작업장이 자리한 자그마한 토지를 갖고 있었다. 어머니의 처녓적 이름은 메리 스트링어Mary Stringer, 비국교도 목사의 딸로 알려져 있다. 그녀는 아담한 체구에 세심하고 계획적인 성품의 소유자였다. 신속하고, 합리적이며, 친절한 여성이었다.

토머스와 메리 웨지우드는 모두 열세 명의 자녀를 두었다. 아들 일곱, 딸 여섯으로, 조사이어는 그중 막내였다. 열세 자녀 중 막내라는 점에서는 그와 동시대인인 리처드 아크라이트Richard Arkwright(1732-1792. 영국의 방적기 발명가이자 기업가 — 옮긴이) 경과 닮은꼴이다.

1710년부터 1715년까지, 버슬렘은 스태포드셔 도기 제조업의 본고장이었다. 버슬렘에 있는 50명 도공 중 다수의 성이 웨지우드였다. 그들과 그 조상들이 200년 넘게 도공으로 일해왔기 때문이다. 버슬렘은 '버터 포터리Butter Pottery'로도 불리곤 했다. 버터 포트를 주로 만들던 곳이라는 의미다. 이곳에서 제조된 도기들은 대부분 거친 질감과 조악한 디자인에다 깨지기 쉬운 재질이었지만 형태나 장식 면에서 감각이 전혀 없는 것은 아니었다.

18세기 초 한리Hanley(지금 이곳은 인구 4만 명이 거주하는 마을이다 — 저자)에도 7개의 도자기 제조소가 있었다. 하지만 그 작은 마을에는 말 한 마리와 노새 한 마리가 전부였으며, 마차를 비롯해 그 어떤 운송수단도 없었다. 도로 사정은 짐을 나르는 말들조차 지나다니기 어려울 지경이었다. 그곳에서 사용되는 석탄은 남녀 가릴 것 없이 등짐으로 져서 날라야 했다.

조사이어의 어린 시절에 대해서는 알려진 것이 거의 없다. 안타깝게도 따로 언급할 만한 당시의 가족 편지나 일기, 전기자료로 쓸 만한 기록도 없다. 이따금 관행이나 추측에 기댄 출판물들이 보이지만, 정확한 사실에 근거한 것은 아니다.

조사이이가 대가족의 일원이라는 건 전체적으로 보아 행운이었다. 태어나자마자 아이들만의 작은 세상에 둘러싸이게 되는 대가족의 자녀들은 형제자매들 간 접촉을 통해 일종의 사회적 교육을 받는다. 그 과정에서 공립학교에 입학한 소년들과 마찬가지로, 모난 기질은 다소 둥글고 부드럽게 바뀐다. 되도록 원만한 삶을 살길 바란다면, 특히 조사이어처럼 출세하려면, 서로 주고받을 줄도 알아야 한다.

말타기를 좋아했다는 것 외에 그의 소년 시절에 대해 기록된 것은 많지 않다. 주로 처치야드 작업장 인근 공터와 들판을 쏘다니거나, 짐말들이 제조소 앞에 서 있을 때면 짐꾼이 쥐고 있는 말에 훌쩍 올라타곤 했다.

어머니는 그야말로 '대가족'을 꾸리느라 늘 할 일이 태산이었다. 식구들을 먹이고 입히고 보살피느라 여념이 없었지만, 어느 것 하나 소홀히 하지 않았다. 앞서 언급했듯 그녀는 쾌활하고 민첩하며 현명했다. 다정함이 몸에 밴 여성이라 돌볼 아이들이 많다고 해서 결코 무심하거나 냉담한 모습을 보이지 않았다. 나이 차가 많이 나는 자녀 모두를 넉넉히 품는 최고의 어머니임을 행동으로 보여주었다. 그녀는 아이들에게 진실성, 자조, 자제, 인내와 같은 삶의 기본 원칙들을 가르쳤으며, 무엇보다 근면의 가치를 강조했다. 실로 이보다 더 큰 가르침은 없으리라!

막내 조사이어의 학교 교육에 관해서는 남아 있는 기록이 거의 없다. 걷기 시작하자마자 글자를 가르치는 동네 서당Dame's School(주로 여성이 자택에서 운영한 초급 학교 — 옮긴이)에 보내졌다. 이곳이 당시 버슬렘에 있는 유일한 학교였다. 사실 조사이어의 교육을 위해서라기보다는 형들과 누이들을 훼방하지 못하도록 떼어 놓은 것에 가깝다.

시미언 쇼Simeon Shaw라는 향토사가에 따르면, 1750년 무렵까지는 버슬렘의 어느 누구도 읽고 쓰기 이상을 배우지 않았다고 한다. 그 후 몇몇 사람들의 기부금으로 무료학교가 세워져 성경 읽기, 글씨 쓰기, 기초연산 법칙을 가르쳤다고 하니, 당시 조사이어의 교육은 읽고 쓰기에 한정될 수밖에 없었다.

일곱 살 무렵 조사이어는 블런트 씨가 맡고 있던 뉴캐슬언더라임Newcastle-under-Lyme의 한 학교에 다니게 되었다. 버슬렘에서 5.6킬로미터가량 떨어져 있었지만 그는 들판을 가로질러 걸어 다녔다. 그의 학우 중 몇몇은 훗날 상당한 명망을 얻었다. 물론 웨지우드만큼 위대한 업적을 이룬 사람은 없지만….

그는 이 학교마저 아주 짧은 기간만 다녔다. 1739년, 조사이어의 나이 겨우 아홉 살 때 아버지가 사망하면서 학교를 그만두게 된 것이다. 그때까지 배운 거라곤 읽기와 쓰기, 기초 셈법이 전부였다. 그 외 모든 지식과 학습은 스스로 일궈낸 것들이다. 나중에 다시 언급하겠지만 브린들리James Brindley(1716-1772. 영국의 기술자이자 운하 개척자로 입지전적인 인물—옮긴이)와 스티븐슨George Stephenson(1781-1848. 증기기관차 발명가—옮긴이) 등 기업가정신이 충만한 행동가들처럼, 그 역시 대부분 독학으로 학업을 이어나갔다.

조사이어의 아버지 토머스 웨지우드는 돈이나 재산을 거의 남기지 않고 세상을 떠났다. 1739년 6월 26일 그가 남긴 유언에 따라 처치야드 작업장과 토지는 장남인 토머스가 이어받았고, 아내의 여생과 자녀들의 양육비로 충당할 예비자금이 조금 책정되었다. 여섯 자녀가 성년인 20세에 이르면 각각 20파운드씩 지급하게 되어 있었으나, 장녀 앤만은 여기서 제외되었다. 아마도 아버지의 심기를 크게 거스른 잘못을 했던 것으로 추정되는데, 그는 눈을 감는 순간에도 딸을 용서하지 않았다.

조사이어도 20파운드를 받은 여섯 명에 속했고, 이 돈은 장차 그가 독립할 때 손에 쥔 전 재산이었다. 훗날 조사이어는 이렇게 회상했다. "나는 사다리의 가장 낮은 단에서부터 시작했다."

조사이어의 교육 얘기로 다시 돌아가서, 에든버러대학교 자연철학 교수 존 레슬리John Leslie(1766-1832. 스코틀랜드 출신 수학자이자 물리학자, 열 연구로 유명하다—옮긴이) 경은 한때 조사이어 웨지우드 자녀들의 가정교사였던 인연 덕에 조사이어의 개인사에 대해 많이 알 뿐만 아니라 그의 생애 기록도 일부 모아두고 있었다.

그의 전언에 따르면, 웨지우드의 초기 교육은 일반 시골학교 학습에 한정돼 있었다. 즉, 다른 언어는 고사하고 모국어조차 제대로 가르치지 않는 수준이었다. 레슬리 경은 웨지우드가 교양교육의 혜택을 전혀 누리지 못했음에도 불구하고, 오로지 근면함과 성실함으로 스스로 유용한 지식을 쌓고 그렇게 키워낸 지적 능력을 적재적소에 적용해 나갔다고 평했다.

레슬리 경은 조사이어가 훗날 자신의 성공을, 긴 병을 앓느라 뜻하지 않게 주어진 '기회'에 돌렸다고 기록하고 있다. 지적 훈련의 결핍을 독서로 만회하려 애썼던 그의 불안과 열망, 나아가 인생 초반에 가능한 한 여러 지식을 습득하라고 자녀들을 독려하던 아버지로서의 조바심은 그가 못 배운 한을 얼마나 가슴에 사무치도록 품고 있었는지를 여실히 보여준다.

조사이어의 독학 과정과 자녀교육 방식은 뒤에서 상세히 설명할 것이다.

2장 ─────

웨지우드 가문의 기원

스태포드셔에 웨지우드라는 성이 너무 많다 보니 모두가 한 문중으로 여겨질 정도다. 초기에 버슬렘과 그 이웃 마을에 주로 거주하던 그들은 시간이 흐르면서 요크셔, 체셔, 컴벌랜드, 웨스트모어랜드와 기타 지방까지 널리 퍼져 살았으며, 그중 상당수가 대를 이어 요업에 종사했다.

웨지우드라는 성은 17~18세기 버슬렘 교구 등록자의 절반을 차지했고, 당시 교구 주민 3분의 1이 이 성을 쓴 것으로 알려져 있다. 일설에 따르면, 최초의 웨지우드라고 할 만한 인물이 스태포드셔의 작은 마을인 웨지우드Weggewood라는 곳에 살았다고 한다. 뉴캐슬언더라임 서쪽에서 약 6.4킬로미터 떨어진 곳으로, 에드워드 3세 시절로 거슬러 올라간 1370년쯤 웨지우드 마을의 토머스라는 사람이 이 마을 10인조 조합원 혹은 조합장(고대 영국법으로 10인 1조의 연대책임 제도 — 옮긴이)을 맡고 있었다.

웨지우드 가문은 요업뿐만 아니라 명망 있는 집안 여성과 결혼하는 방식으로 재산을 불려 나갔다. 1470년, 존 웨지우드는 존 쇼John Shaw의 딸이자 상속녀인 메리와 결혼하면서, 릭Leek 인근 노턴 교구 내 해러클즈Harracles 영지를 소유하게 되었다. 이 재산은 장자가 물려받았으나 어쩌다 금방 바닥이 나 버렸다.

이 가문의 차남 혈족이 버슬렘으로 옮겨왔고, 그들의 장자인 길버트 웨지우드가 1600년경 토머스 버슬렘 씨의 딸이자 공동상속녀인 마거릿과 결혼해 버슬렘 웨지우드와 토머스 웨지우드를 낳는다.

둘째 아들 토머스 웨지우드 1세(혼돈을 피하기 위해 이하 1세, 2세, 3세, 4세로 표기 — 옮긴이)는 상당한 자산가였다. 그는 서너 곳의 작업장을 포함해 버슬렘의 상당 부분을 소유했고, 마거릿 쇼와 결혼해 여러 명의 아들딸을 두었다. 그는 1679년에 사망했다. 이 토머스가 바로 '오버하우스 웨지우드 가Overhouse Wedgwoods' '처치야드 웨지우드 가'라 알려진 가문의 직계 조상이다. 주로 후자로 불린 이유는 도기 제조소가 버슬렘 처치야드 인근에 있었기 때문이다.

토머스 웨지우드 1세와 마거릿 쇼의 아들인 토머스 웨지우드 2세는 1684년 작은 영지의 소유주인 매리 리와 결혼했다. 그들은 네 명의 아들과 다섯 명의 딸을 두었는데, 그중 장남인 토머스 웨지우드 3세가 처치야드 제조소를 물려받았다. 그리고 성인이 되자 메리 스트링어와 결혼해 아들 일곱, 딸 여섯, 도합 열세 명의 자녀를 두었다. 조사이어가 바로 이 집의 막내인 것이다.

도공 집안인 웨지우드 가문의 기원으로 돌아가자면, 1612년 버슬렘에 정착한 길버트 웨지우드가 긴 도공 가계의 직계 조상이라는 걸 알 수 있다. 그는 일상적으로 사용할 여러 종류의 도기들을 제조했다. 당시 흔한 도기류로는 주로 버터 포트, 대야, 항아리와 주전자, 사발 등이 있었고, 숟갈과 접시 용도로 쓸 목재 식기류도 겸용되었다.

당시 최고의 도기는 해외 수입품으로, 특히 네덜란드 델프트 산이 대부분이었다. 스태포드셔 도공들은 해외 도공들을 모방하려 애썼고 결국은 성공했다. 오래지 않아 수입품에 필적할 제품을 만들기 시작한 그들은 국내 시장 점유율을 조금씩 넓혀나갔다. 델프트식 도기는 17세기 말까지 버슬렘에서 제조되었다. 1691년 존 웨지우드라는 사람이 델프트 스타일의 퍼즐 저그Puzzle-Jug를 만들었다. 퍼즐 저그라 불린 이유는 저그의 여러 면에 구멍을 뚫어 놓아서, 흘리지 않고는 도저히 마실 수가 없었기 때문이다. 저그 위에는 아래와 같은 문구가 새겨져 있었다.

여기, 신사 양반들 와서 한번 시험해 보시오.
원한다면 내기를 걸겠소이다.
술을 다 마실 수 없다는 쪽에 말이오.
한 방울도 흘리거나 쏟지 않고서는.

17~18세기 스태포드셔에서 만들어진 퍼즐 저그. 상부 손잡이 부분에 커다란 구멍이 뚫려 있고 주전자 몸체에는 짓궂게 웃는 소년 얼굴과 함께 '술을 흘리지 않고 마실 테면 어디 한번 시도해 보라'는 문구가 적혀 있다.

버슬렘에서 생산된 17세기 중반의 도기 제품. 이전 시기보다 품질이 향상돼 노란색 바탕에 검정 음각 문양을 넣었으나 전체적으로 여전히 조악한 수준이었다.

웨지우드 가문은 대를 이어 도공의 길을 걸었고, 버슬렘에서 그들의 숫자는 점점 늘어났다. 그렇다고 도기류 소비에만 기대어 근근이 살아간 것은 아니었다. 토머스 웨지우드 박사(토머스 웨지우드 1세)는 17세기 말 농업과 요업을 함께 이어나갔다. '레드 리옹Red Lyon'에 살았던 같은 이름의 그의 아들도 요업과 여관업을 동시에 운영했다. 추정컨대 이때부터 대대로 박사라는 호칭을 사용한 것으로 보인다.

당시 도공들의 수익이 변변치 않아서 일꾼의 월급도 매우 적었다. 조사이어의 할아버지인 토머스 웨지우드 2세는 1715년에 여섯 명의 일꾼을 두고 있었는데 세 명에게는 주당 4실링을, 나머지 세 명에게는 주당 6실링을 지급했다.

견습생들은 그보다 훨씬 못한 임금을 받았다. 애런 우드는 1731년 토머스 웨지우드 3세의 견습공으로 일했다. 도제 시기 첫 3년간은 주급 1실링, 그다음 3년은 주급 1실링 6펜스, 그리고 마지막 7년째가 되어서야 주급 4실링을 받았다. 임금 외에 매년 새 신발 한 켤레를 지급받았다. 그렇게 견습 기간이 끝난 후 애런은 5년간 주급 5실링에 고용되었다.

여관업을 겸했던 토머스 웨지우드 2세는 도기 제조법을 향상하기 위해 나름의 노력을 쏟았다. 모조 마노와 모조 대리석 커피포트와 티포트를 만든 것 외에도, 순수한 흰색의 스톤웨어Stoneware(초벌구이 없이 단번에 만들며, 잿물에 철분을 넣고 불을 약하게 하여 구운 도자기 ─ 옮긴이)를 생산해내는 데 성공했다. 그의 직공들 또한 베이킹 접시, 밀크 팬, 포트, 저그, 사발, 피처 등 온갖 도기류를 만들어냈다.

버슬렘과 인근 마을의 사업 확장을 방해하는 가장 큰 적은 끔찍한 도로 상태였다. 18세기 초만 해도 버슬렘은 초가집들이 모여 있는 가난하고 낙후한 작은 마을이었다. 당시 스토크의 미들턴 목사는 신도들에게 겸양의 미덕을 강조하면서, 마을 사람들을 '한 지붕 아래서 부화한 참새떼'에 비유했다. 1750년 도기 제조소 옆에 토머스(조사이어의 맏형)와 존(조사이어의 셋째 형)이 세운 슬레이트 지붕으로 덮인 빅하우스Big House가 버슬렘의 유일한 건물이었다.

한리, 셀턴, 레인, 스토크는 버슬렘보다 중요도가 훨씬 떨어지는 곳이었다. 롱포트는 트렌트앤머지 운하Trent and Mersey Canal가 건설되기 전까지는 아예 존재하지도 않았다. 원래 도공들은 점토, 목재, 석탄이 나는 지역에 흩어져 살았다. 초창기 도기 제조소들은 폭 16킬로미터가량의 지역에 넓게 퍼져 있었다.

직공들과 그 가족이 사는 집은 초가지붕에 진흙을 바른 가축우리 같았고, 집 문 앞에는 두엄더미가 쌓여있었다. 이곳저곳에 깨진 도기, 망친 그릇 파편과 잿더미들도 즐비했다. 그뿐이랴. 도공들이 점토를 파내느라 곳곳에 생긴 구덩이에는 물이 고여 질척거렸다. 모든 것이 낙후하고, 비루하고, 형편없고, 비위생적이었다.

그런데도 선술집은 넘쳐나고 사람들은 술독에 빠져 지냈다. 그 연유를 따져보자면, 도기류는 대개 펍에서 팔렸기 때문이다. 도공들끼리 스포츠도 즐겼다. '메리 잉글랜드Merry England'('살기 좋은 영국'이라는 뜻의 옛 별칭 — 옮긴이)'의 비참한 잔류자들이었다! 버슬렘 중앙에는 높다란 메이폴(꽃, 리본 따위로 장식한 5월제의 기둥 — 옮긴이)이 있었다. 현재 시청이 있는 자리다. 이 주변에서 활달한 도공들이 모여 자신들만의 축제를 벌이곤 했다. 소위 오락거리라고 할 만한 것으로는 수탉 던지기, 거위 타기, 소골리기Bullbaiting(개를 부추겨 황소를 성나게 하는 영국의 옛 놀이 — 옮긴이), 곰골리기Bearbaiting(쇠사슬에 묶인 곰에게 개가 덤비도록 하는 영국의 옛 놀이 — 옮긴이) 등이었다. 특히 소골리기는 60년가량 전해 내려온 전통놀이다. 각 제조소마다 특별한 풍속이 있었지만, 보통은 주취 상태의 난장판으로 끝이 났다.

사람들의 도덕과 매너는 거칠고 야만적이며 악의적이었다. 존 웨슬리John Wesley(1703-1791. 신학자이자 사회운동가, 영국과 미국의 감리교 창시자 — 옮긴이)가 18세기 중반 도공 마을을 방문했을 때, 일단의 사람들이 모여들어 비웃으며 야유를 보냈고, 급기야 진흙을 뭉쳐 던지기까지 했다. 1760년 3월 8일과 9일자 그의 일기에는 이 같은 장면이 묘사되어 있다.

토요일, 8일
울버햄튼에서 언덕 꼭대기에 이르는 길목, 도공들이 모여 사는 마을인 버슬렘에 도착했다. 오후 5시쯤이었는데 사람들이 무리 지어 있었다. 모두들 강렬한 호기심 못지않게 지독한 무지가 내려앉은 얼굴이었다. 다만 마음이

신을 향해 있다면, 그리고 때가 온다면, 신이 이 무지몽매한 이들을 교화시켜주실 것이다.

일요일, 9일
밤에 설교를 시작하면서 모인 사람들의 수가 두 배로 늘었지만, 일부는 아무 생각이 없어 보였다. 채 끝나기도 전에 대여섯이 웃고 떠들어댔다. 그중 한 명이 던진 흙덩이가 내 머리를 스쳤지만 나도, 나머지 사람들도 아랑곳하지 않았다.

몇 년 후 존 웨슬리는 같은 장소에서 설교했고, 이번에도 자신의 일기에 다음과 같은 말을 적어두었다.

버슬렘에서 설교를 시작했다. 그나마 이곳 가난한 도공들이 콘글턴Congleton의 소위 '좀 산다는 부류'보다는 교화가 된 사람들이었다. 그럼에도 불구하고, 설교를 들으러 온 여자들은 옷차림만 보면 남자나 다름없고, 욕설도 서슴지 않았다. 모두가 무례하고 야만스러웠으며 교양이라곤 찾아볼 수 없었다.

남녀 가릴 것 없이 대부분 입에 담배 파이프를 물고 살았다. 작업장 일은 대개 남성 일꾼들이 담당했다. 도공의 아들딸들이 일을 돕기도 했다. 아들이 진흙을 퍼오면 아버지가 모양을 빚어 굽고, 내다 팔 상품이 준비되면 엄마와 딸이 바구니에 담은 다음 말이나 당나귀 등에 걸쳐 실었다. 짐꾼들은 장터와 시장을 돌며 물건을 팔았고, 가엾은 가축들은 수시로 채찍과 곤봉을 맞았다.

버슬렘 마을의 길은 최악이었다. '구덩이길'로 불렸을 만큼, 습한 날이면 질척한 구덩이투성이였다. 그릇 바구니를 실은 가축들은 찐득한 진흙탕에 푹푹 빠지는 바람에 채 몇 걸음도 걷질 못했다. 가축이 넘어지면서 그릇이 깨지기 일쑤고, 때론 다리가 부러진 말과 당나귀를 총으로 쏴 죽이거나 그냥 죽도록 길가에 버리는 일도 다반사였다. 과로에 찌든 가련한 동물들로선 차라리 다행스러운 해방이었을지도 모른다.

이 진흙 길은 특정 구역에만 한정된 게 아니었다. 말과 당나귀가 도저히 마을 길을 지나갈 수 없을 땐 인접한 공유지나 황무지 쪽으로 몰았고, 가축들은 급경사를 일렬종대로 통과해야만 했다. 버슬렘에 마차나 화차가 등장한 것은 그로부터 한참 뒤였다.

앞서 설명했듯이 나무 숟갈과 접시, 그릇들이 여전히 사용되는 가운데, 스태포드셔에서 제조하는 도기류의 질도 점차 향상되었다. 검은색 유약을 바르거나 불그레하던 그릇들은 시간이 지나면서 밝고 노란 빛을 띠는 도기들로 대체되었다. 스태포드셔에 네덜란드인과 독일인의 이민과 정착이 이어지면서 자극을 받은 결과였다. 바로 이들로부터 델프트 도기 제조 방식이 도입된 것이다. 토착 제조업자들은 살아남기 위해 외국인들과 겨뤄야만 했고, 머지않아 자신의 도기류를 해외 시장에까지 수출하게 된다. 그 경위는 다음과 같다.

17세기 말, 델프트 출신 엘러스Elers라는 두 형제가 오렌지 공The Prince of Orange(1650-1702. 네덜란드 오라녜 왕가 출신으로 오라녜 공으로도 불리는 윌리엄 3세는 메리 2세와 함께 명예혁명으로 폐위된 제임스 2세의 뒤를 이어 1689년 공동 왕위에 올랐다. 1694년 메리 2세가 천연두로 사망한 이후 단독으로 왕권을 행사했고 사후 메리 2세의 동생 앤 여왕이 뒤를 이었다─옮긴이)을 따라 영국에 왔다. 그들은 스톤웨어를 만들 목적으로 스태포드셔에 정착한 뒤 브래드웰 인근 한적한 지역에 자그마한 땅이 딸린 오래된 농가 하나를 빌렸다. 그들이 세운 도기 공장은 버슬렘과 다를 게 없었지만, 그들이 내놓은 그릇들은 이웃에서 제조된 어느 제품보다 정교한 모양새를 갖추고 있었다.

엘러스 형제가 들여온 식염유약 공법Salt Glaze(독일 라인 지방에서 15세기쯤부터 널리 쓰인, 진흙에 포함된 규산염과 식염이 증기와 화학반응을 일으켜 광택을 내게 하는 공법─옮긴이)은 영국 요업기술을 크게 향상시키는 계기가 되었다. 고온에 소금 증기로 도기를 구워내는 이 기술 말고도, 그들은 세척이나 연마 등 다양한 방식으로 점토를 조제해 도기에 정교성과 내구성, 견고성을 높였다. 그때까지만 해도 영국에서는 완전히 새로운 방식이었다. 정교한 솜씨와 우아한 디자인을 자랑하는 장식과 주형 역시 당시 스태포드셔 도공들의 실력을 훨씬 능가하는 수준이었다.

엘러스 형제들은 브래드웰 숲 근처에서 자신들의 제품에 적합한 점토 맥을 발견해냈다. 이 점토를 조심스럽게 연마해 제대로 된 광택제를 바르면, 에트루리아Etruria(에트루리아인이 거주하며 나라를 세운 고대 이탈리아의 한 지명 — 옮긴이)나 일본처럼 붉은색 도기를 만들 수 있었다. 질감 면에서 단단한 데다 디자인적으로도 경탄이 나올만한 품질이었다. 엘러스 형제는 붉은 도기류 외에 점토에 망간을 섞어 불에 구워낸 이집션 블랙Egyptian black 도기류도 만들어냈다. 이것이 훗날 조사이어 웨지우드를 비롯해 다른 스태포드셔 도공들이 만들어낸 고운 흑색 도기(블랙 버설트를 지칭 — 옮긴이)의 원형일지도 모른다.

엘러스 형제는 철통같은 기밀을 유지하며 작업을 수행해나갔다. 어떤 외부인도 그들의 작업장에 출입할 수 없었다. 창문도 전부 틀어막았다. 되도록 멍청한 자만 고용해 물레를 돌리게 했고, 바보천치라면 더욱더 환영받았다. 반면 조금이라도 기술이 있다 싶으면 비밀유지 서약서를 써야 했다. 게다가 작업 중에는 갇혀 지내고, 작업장을 나설 때도 철저히 단속을 당했다.

이러한 조치는 안 그래도 엿보고자 하던 버슬렘 도공들의 호기심을 오히려 자극하는 효과를 낳았다. 더구나 이들은 외국인이어서 토착민이 그들에게 맞서는 행위는 불법으로 간주되지도 않았다. 이러한 분위기 속에서 비밀은 끝내 밝혀질 수밖에 없었다. 두 명의 버슬렘 도공인 애스트버리와 트위포드가 기지를 발휘해 비밀을 빼내는 일에 착수한 것이다. 애스트버리는 바보인 척 연기하며 기회를 엿보다 용케 물레 돌리는 일을 얻어냈다. 바보 행세를 하기 위해 그는 일부러 실수를 수차례 저질렀고, 그때마다 쏟아지는 다른 일꾼들의 온갖 잔소리와 구박을 묵묵히 참아냈다.

하지만 애스트버리는 시종일관 눈을 활짝 뜨고 있었다. 물레를 돌리면서도 모든 과정을 조용히 주시했고, 작업장에서 쓰이는 온갖 기구들을 하나하나 눈여겨 봐뒀다. 가짜 '바보'는 작업장 구석구석을 아무런 제지 없이 다닐 수 있었다. 그리고 밤에 집으로 돌아오면 다양한 기구 모형들을 직접 따라 만들었다. 또 낮에 목격한 다양한 과정을 세세하게 기록해두었다. 그렇게 2년을 버틴 끝에 엘러스 제조소의 '비밀'을 전부 습득하게 되었다.

같은 시기, 트위포드라는 또 다른 버슬렘 도공도 엘러스 형제의 비밀을 밝혀냈다. 그 역시 실수 연발 바보 멍청이를 연기한 결과였다. 그 둘은 해고되자마자 셸턴에 각자 작업장을 열고 붉은색 도기와 흰색 스톤웨어를 만들어냈다. 일부는 식염 유약을, 일부는 방연석을 활용해 만든 그릇들이었다. 두 사람 중 애스트버리가 좀 더 성공했던 것으로 보인다. 그는 런던으로 진출해 그릇을 팔고 주문도 따냈다.

엘러스 형제는 버슬렘에서 겪은 일에 넌더리를 내며 그곳을 떠나 1710년 첼시로 옮겨갔다. 그곳에서 그들은 버킹엄 공작(1592-1628)의 후원 아래 자리 잡은 베네치아 출신 유리 제조업자들과 손잡고 또다시 제조소를 열었다. 이들의 자기는 매우 높은 명성을 얻었고, 조사이어 웨지우드의 시대가 도래하기 전까지 영국 최고의 자리를 지켰다.

갖은 수단을 써서 엘러스의 비밀을 캐낸 애스트버리는 창조와 혁신의 인물로 부상했고, 스태포드셔 스톤웨어 품질을 향상하는 데 큰 공을 세웠다. 그는 셸턴에서 처음 사업을 시작할 때부터 용기 내부를 코팅하고 세척하는 데 담배 파이프 점토tobacco pipeclay(담배 파이프를 만드는 데 사용하는 흰색 소성 점토. 무른 편이라 보통 일회용으로 쓰인다 — 옮긴이)를 사용했다. 이 점토는 각지에서 손쉽게 채취할 수 있었다. 엘리자베스 여왕 통치 시절, 파이프가 유난히 작고 독특한 형태여서 '요정 파이프fairy pipe'라 불리기도 했는데, 찰스 킨Charles Samuel Keene(1823-1891. 주로 흑백으로 작업한 영국의 예술가이자 일러스트레이터 — 옮긴이)이 줄곧 사용한 것으로 알려져 있다. 시간이 지나면서 파이프는 점점 커졌지만 항상 흰색 점토로 만들어졌다. 애스트버리는 끊임없는 노력으로 흰색 유약을 입혀 구워낸 도기류를 만들어내고, 마침내 화이트 스톤웨어까지 제조하는 데 성공했다.

혁신적인 상업 품목으로 떠오른 이 화이트 스톤웨어는 불에 태운 부싯돌을 처음으로 도입한 애스트버리의 아이디어가 빛을 발한 예다. 이 발견은 아주 우연한 계기로 찾아왔다. 당시 일반적인 여행 방법인 말을 타고 유람하던 그가 벤버리에 도착했을 때 말 눈에 심각한 염증이 생겼다. 실명까지 우려되는 상황에서 여관 손님들의 말을 돌보던 말구종이 불에 태운 부싯돌을 한번 써보라고 조언했다. 애스트버리에게는 듣도 보도 못한 처방이었다. 말구종의 말대로 부싯돌 한 조각을 불 속에 던져넣자 빨갛게 달아올랐다가 흰색으로 변했다. 이 돌이 식은 후 곱게 빻아 가루로 만든 뒤 말 눈에 불어 넣어주었더니 금세 진정되는 효험이 나타났다. 그렇게 해서 애스트버리는 무사히 여행을 이어갈 수 있었다. 관찰력이 뛰어났던 그는 부싯돌이 빨갛게 달아올랐다가 순수한 흰색으로 변한 것뿐 아니라 그 돌을 손쉽게 가루로 만들 수 있다는 사실에 깊은 인상을 받았다.

셸턴으로 돌아온 그는 부싯돌 몇 개를 더 구해 불에 태운 뒤 거기에 점토를 섞어 그릇을 만들었다. 그 결과 이제까지 생산된 그 어느 것보다 더 곱고 더 흰 용기가 탄생한 것이다. 오래지 않아 이 그릇에 대한 사람들의 선호가 뚜렷이 드러났고, 비밀은 순식간에 퍼져 나갔다. 도공 마을에서는 그 어떤 비밀도 오래가는 법이 없었기 때문이다. 이후 부싯돌은 도공들이 쓰는 일반적인 재료가 되었다.

훗날 웨지우드의 절친이 되는 공학자 제임스 브린들리가 스태포드셔와 인연을 맺은 계기는 1758년 그가 버슬렘 근처에 부싯돌 연마공장을 세우면서일 것이다. 이때의 부싯돌은 물속에서 연마되었다. 건조한 상태로 갈면 도공들이 폐병에 걸릴 수 있기 때문이었다. 이 방법을 최초로 발견한 사람은 토머스 벤슨 Thomas Benson(1708-1772. 선주이자 상인으로 애플도르 인근 바이드포드에 석회가마를 가지고 있었다 — 옮긴이)으로 알려져 있다.

이 저명한 도공의 아들인 새뮤얼 애스트버리 Samuel Astbury는 훗날 조사이어의 아버지인 토머스 웨지우드의 누이 엘리자베스 웨지우드와 결혼했다. 이로써 애스트버리 가의 능력이 웨지우드 가와 그 후손들의 천재성과 결합하게 된 것이다.

3장 ─────

조사이어 웨지우드,
일의 원리를 터득해나가다

1739년 아버지 토머스 웨지우드가 사망하자 고작 아홉 살이던 막내 조사이어는 뉴캐슬언더라임에 있던 블런트 씨의 학교를 그만두고 곧바로 형이 운영하는 도기 제조소에서 일을 시작했다. 장남인 토머스가 어머니와 대가족을 부양할 예비 자금과 함께 자그마한 토지 및 도기 사업을 이어받았다.

　조사이어는 일찌감치 모형 만들기에 천부적인 재능을 보였다. 학교 다닐 때도 종이에 그린 디자인을 정확히 오려내는 재주가 탁월했다. 형이 운영하는 공장을 자유롭게 출입하던 그는 학교를 그만둔 직후부터 머릿속에 떠오르는 대상들을 점토로 뚝딱 만들어내곤 했다. 아마도 모형을 빚는 성형modelling 분야에 남다른 재능이 있었던 것으로 보인다. 그는 종종 점토로 장난감 모형을 만들어 주변을 즐겁게 해주었다. 장터 야바위꾼 무대며, 의사와 의료도구들까지 온갖 물건을 묘사한 그의 정교한 점토 모형은 친구들 사이에서 경탄을 불러일으켰다.

긍정적이라고 볼 만한 다음 수순은 조사이어가 열네 살 나이에 형 토머스의 견습생으로 들어간 일이다. 그의 '도제증서'는 한리 뮤지엄Hanley Museum(1956년 스태포드셔 스토크온트렌트의 6개 마을 중 하나인 한리에 도자기박물관 겸 미술관이 문을 열었다 — 옮긴이)에 지금도 보관되어 있다. 도제계약서에 언급된 견습 기간은 총 5년이지만 그런 류의 계약에서 7년을 도제 기간으로 삼았던 것으로 미루어, 조사이어는 정식 계약을 맺기 전부터 일을 시작했을 가능성이 높다. 향토사학자 쇼Shaw는 그가 열한 살이라는 어린 나이부터 도공으로 일했다고 진술하고 있다. 또 윌리엄 플래처라는 일꾼도 자신이 조사이어와 그의 형 리처드에게 진흙을 공처럼 뭉쳐주었던 것을 기억한다고 말했다. 두 명의 도공이 작은 방 양쪽 구석에 앉아 있었고, 그가 둘 사이에서 진흙 던지는 일을 했다는 것이다.

처치야드 도기 제조소에 나온 그릇들은 주로 검거나 얼룩덜룩한 식기류로 베이킹 접시, 피처, 밀크 팬, 사발 등 흔한 도기류였다. 그중 버터 포트가 대량으로 생산되었는데, 약 35센티미터 깊이의 거친 실린더형 그릇으로 버슬렘 인근에서 발견되는 점토로 만들어진 것이다. 납과 망간 혼합물로 유약 처리해 구워낸 그릇들은 지게꾼이 등짐으로 날라 이웃 마을 각지에 팔았다. 아니면 당나귀에 싣고 이 마을 저 마을로 멀리 행상 나가는 도붓장수에게 팔려나갔다.

조사이어는 도기 제조술을 익히는 데 전념했다. 도공이란 물레가 있는 작업대에 앉아 물레가 회전할 때 축축한 점토를 손으로 빚어 오지항아리, 버터 포트, 사발 같은 그릇을 만드는 사람을 지칭한다. 옆에서 일꾼이 점토 덩이의 무게를 재고 그것을 회전판 앞에 앉은 도공에게 건네야 하는데, 이를 위해 고용된 어린 소녀나 소년이 밴드로 원반과 연결된 물레도 같이 돌리게 된다. 원반은 수평으로 돌아가도록 만들어져 있고, 앞에 앉은 도공은 미리 준비된 패턴이나 가이드를 따라 손과 손가락으로 그릇의 모양을 잡아 나간다. 이처럼 도공이 하는 일은 도기 성형에 있어 맨 첫 번째이자 가장 중요한 작업이다.

도기 제조 마무리 작업을 위해 고용된 다른 일꾼들도 있었다. 가령 어떤 작업실에서는 그릇의 손잡이를 만들어 굳기 전에 컵이나 사발에 붙이는 일을 하고, 또 다른 작업실에서 다양한 색채의 조각들로 장식을 한다. 토머스도 제조 공정을 조금씩 향상해 나갔다. 일례로 틀로 찍어낸 그릇들을 만들어내면서 다소 높은 수익을 올렸다. 다만 제조 공정상 이 부문이 세간의 관심을 끈 것은 조사이어가 두각을 나타내기 시작할 때부터였다. 조사이어의 초기 작품 중 몇몇은 주로 티와 디저트 용도로 디자인된 그릇들로서 파인애플, 나뭇잎, 조개껍데기, 기타 자연물의 형태를 아기자기한 주형으로 찍어낸 것들이었다. 이 재능은 훗날 그 유명한 재스퍼웨어를 대규모로 생산하는 데 아낌없이 발휘된다.

비록 나이는 어렸지만, 조사이어는 도공으로서 매우 빠르게 성장한 것으로 보인다. 그는 움켜쥔 점토의 무게를 한번에 가늠하는 재주가 있었다. 또 빙빙 돌아가는 물레 위에서 순식간에 그릇의 형태를 잡아 나가는 솜씨는 동료들의 경탄을 자아냈다. 하지만 불운한 악성 질병의 공격은 이 일마저 한동안 포기할 수밖에 없도록 만들었다.

1741년 조사이어가 열한 살을 넘긴 그해, 버슬렘에 바이러스성 천연두가 돌았다. 웨지우드가 살던 집은 처치야드와 가까웠고, 그 집 아이들 대부분이 이 역병을 앓았다. 그중 가장 심하게 앓은 아이가 바로 가장 나이 어린 조사이어였다. 머리부터 발끝까지, 융합성 발진 농포로 잔뜩 뒤덮였다. 거의 죽음의 문턱에까지 이르렀던 그는 다행히 목숨은 건졌지만, 얼마쯤 회복한 뒤에도 탈진 상태로 한동안 누워 지낼 수밖에 없었다.

이 병이 그에게 남긴 최악의 후유증 중 하나는 오른쪽 무릎의 심한 통증이었다. 여러 의사가 왕진을 왔지만 찜질, 외용약, 거머리 흡혈 등 어떤 처방도 통증을 경감시켜주지 못했다. 한 달여 지나고 가까스로 침대에서 몸을 일으키려 애쓰던 그는 힘없이 도로 주저앉고 말았다. 그러다 마침내 일어서서 목발을 짚었지만 걷기는 여전히 무리였다. 시간이 지나면서 통증은 다소 완화되었으나 무릎이 경직되고 무감각해 오른쪽 다리는 거의 쓸모없는 지경이었다. 얼마간 시간이 흐르고 나서야 서서히 힘을 되찾은 그는 간신히 작업장으로 돌아갈 수 있었다.

동료들의 관심을 한몸에 받는 동생의 능력을 눈여겨 봐온 맏형 토머스는 그를 견습생 신분으로 작업장에 묶어두자고 결심한다. 조사이어가 작업장에 들어온 지 3년이 지나 열네 살이 되던 해인 1744년 11월 11일, 그를 영구적인 고정인력으로 확보하는 의식을 치른 것이다. 즉 고용계약서를 작성하고, 서명하고, 조사이어 본인과 어머니, 맏형인 토머스(제조소의 대표) 자신, 그리고 고모부 새뮤얼 애스트버리와 삼촌 애브너 웨지우드가 증인을 섰다.

계약서에는 조사이어가 5년간 형의 도제로 일할 것이며 합의한 계약 기간이 종료될 때까지 '상기한 토머스 웨지우드의 성형 및 처리에 관한 기술 비법 및 응용을 익히고, 도제로서 거주, 복무할 것'이 명시돼 있었다. 견습생은 '리넨과 양모 모든 종류의 적합한 의복, 숙박, 세탁, 육류, 음료를 비롯해 기타 생필품을 아플 때나 건강할 때나 상관없이 모두 지급받는다.' 그리고 '그 대가로 스승은 성형 및 처리 기술을 가르치고 익히게 한다.' 하지만 견습생에게 지불할 임금에 대해선 단 한 줄도 언급되지 않았다.

도제 계약을 맺은 지 일년이 지나고, 그는 이제 열다섯 살이 되었다. 오른쪽 무릎은 여전히 경직 상태였고 통증도 여전했다. 이런저런 치료법을 시도해보고 휴식도 취해봤지만, 별 소용이 없었다. 오른 다리를 앞으로 뻗은 채 스툴에 앉아서 일하는 수밖에 없었다. 이 자세로는 물레 앞에 앉아 일하기가 힘들 뿐 아니라 효율성도 떨어졌으므로 도공 자리를 포기하는 것이 불가피했다. 누군가는 이를 재앙이라고 생각할지 모르지만, 현실은 그에게 축복으로 돌아왔다. 우리는 소위 '불운'이라 부르는 상황에 푸념을 쏟아낸다. 하지만 사실은 그 순간에 자비가 베풀어진다는 점을 명심해야 한다. 도공 의자에 앉아 일을 지속할 수 없었던 불운이 결국 웨지우드의 이력에 중요한 전환점으로 작용했듯이….

글래드스턴William Ewart Gladstone(1809-1898) 총리는 웨지우드 출생지에 들어선 '웨지우드 기념관Wedgwood Memorial Institute' 개관 축사(1863년 10월 26일 스태포드셔 버슬렘에서 '웨지우드'라는 제목으로 행해진 연설 ─ 저자)에서 다음과 같은 감동적인 발언을 남겼다.

> 여러분도 아시다시피 그 무렵 천연두가 돌았고, 그 병의 잔재가 그의 오른 다리 아래쪽을 내내 괴롭히다가 결국 절단까지 이르게 했으며, 평생토록 그를 불구로 만들었습니다. 천연두의 은혜라고 뚜렷이 기록할 만한 사례는 흔치 않습니다만, 신의 놀라운 섭리로 그 병은 웨지우드에게 이중적인 천형으로 다가왔으니, 아마도 이후 그의 독보적 탁월성의 씨앗이 되었는지도 모릅니다. 그 병은 웨지우드가 자신의 사지를 모두 동원해 활동적이고 열정적인 도공으로 성장하는 것을 막았지만, 그렇게 되지 못할 바엔 뭔가 다른 존재, 아니 더 나은 존재가 될 수 있지 않을까, 고민하게 만들었기 때문입니다. 그러한 고뇌는 그의 마음을 내면으로 향하게 했고, 자신이 가진 기술의 법칙과 비밀에 대해 숙고하도록 이끌었습니다. 그 결과, 웨지우드는 자기만의 통찰에 도달해 아테네 도공들이 갖고 있었던, 어쩌면 아테네 도공들도 부러워할 만한 비법과 기술을 통달하게 된 것입니다. 누마 왕

King Numa(Numa Pompilius Marcius, BC 753-673 로물루스를 계승한 로마 왕국의 왕 ― 옮긴이)이 동굴에서 에게리아Egeria(로마신화에 나오는 물의 님프 ― 옮긴이)로부터 로마를 통치하는 법을 전수받았다는 오랜 전설은 가차 없는 비판으로 난도질당했지만, 소년 조사이어 웨지우드가 병을 앓았고 끝내 불구가 되었다는 기록은 그 어떤 비판에도 흔들릴 수 없는 사실입니다. 즉 그는 자신이 누워있던 침대를 '동굴'로, 자문과 탐색과 숙고를 '신탁'으로 바꿔놓은 것입니다. (…)

그러나 그의 오른쪽 다리가 절단되기까지는 수년이 더 흘렀고, 그사이 웨지우드는 극심한 고통을 감내해야 했습니다. 그럼에도 그는 단 한시도 스스로를 향상하려는 노력을 게을리하지 않았습니다. 괴로운 통증의 와중에도 여전히 용기 넘치고 씩씩했으며 인내심을 잃지 않았습니다. 도공으로서 직분을 다하지 못하게 되자, 자리를 옮겨 성형대Moulder's board 앞에 앉았습니다. 처음에는 세부적인 사항들을 개선하는 데 관심을 쏟았으나, 시간이 지나고 경험이 쌓이자 새로운 제조 방식을 고안하고 탐색해 나갔습니다. 웨지우드의 초창기 노력에서 탄생한 것들 중 하나가 그 지역 황토색 점토로 만든 장식 티포트였습니다. 버슬렘에서 지금까지도 각별하게 보존되고 있는 이 작품은 '조사이어 웨지우드의 첫 번째 티포트'로 알려져 있습니다.

그는 다음 수순으로 작은 장식 그릇들을 꾸준히 제조했다. 접시, 나뭇잎 모양 피클 종지, 칼자루, 코담배 박스snuff box(서양의 가루담배를 넣는 통, 17세기 중엽부터 유럽에서는 콧구멍에 발라 냄새를 맡는 가루담배가 유행해 이를 넣는 상자가 금, 은, 놋쇠, 칠보, 상아 등으로 장식된 사치품으로 만들어졌다—옮긴이) 등을 마노, 대리석, 별갑(거북 등껍질), 반암 등의 문양을 본떠 만들었다. 이런 제품은 셰필드와 버밍엄의 칼장수나 철물제조업자들에게 금세 팔려나갔다. 이들 물건을 만드는 과정에서 웨지우드는 그 지역에서 나는 다양한 점토를 끊임없이 분석했다. 그리고 금속회metallic calces(쇠붙이나 그 원광을 태워 생긴 재 모양의 물질, 대부분 금속 산화물이다—옮긴이)로 채색하는 새로운 방법을 알아내기 위해 수없이 실험했다.

이렇듯 조사이어가 여러 실험을 하느라 너무 많은 시간을 보내자 스승이던 형은 동생에게 훈계하며 정해진 일의 수순을 벗어나지 말라고 경고하기도 했다. 그럼에도 불구하고 조사이어는 자신의 실험을 계속해 나갔다. 효율성과 독창성, 아름다움의 극치를 추구하는 직업정신은 이때부터 이미 그의 삶에 뿌리내렸다.

견습 기간 중이던 1748년 조사이어의 어머니가 사망해 처치야드 도자기 제조소 옆 남편 곁에 묻혔다. 열여덟 살이 된 조사이어는 여전히 형, 누이들과 같은 집에 거주하고 있었다. 열세 명 중 막내 조사이어만 도공으로서 두각을 보였다. 조사이어와 같은 작업실에서 일하던 다섯 살 손위 형 리처드는 도공 일에 싫증을 느끼다 제조소를 떠나 군에 입대했다. 먼 곳으로 떠난 그는 다시는 버슬렘으로 돌아오지 않았다. 리처드 웨지우드가 도공을 그만두고 차라리 군인으로 성공하리라 다짐한 것은 그리 새삼스러운 일이 아니다. 무엇보다 도기 제조소에서 일하는 젊은이들에게 주어지는 임금이 너무 적었기 때문이다. 두 형제에게 점토 덩이를 빚어 건네던 윌리엄 플래처만 해도 첫해에 주급 4펜스, 이듬해에 6펜스, 3년째가 되어도 고작 9펜스를 받았을 정도다.

여러 자료를 살펴봐도 도제 기간 중 조사이어의 행적에 관해 나오는 내용은 거의 없다. 다만 르웰린 즈윗은 그에 대해 다음과 같은 내용을 들려준다.

조사이어 웨지우드를 가장 잘 알 만한 사람들, 그러니까 그곳에 가장 오래 거주했던 몇몇 주민들로부터 전해 들은 이야기다. 지난 세기 말, 그들이 소년이었을 때 부모님과 조부모님으로부터 웨지우드만큼만 성실하라고, 웨지우드만큼만 모범적인 인생을 살라고 귀에 못이 박이도록 들었다고 한다. 일찍이 남달랐던 이 위대한 인물의 품성에 관한 증언을 직접 듣고 이 사실을 기록으로 남기게 되어 뿌듯하기 그지없다. 그 정도로 웨지우드가 훌륭한 본보기로서 고향 젊은이들에게 추앙받았다는 사실을 잘 알 수 있다.

도제 기간에도 웨지우드는 의심할 여지 없이 자기 일에 많은 애착을 보였다. 단순한 노동을 넘어 오락에 가까운 천직으로 여기며 평생토록 민첩하게 목표를 추구해나간 것이다. 그는 이 분야에 관한 한 당시 존재했던 모든 기술을 상세하게 익혔다. 이미 알려진 기술은 물론, 형의 제조소에서 미처 도입하지 못한 기술들까지…. 화학적·기계적 부분들까지 꾸준히 독학으로 연마했을 뿐 아니라, 그 적용과 응용 사례들을 확대하고 발전시키는 데 열의를 보였다. 그 시절에도 이미 그는 몇 가지 신기한 성과들을 스스로 일궈냈고, 자신의 작품들을 선보이기 시작했다. 작은 견본에 불과했던 초기 작품 중 하나가 바로 훗날 찬사를 받은 크림 컬러 혹은 퀸즈웨어Queen's Ware의 원형이 되었다.

지금까지 조사이어 웨지우드가 인생 초반에 보여준 남다른 발자취를 돌아보았다. 그 과정에서 정작 가족이 그의 열정과 인내의 가치를 제대로 알아보지 못했다는 점과 차라리 남들에게서 자신의 재능에 대한 격려를 구하지 않을 수 없었다는 점은 뜻밖이다. 하지만 기억해야 할 사실이 있다. 맏형 토머스 웨지우드가 아버지의 일을 이어받았을 때, 스태포드셔 도기 사업은 조사이어가 평생 일군 사업에 비해 아주 보잘것없는 제조업에 불과했다는 점이다.

나아가 토머스가 동생의 탁월한 능력을 꿰뚫어보지 못하고, 도기 사업의 미래를 예견하지 못한 것도 전혀 잘못이 아니다. 그는 조상들이 대대로 해왔던, 소박하지만 매우 확고한 가업을 누구보다 잘 알고 있었다. 게다가 험한 세상에서 대가족을 부양할 책임을 진 그가 얼마 안 되는 예비자금을 불확실한 곳에 투자하지 않기로 마음먹은 배경에는 주변 친척들의 조언도 있었을 것이다.

그리하여 조사이어는 다른 곳에서 자신의 이상을 실현해야만 하는 상황에 놓이게 되었다. 가족의 빠듯한 자산이 자기 한 사람으로 인해 자칫 위험에 빠져서는 안 되겠기에.

4장

웨지우드,
동업자들과 손을 잡다

조사이어의 도제 계약은 1749년 11월에 종료되었다. 이제 거의 성년에 도달한 조사이어는 주변 여건상 다른 기회를 엿볼 수밖에 없었다. 형 토머스가 조사이어의 '허황된 공상'에 결연히 반대하며 파트너로 받아들이길 꺼렸기 때문이다. 실망스러웠지만 조사이어는 때를 기다리기로 마음먹었다. 게다가 어머니마저 이전 해에 돌아가시는 바람에 맏형 토머스 홀로 대가족을 부양할 책임을 짊어졌다는 점도 이해할 만한 상황이었다.

도제 계약 종료 후 2년간 정식 직공 자격으로 적은 임금을 받으며 형 밑에서 계속 일하던 조사이어는 성년이 되면서 아버지가 남긴 20파운드를 약속대로 물려받았다. 꿈꾸던 일생의 업을 시작하기엔 턱없이 적은 금액이었지만 조사이어의 기술과 혈기, 인내력이 더해지자 그 돈은 충분한 재원이 되었다.

1752년 웨지우드는 버슬렘에서 나와 스토크온트렌트로 갔다. 그의 나이 스물두 살 때였다. 그는 스토크 인근 클리프뱅크포터리의 존 해리슨과 파트너십을 맺었다. 해리슨은 도공이라기보다는 뉴캐슬언더라임을 무대로 한 장사꾼에 가까웠다. 따라서 해리슨이 자본을 대고 웨지우드가 브레인 역할을 하는 형식이었다. 앞서 언급한 대로 당시 그가 만든 주된 물품은 얼룩덜룩한 도기류를 비롯해 마노, 다양한 종류의 별갑, 대리석을 본뜬 칼자루 등이었고, 주로 셰필드와 버밍엄의 철물제조업자들에게 팔려나갔다.

　그러나 이 동업 관계는 그리 오래가지 못했다. 2년을 채울 즈음 이익금에서 더 큰 몫을 주장하고 나선 해리슨이 공장을 나가버렸기 때문이다. 대신 토머스 윌던Thomas Whieldon(1719-1795. 영국의 도공 중 한 명으로 조사이어 웨지우드, 조사이어 스포드 같은 영국 도예사의 주요 인물들과 교유했다. 특히 '윌던 웨어'로 알려진 그의 도자기는 대리석이나 별갑 문양으로 유명하다—옮긴이)이 새로 들어왔다. 스토크온트렌트 고지대에 위치한 이 공장은 원래 앨퍼슨 도기제조소가 있던 자리다. 한편 웨지우드와 결별한 해리슨은 결국 실패하고 말았다. 지나친 탐욕이 화를 부른 셈이었다. 이 무렵 조사이어 스포드Josiah Spode(1733-1797. 스포드 도자기의 창립자. 1749년부터 1754년까지 토머스 윌던 밑에서 도공으로 일했다—옮긴이)도 스토크에 있던 공장을 사서 허문 뒤 그 자리에 자신의 제조소를 차렸다.

　웨지우드의 두 번째 동업자가 된 윌던은 당시 가장 뛰어난 도공들 중 한 명이었다. 그렇게 훌륭한 인품에다 뛰어난 사업수완까지

웨지우드의 두 번째 동업자가 된 토머스 윌던은 대리석이나 별갑 문양이 들어간 '윌던 웨어'로 유명했다. 뛰어난 도공으로서 인품과 사업수완까지 두루 갖추었던 윌던과 함께 사업을 전개한 것은 웨지우드에게도 커다란 행운으로 작용했다.

겸비한 인물과 인연을 맺은 것은 웨지우드에게 큰 이점으로 작용했다. 웨지우드 역시 회사의 이익을 위해 새로운 도기 제작기술을 적극적으로 도입했다. 스토크 근방 펜턴 홀Fenton Hall에 있는 윌던의 제조소에서 1754년 처음 시작된 두 사람의 동업은 1759년까지 5년간 이어졌다.

웨지우드의 주된 제작품 중 하나는 유리처럼 매끄러운 촉감과 외양을 가진 새로운 녹유 도기였다. 나뭇잎 모양을 딴 이 아름다운 장식 접시들은 다과 용도로 만들어졌다. 그는 또한 욕실용 도기와 코담배 박스, 금속에 장착할 채색 도기 용품들을 만들어냈다. 특히 갖가지 준보석과 장식석을 본뜬 채색 도기들은 런던의 귀금속업자들이 진짜 보석류라 여길 정도로 그 가치를 인정받아 대량으로 팔려나갔다.

오른쪽 다리와 무릎의 고통은 여전히 웨지우드를 괴롭혔다. 아주 심할 때는 밀려드는 제조소 일을 직접 맡는 건 고사하고 종종 방 안에 갇힌 채 초조한 나날을 보내야 했다. 그러나 일은 일대로 진행되어야만 했다. 수요가 치솟는 도기들을 차질없이 생산해야 했으므로, 제작부문을 담당한 그로선 불가피하게 제조 감독에게 원료 배합과 유약 지식을 전수할 수밖에 없는 처지에 놓였다. 그리하여 그가 거둔 발명의 비밀이 알려지고, 녹유 도기 생산은 곧바로 이 지역의 일반 제조품이 되었다.

훗날 이름을 날린 조사이어 스포드는 한때 윌던과 웨지우드 밑에서 견습공으로 일했다. 당시 당연시되던 낮은 임금에 맞춰 처음에는 주급 2실링 6펜스를 받았고 직공이 되자 주급 7실링을 받았다. 물레꾼과 도공, 화부는 주당 8실링을 받았다.

해리슨이나 윌던과 동업하던 시기와 관련해 지금까지 보존된 자료는 거의 없다. 다만 1752년부터 1753년까지 조사이어 필체의 메모가 적힌 초록색 작은 수첩이 하나 남아있다. 이 기록으로 당시 그가 생산하던 그릇들의 윤곽을 어느 정도 그려볼 수 있다. 푸른 꽃이 그려진 컵과 받침, 잿빛이나 크림색 또는 별갑 문양의 티포트, 오목한 그릇, 접시, 장난감 모형 등이 주된 품목이었다. 여기에 기재된 1753년 4월 9일자 런던 외상판매 목록의 총금액은 291파운드 12실링 7펜스에 달했다.

1757년도 대차대조표도 있는데 회사의 판매분만 나와 있다. 그해 내내 꾸준한 매상을 올려 1월 수익이 3파운드 16실링 7펜스, 5월은 약 28파운드, 그리고 10월은 약 36파운드라고 기입돼 있다. 생산비용은 수첩 한쪽 면에 점토, 석탄, 임금, 토갑(내화토 용기와 고급 도기는 여기에 넣어 구움—옮긴이), 채색, 출장, 우송료 등의 항목으로 나뉘어 있으며, 수첩 반대쪽 면에는 도기를 구매한 소매상인 목록이 적혀있었다.

웨지우드 관련 자료들 중에는 조사이어 웨지우드가 직접 손으로 휘갈겨 쓴 기록물 전집도 있고, 웨지우드의 실험내용을 치점Mr. Chisholm이 옮겨적은 사본 전집도 있다. 전자 중 첫권은 다음과 같이 시작한다.

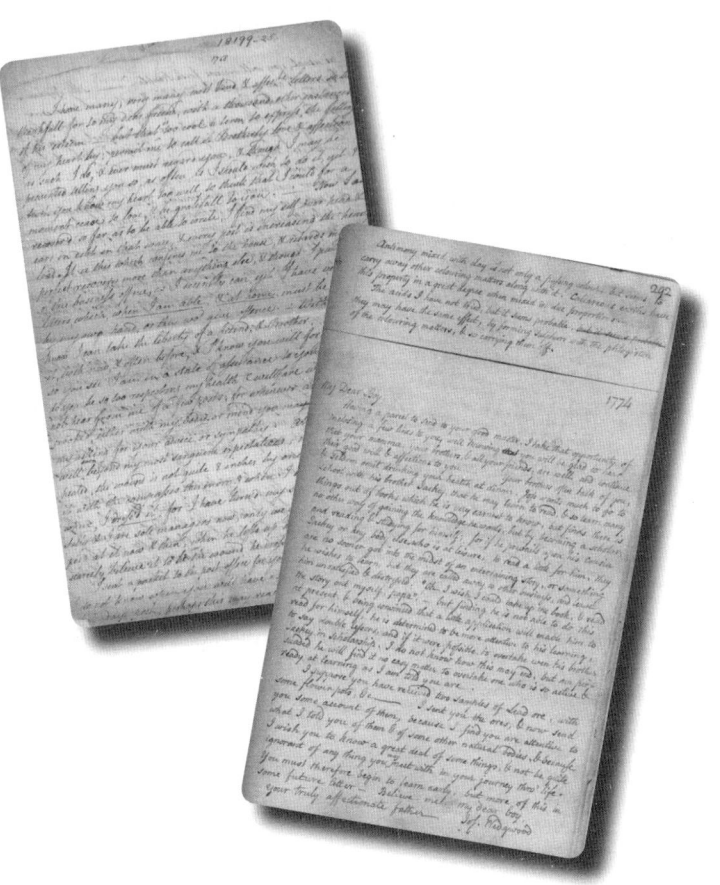

웨지우드는 자신이 보고 듣고 배운 많은 것들을 기록으로 남겼다. 또 지인들과 빈번하게 편지를 주고 받았지만 원본 그대로 보존된 자료는 그리 많지 않다. 얼마 남지 않은 웨지우드의 자필 편지와 기록들은 경매 사이트를 통해 매우 높은 가격에 판매되고 있다.

이 실험들은 윌던 씨와 동업 중이던 1759년 초 도기 제조 개선을 위해 스토크온트렌트 교구의 펜턴 홀에서 시작되었다. 우리 제품의 수요가 하루하루 줄고 있을 뿐만 아니라 이 업종 자체도 전반적으로 쇠퇴일로에 있다. 품질 저하로 인해 소비자들의 불만이 터져 나오는 실정이다.

백색 식염 유약을 바른 스톤웨어는 우리 제조품 중 주력 상품이다. 하지만 시중에 내놓은 지 이미 오래되었고 가격도 너무 낮아져서, 제값을 받을 만한 상황이 아니다. 우아한 형태를 갖추거나 따로 인정받을 만한 요소 없이는, 웬만해선 주목받기 힘들다.

스톤웨어에 뒤이은 제품인 별갑 문양은 수년 전부터 아무런 진전이 없다. 소비자들이 점점 싫증을 느끼고 있는 것으로 판단된다. 판매를 늘리려 몇 차례에 걸쳐 가격을 낮춰봤지만, 이 방법으로도 별 반응이 없는 걸 보면 활기를 줄 만한 새로운 무언가가 반드시 필요하다. (…)

아름답다고 호평받은 마노문양 도기를 만들었고 그간 개량에도 힘써 왔다. 사람들은 이렇듯 다양한 색을 가진 그릇들을 금방 식상해하기 때문에 이 점을 고려해 질감뿐만 아니라 광택, 색상, 형태 등 개선 방안을 마련하지 않으면 안 된다. 들은 드넓고 흙도 좋으니 부지런히 기술을 함양하면 충분한 보상이 따르리라 믿는다. (…)

다음 실험부터는 '숫자'로 성분을 표시하기로 한다. 이렇게 하면 속기로 적게 되어 기록량을 줄일 수 있다. 게다가 남들이 쉽게 알아볼 수 없다는 장점도 있다. 핵심 내용이 빠져 있으니 어쩌다 이 책을 보게 된 사람들은 그 내용을 쉽게 파악할 수 없다. 실험 과정에서 비밀이 불가피하게 노출되는 불상사도 막을 수 있다.

다음 구절에는 이 암호를 푸는 열쇠가 뒤따라 나온다. 표기된 숫자와 철자는 해당 실험에 사용된 재료의 속성과 질량, 노출된 열 온도, 세세한 관찰기록, 결론, 추가적인 탐구사항에 대한 단서가 된다. 웨지우드는 이어서 이렇게 말하고 있다.

먼젓번 책의 열 온도는 실험물을 넣어 구워내는 각각의 오븐 및 오븐의 서로 다른 위치로 표기했다. 예를 들어 G.O.는 글로스 오븐Gloss Oven, B.O.는 비스킷 오븐Biscuit Oven. W.O.는 화이트 오븐White Oven을 지칭하며, 그 앞에 따라붙는 B.M.T는 각 오븐의 하단Bottom, 중단Middle, 상단Top을 의미한다. 그러니까 T.B.O.는 실험물을 넣은 비스킷 오븐의 맨 윗부분, 다시 말해 도공들이 백bags이라 부르는 굴뚝이나 연통 꼭대기 아래를, T.T.B.O.는 덮개가 있는 것을 제외하고 더미 최상단에 위치한 토갑을 뜻한다. (…)
실험환경과 조건에 관한 핵심 사항, 재료에 노출시킨 열 등을 누군가에게 전달하거나 나 스스로 관리하기에 상기한 것보다 더 나은 방법은 없다. 하지만 최근 더 높은 열을 측정할 온도계를 발명했으니 점화온도를 높일 수 있기만 하면 몇몇 실험은 이제 온도계의 눈금으로 표시할 수 있게 되었다.

실험 기록은 1759년 2월 15일자로 시작해 수년간 계속되었다. 멋진 손글씨로 적혀있는 상세하고 체계적인 내용들은 과학적인 도공이라면 누구든 관심을 가질 만한 것이다. 중간중간 책 귀퉁이에 다음과 같은 관찰 결과 메모도 있었다. 예를 들어 '추가로 시도해볼 만한 실험' '칼자루에 자주 쓰인 유색 점토들' '유약을 입힌

후 소성하기 전 도기 표면에 칠할 마노문양 색상들' '도가니 파손, 재시도.'

펜턴에서 작성한 1759년 2월 13일자 기록에서 웨지우드는 이렇게 적어놓았다. '마노와 별갑 문양을 낼 다른 색상들 외 파란 색상 시도.' 1759년 3월 23일자 유약실험에서는 이렇게 적었다. '보우차이나Bow China(1744~1776년까지 에식스주 스트랫퍼드르보우 공장에서 만들어진 영국식 연질 자기, 부드럽고 크리미한 흰색 톤과 매끄러운 유약, 중국의 청화백자와 일본의 다색도자기를 모방한 디자인, 다양한 모양과 형태로 유명하다—옮긴이) 스타일이긴 하나 조성비율은 확실히 모름.' 펜턴에서 쓴 1760년 3월 28자에는 다음과 같은 기록이 남아있다. '그릇에 선명한 색상으로 꽃 등을 그려 넣고 백연 유약을 입히는 실험.' '붉은색 도기 실험.' '찻주전자 수구와 손잡이에 마노색. 아주 좋은 결과.'

웨지우드가 녹색 유약을 언급한 부분도 눈에 띈다. '일반 컬러나 크림색 초벌구이 도기용. 녹동색 다과용 그릇.' 비고란에는 이렇게 써놓았다. '새로운 종류의 유색 그릇을 내놓기 위해 여러 차례 실험을 거친 결과물. 글로스 오븐에서 별갑 문양, 마노 문양 도기와 함께 소성, 균일한 색상의 유약.'

위와 같이 웨지우드가 해리슨 및 윌던과 동업할 당시 진행한 초창기 실험들을 살펴보았다. 독자들에게는 지루할지도 모를 내용이지만, 매우 열악하던 당시의 도기 산업을 일으키기 위해 어릴 적부터 부단히 정진한 그의 모습을 엿볼 수 있는 기록이라 일부 발췌해 소개했다. 이런 자료들은 조사이어의 성공이 그저 '운'이 아니라, 놀라운 인내와 노력의 결과임을 대변해준다. 진행한 모든 실험을 매우 꼼꼼하게, 일일이 써놓았던 그는 자신의 기억에 의존하기보다 손으로 직접 적은 기록을 전적으로 신뢰하는 편이었다.

5년간 이어진 윌던과의 동업은 1759년에 종료되고, 이제 웨지우드 홀로 제조소를 꾸려나가게 되었다. 도기 산업으로 막대한 재산을 모은 윌던은 현업에서 은퇴했다. 그는 스토크 인근에 멋진 집을 짓고, 자신이 몸담았던 사업의 결실을 오래도록 누리며 살았다. 자선과 선행으로 존경을 받으며, 1786년에는 스태포드주 장관 자리에까지 올랐다. 그리고 천수를 누리다 9년 후인 1795년에 편안히 숨을 거두었다.

5장 ―――

웨지우드,
독립 사업가로 첫 발을 내딛다

월던과의 동업이 종료된 직후 웨지우드는 버슬렘 고향 마을에 작은 공장을 차렸다. 아이비 웍스Ivy Works로 알려진 도기 제조소로, 현재 이 작업장 부지 일부에 버슬렘 시장과 시청이 자리 잡고 있다. 웨지우드가 독자적인 사업의 첫발을 뗀 정확한 날짜는 알려지지 않았다. 하지만 앞 장에서 언급한 실험 기록에 '펜턴, 1760년 3월 28일'까지 기입된 것으로 미루어보아 적어도 1760년 3월 이후였던 것으로 추정된다.

아무튼 웨지우드가 1760년 버슬렘에서 독자적인 사업을 시작했다는 사실은 명백하다. 작게나마 아버지로부터 물려받은 유산, 그리고 월던과 동업하면서 모아둔 자금이 그의 사업 기반이 되었을 것이다. 이제 그는 서른 살에 접어들었다. 그가 어릴 적부터 얼마나 사려 깊고 관찰력이 뛰어난 인물이었는지, 자신의 모든 것을 바쳐 도기 산업을 일으키려는 열망이 얼마나 강했던 인물인지를 다시 언급할 필요는 없을 것이다. 부족한 밑천으로 사업을 시작하면서도 그는 단지 수지를 맞추려는 작은 목표를 넘어, 도기 기술 발전사에 이름을 떨치려는 큰 포부에 자신의 일생을 걸었다.

다만 무릎에 생긴 질병으로 인한 지속적인 고통은 여러모로 심각한 장애이자 약점이었다. 육체의 힘을 수시로 앗아갔을 뿐만 아니라 그를 아예 침대에 묶어두기 일쑤였다. 하지만 그럴수록 그의 정신적 활력과 집중력은 강렬해졌다. 그는 스스로 빈둥대는 모습을 한시도 허용치 않았으며 틈나는 대로 더 많이 읽고 더 깊게 생각했다.

그는 친구들로부터 많은 책을 빌려 쉼 없이 읽었다. 특히 가장 좋아하는 예술 분야의 책들을 열렬하게 탐독했다. 아울러 산수, 지리, 영어에 관한 지식도 넓혀 나갔다. 빌린 책 중 화학이나 점토 혼합 비율에 관한 내용은 나중에 참고하기 위해 손수 베껴두기도 했다. 기운을 되찾아 걸어다닐 만하면 인근에서 진흙들을 퍼와 실험에 착수했다. 그가 이렇게 독학으로 쌓아온 기술적인 지식과 경험은 훗날 그에게 가장 귀중한 자산이 돼주었다.

웨지우드는 버슬렘에서 처음 사업을 시작할 때 존 웨지우드와 토머스 웨지우드로부터 아이비 하우스 및 아이비 웍스 일부를 임차했다. 매년 10파운드를 내기로 하고 빌린 이곳은 두 개의 가마로 구성된 작업부지로, 타일로 마감한 헛간 몇 개와 방들, 그리고 담쟁이로 뒤덮인 오두막이 붙어 있었다.

그가 고용한 사람 중에는 육촌 토머스 웨지우드도 있었다. 당시 유명 제조소였던 우스터 웍스에서 습득한 기술과 지식을 갖고 들어온 그는 5년간 1년에 22파운드, 주급으로 환산하면 약 8실링 6펜스의 임금을 받고 도공으로 일했다.

토머스 외에 다른 직원들도 몇 명 있었는데, 웨지우드는 이들과 함께 일하는 데 적잖이 애를 먹었다. 각자 해오던 방식에 얽매여 새로운 사장의 작업 방식에 순응하려 들지 않았던 탓이다. 그럼에도 웨지우드가 마침내 이들을 자신의 방식대로 숙련시키는 데 성공한 것은 오로지 그의 개인적 능력과 품성이 긍정적으로 발휘된 덕분이다. 그는 자신의 공장에서 나오는 모든 생산품의 전 과정을 꼼꼼히 챙겼다. 모형을 직접 만들거나 그릇을 구워낼 때 감독하는 등, 도기 제조 각 부문에 일일이 관여했다. 그 과정에서 자신의 신체적 제약들을 대부분 극복해 나갔다.

처음에 그는 지역 주요 생산물인 일반 도기류 제조에 주력했다. 이 과정에서 남다른 세심함을 기울인 결과 점차 인지도를 얻으면서 사업이 활기를 띠기 시작했다. 이와 함께 전부터 만들었던 녹유 도기, 별갑 문양 도기, 코담배 박스, 다과용 투각접시 등을 계속 내놓았고, 이 상품들은 곧바로 높은 인기를 누렸다. 이어서 도입한 흰색 메달리언은 그에게 큰 명성을 안겨주었다. 그는 도기를 꽃과 잎사귀로 장식하거나 금박을 넣고 색을 입히는 등 늘 뭔가 새롭고 독창적인 것을 만드는 데 주력했다.

그는 자신이 직접 디자인한 다과용 식기류에 대한 자부심이 대단했다. 채소나 과일 등을 표현한 형형색색의 그릇들은 일찍이 프랑스의 베르나르 팔리시Bernard Palissy(1510-1589. 프랑스의 위그노 도예 장인이자 수력공학 기술자. 러스틱웨어rusticware로 유명하다―옮긴이)가 도기 제조에 적용한 것과 같은 방식이었다. 이 제품들은 굉장히 매력적이어서 불티나게 팔려나갔다. 그러자 웨지우드의 새로운 디자인을 관심 있게 바라보던 주변 다른 제조업자들도 앞다퉈 모방에 나섰고, 지역 업계가 대규모로 성장하는 결과로 이어졌다. 한편 웨지우드는 혁신적인 부조 작업에 본격적으로 돌입했다. 가령 먹이를 낚아채는 황새라든가, 분숫가에 앉은 오리의 모습 등을 그릇에 양각으로 새겨 넣었다.

웨지우드의 인맥과 명망이 급속도로 확산되자 사업체를 좀 더 키우고 직원들을 늘려야 할 필요성이 대두되었다. 그는 아이비 웍스에서 그리 멀지 않은 곳에 새 작업장과 가마를 빌리기로 했다. 그 자리의 일부는 현재 웨지우드 기념관이 차지하고 있다. 때마침 건강도 좋아지면서 그는 빠르게 성장해 가는 사업에 더욱더 열성적으로 매진할 수 있었다. 새 제조소의 임대인은 존 본이라는 사람으로, 웨지우드가 버슬렘을 떠날 때까지 그와 임대차 관계를 지속했다.

새로운 부지는 '브릭하우스 웍스Brickhouse Works'라 명명되었다. 나중에는 직원들 사이에서 '벨 웍스Bell Works'라 불리기도 했는데, 이러한 별명이 붙은 연유가 재미있다.

원래 제조소에서는 쇠뿔나팔 소리로 작업시간을 알렸는데 이 소리가 그리 멀리까지 가지 못했다. 그래서 일꾼들이 자기들 내키는 대로 작업장에 느릿느릿 모여들곤 했다. 그 정도로 직원들이 매사 무관심한 태도로 일관했던 것이다. 이에 웨지우드는 묘안을 떠올렸다. 그는 건물 위에 둥근 지붕의 큐폴라를 얹고 소리가 크게 나는 벨을 달았다. 그 소리는 매우 멀리까지 퍼져나갔고 일꾼들은 같은 시간에 다 같이 작업장으로 돌아왔다.

웨지우드가 맞닥뜨린 주된 어려움 중 하나는, 당시 모든 고용주가 그랬듯이 직원 관리와 규율 문제였다. 직원들이 불규칙한 습관에다 게으른 성향을 지니다 보니, 작업장 전체가 무질서해졌다. 직원들의 음주 문제도 그가 자주 씨름해야 할 난제 중 하나였다. 하지만 웨지우드는 무한한 인내심을 발휘하며 직원들의 친구가 되어주기 위해 여러 방면으로 노력했다. 또 직원들이 땀 흘려 번 돈을 자신과 가족을 위해 착실히 저축하도록 독려했다. 그러는 사이 그는 차츰차츰 직원들의 신뢰와 애정을 얻어갔다. 직원들이 사리 분별력을 갖도록 깨우쳐 주고, 실제로 그들 중 현명한 몇몇과는 절친이 되었다.

이 모든 것이 설득력을 얻은 비결은 웨지우드가 다양한 분야에서 몸소 이뤄낸 성공에 있었다. 직원들은 신생 사업이 황금으로 변하는 현실을 제 눈으로 목격했다. 이제 웨지우드의 사업뿐 아니라 직원들에게 명백히 이익이 될 일을 방해할 자는 아무도 없었다. 그렇게 질서와 규율이 회사 경영 전반에 녹아들었다.

웨지우드가 사업을 시작하던 시절 도공들이 일하는 방식은 매우 낙후되어 있었다. 기계라고 해봐야 물레와 회전선반(돌림판)이 전부였으며, 사용하는 도구 역시 몇 가지 조각칼뿐이었다고 해도 과언이 아니다.

원체 섬세한 감각을 지닌 데다 모든 작업을 최선의 방식으로 해내려는 욕망의 소유자였던 웨지우드는 많은 새로운 도구와 기기들을 도입했다. 나아가 직원들을 일일이 가르쳤다. 말하자면 직원들 개개인이 자신의 모범을 따르도록 부단히 애썼다. 새로운 도구를 들여오면 사용법을 직접 가르치고, 점토부터 소성과 장식에 이르기까지 몸소 다 관리하고 감독했다.

사실 직원들은 옛날 방식을 보고 자랐기 때문에 형편없는 기구들로 조악한 도기만을 만들어 왔다. 그가 처음 사업을 시작할 당시 널리 유행하던 거칠고 투박한 컵들을 떠올려보라. 웨지우드 퀸즈웨어의 정제된 재료와 부드러운 질감, 섬세하고 정교한 형태와는 비교조차 되지 않을 정도다. 이렇듯 회사 전체가 구식에서 신식으로 바뀌어 가는 사이, 직원들 한 사람 한 사람 역시 커다란 진일보를 내딛기 시작했음이 확연하게 드러났다.

웨지우드의 또 다른 고충 중 하나는 가마를 짓는 일이었다. 반복되는 실패는 사람을 낙담시키기 마련이고, 웨지우드도 예외는 아니었다. 에나멜 기법을 연구하던 베르나르 팔리시가 가마의 열을 충분히 올리는 과정에서 가구와 집기를 죄다 태웠을 정도로, 불의 위험한 활동성과 그 힘의 불균등성은 매우 힘겨운 극복대상이었다. 같은 가마 안에서도 각 부분의 열이 다르다는 문제도 있었다. 게다가 그릇마다 굽는 온도가 달라서 잘 갖춰진 제조소의 주의 깊은 직원이라 하더라도 숙련된 경험자라야만 까다로운 불을 성공적으로 다룰 수 있었다.

하지만 진짜 고품질의 그릇을 만들기 위해서는 그것만으로 부족하다. 일정 수준의 반유리화 여부에 따라 품질이 좌우되는 고급 자기를 만들어낼 경우, 열의 위험성이 몇 배나 가중된다. 열이 높아질수록 부드러움과 유연성도 커지기 때문에, 특히 큰 사이즈의 그릇류는 자체 무게로 말미암아 가마 안에서 휘거나 형태가 변형되기 일쑤다. 따라서 열을 조금만 더 올려도 자칫 유리 덩어리로 변해버릴 가능성이 있다.

웨지우드가 테이블용 고급 식기를 만들기 시작했을 때, 가마와 관련된 거듭된 실패는 재앙에 가까웠다. 한 달치의 노동과 비용이 단 몇 시간 만에 날아가는 일이 다반사였다. 가마 하나를 허물고 나면 다른 가마를 새로 지었지만 새 가마에서 또다시 결함이 발견되곤 했다. 미리 예견하기도 어려운 상황이기 때문에 어쩔 도리가 없었다. 한 곳의 오류를 찾아내 겨우 바로잡으면, 생각지도 않은 다른 곳에서 일이 터지는 문제가 반복되었다.

웨지우드는 예리한 관찰력과 축적된 경험으로 이 문제를 차근차근 해결해 나갔다. 그 과정에서 엄청난 돈과 시간, 노동의 대가

좋은 도자기를 만들어내기 위해서는 불의 위험하고 예측불가한 속성을 다스리는 일이 전제되어야만 했다. 노력하고 개선해도 가마와 관련된 문제는 끊임없이 발생했고, 한 달치의 노동과 비용이 몇 시간만에 날아가는 일이 다반사로 일어났다. 웨지우드는 남다른 관찰력과 집념을 발휘하며 이 문제를 하나하나 해결해나갔고 마침내 성공의 여신은 그의 편이 되어주었다.

를 치른 것은 물론이다. 그래도 그는 좀처럼 물러서지 않았다. 도기 품질 향상은 열정의 대상이 되었고, 마침내 성공의 여신이 그의 불굴의 노력에 빛나는 왕관을 씌워주었다.

웨지우드는 저녁 시간은 물론이고 늦은 밤까지 내일 작업을 계획하고 설계히는 데 할애했다. 나폴레옹처럼, 그는 '불가능은 없다'는 신념을 포기하지 않았다. 모든 것을 구상한 뒤 그는 어떤 장애요소가 끼어들든 "반드시 이렇게 되어야 한다"고 선언했다. 직원들도 그런 웨지우드를 믿고 따랐으며, 마침내 그는 자신이 강하게 소망했던 것들을 성취해내는 데 성공했다. 직원들은 웨지우드를 도와 작업효율을 높일 수 있는 가마와 건조대, 그가 때때로 구상했던 수많은 기기를 하나하나 제조하고 개선해 나갔다. 불굴의 인내력과 지치지 않는 열정으로 직원들과 끊임없이 소통해 마침내 그들의 마음속에 진심 어린 열정을 불어넣었다.

하지만 그가 다음날 할 일을 설계하고 구상하느라 온 정신을 쏟는 것은 저녁과 밤 시간에만 국한된 것이 아니었다. 그는 지나간 낮 동안의 일들을 밤새 복기하는 습관이 있었다. 가마, 도구, 그릇과 모형 등 다음날 완수해야 할 일에 대해서도 마찬가지였다. 그는 대개 아침이 오기 전 머릿속에서 문제해결의 실마리를 찾아냈고, 그제야 잠자리에서 일어나 일하러 나설 채비를 했다. 그의 친구인 공학자 제임스 브린들리의 경우 해결할 어려운 문제가 생기면 구체적인 계획이 설 때까지 하루, 이틀, 심지어 사흘 밤낮을 침대에 누워있다가 순전히 기억에 의존해 일을 수행했다. 반면 낮 동안 작업장을 벗어날 수가 없었던 웨지우드는 일어나는 즉시 일터로 가서 매일의 작업물들을 관리 감독해야만 했다.

그러다 보니 육체 피로가 누적될 수밖에 없었다. 쉬어야 할 때조차 마음에 걸리는 사업적 문제를 들고 밤새 잠을 설치며 생각하는 일이 다반사였기 때문이다. 남달리 지적 활동이 왕성한 그의 특성이 오히려 건강에 장애가 되다 보니, 아무래도 육체적으로 원기 왕성하고 활기차게 움직이기에는 역부족이었다.

웨지우드의 초창기 친구 중 한 명이 버밍엄 근처 소호에 적을 둔 매튜 볼턴Mattew Boulton(1728-1809. 잉글랜드 버밍엄 출신의 제조업자이자 엔지니어로, 스코틀랜드 출신 엔지니어인 제임스 와트의 동료이기도 하다. 와트의 증기기관에 자금을 지원했을 뿐 아니라 기술적으로 개량하고 판로를 개척하며 특허 출원 및 유지에도 큰 역할을 담당했다 — 옮긴이)이다. 웨지우드가 볼턴 측에 꽃병, 코담배 박스 등과 같은 물품들을 공급하면, 버밍엄의 기계공들이 거기에 금속류를 장착해 시중에 내놓을 수 있도록 만들어주곤 했다. 한번은 볼턴이 웨지우드에게 "자네의 꽃병이 너무 좋아서 나도 도공이 되고 싶을 정도야."라고 말한 적이 있다. 그러나 그는 웨지우드가 만든 꽃병에 금속을 붙이는 일에 만족하기로 했다.

볼턴은 실천력이 대단한 천재이자 탁월한 조직가였다. 그는 자신의 기술과 정력을 쏟아 소호에 훌륭한 제조소를 완공하고 운영했다. 사업을 하는 사람이라면 모두가 경탄할 만한 것이었다. 그의 능력을 잘 알고 있던 웨지우드는 급성장하는 사업을 키우기 위해 지금의 버슬렘은 물론 훗날 에트루리아에 관해서도 볼턴에게 여러 차례 조언을 구했다. 뒤에 다시 나오겠지만 이 두 사람은 우정을 넘어선 동반자 관계로 발전한다.

숙고와 경험이 쌓여가면서 웨지우드의 안목과 취향도 높아졌다. 그의 큰 야망은 에트루리아 작품들에 비견될 만큼 스태포드셔 도공들의 예술성을 끌어올리는 일이었다. 당시의 품질 기준을 훌쩍 뛰어넘어 외국의 값비싼 도자기들뿐만 아니라 과거의 명품들을 경쟁상대로 삼는 것이었다. 그럼으로써 최고의 기술과 재능, 감식안을 자신이 가장 사랑하는 이 예술품 구석구석에 스며들게 하고 싶었다.

웨지우드는 이 같은 탁월성을 고급 기호품만이 아니라 일상용품에서도 고르게 추구했다. 특히 세련되고 정교한 묘사에 관심을 돌리게 된 것은 벨 웍스 시절부터였다. 일찌감치 시작된 그의 관심과 부단한 열정이 제품 속에 성공적으로 발현되면서 마침내 '왕비의 도공Queen's Potter'이라는 영예로운 호칭을 얻게 되었다. 그는 철두철미한 직업정신으로 점토, 카올린Kaolin(고령토. 바위 속의 장석이 풍화작용을 받아 이루어진 흰색, 또는 회색의 진흙—옮긴이), 중정석 탄산염Carbonate of barytes 등의 배합비율을 끊임없이 실험한 끝에 경탄을 자아내는 다양한 제품들을 만들어냈다. 게다가 웨지우드 제품의 특징인, 유달리 아름다운 칠은 당대에 대적할 상대가 없는 경지에 올라섰다.

글래드스턴 총리는 웨지우드 기념관 개관 축사에서 "웨지우드에게는 모든 물건을 그 고유의 목적에 꼭 들어맞게 만들어내는 타고난 능력이 있었다."고 말했다.

자기 사업만으로도 하루하루가 빠듯했지만, 웨지우드는 시간을 쪼개 버슬렘을 오가는 도로 개선 문제에도 관심을 기울였다. 머캐덤Macadam(잘게 부순 돌을 타르에 섞어 바른 쇄석 도로―옮긴이) 시절 이전의, 지독할 정도로 낙후한 도로들은 비좁고 구불구불한 데다 곳곳이 움푹 꺼진 진창투성이였다. 너무 깊게 팬 부분에는 행인들이 돌을 던져넣어 메워놓았을 뿐 마을 차원에서는 전혀 관리되지 않았다. 이 지역의 도기 거래량은 교역 규모로 볼 때 그리 크지 않았지만, 웨지우드의 영향 아래 가파르게 늘어나는 상황이었다. 그런 현실에서 도로 상태 개선이야말로 교역 성장과 확대의 선결 요건이었다.

최고 품질의 도기 제조에 주로 사용되는 재료들은 먼 곳에서 조달되었다. 가령 부싯돌은 영국 남동부에서, 질 좋은 점토는 데번셔와 콘월에서 가져와야 했다. 또 석영은 해로를 통해 헐Hull로, 고운 점토는 리버풀로, 상당량의 점토 또한 선박에 실려 세번 강을 따라 브리지노스Bridgnorth와 뷰들리Bewdley로 들어왔다. 그런 다음 말등에 옮겨져 도기 굽는 마을 각지로 운송되었다. 이 같은 과정을 한참 거친 뒤에야 드디어 도기로 만들어지는 것이었다.

반대로 제조된 물품들은 소비와 판매를 위해 다시 또 복잡한 방법으로 운반되었다. 짐꾼들이 도기를 담은 상자들을 말이나 당나귀 등에 휙 걸쳐 실은 다음 각 목적지로 옮겨 나르는 식이었다. 그러니 도중에 깨지거나 빼돌려지는 일도 많았다. 또 가여운 동물들이 진창에 빠지거나 좁은 길에 끼여 넘어질 때면 도기 상자들이 통째 박살 나는 경우도 허다했다. 도기가 목적지에 무사히 도착한다 해도, 운송 비용이 만만치 않았다. 최저치로 잡아도 10마일당 1톤에 8실링이었다. 게다가 까다로운 도기 운송 절차는 저가 상용품마저 유통과 소비를 제한시키는 결과를 가져왔다. 생필품인 소금 운송도 마찬가지다 보니, 두세 마을 떨어진 곳만 가더라도 가격이 몇 배로 뛰었다. 양모, 옥수수, 석탄, 석회, 철광석 같은 기타 소비품목들도 같은 방식인 말과 나귀의 등짐으로 운송되었다. 그로 인해 전체 생활비가 비쌀 뿐 아니라 농업과 산업 전반도 심각하게 지체되고 저하되었다.

운송도로 미비에 따른 해악은 산업적 측면뿐 아니라 문명적 측면에도 심각하게 부정적인 영향을 끼쳤다. 이 점을 어릴 적부터 직시했던 웨지우드는 도로 사정에 주의를 기울일 수밖에 없었다. 그는 앞장서서 의회에 청원을 넣었다. 우선 체셔주 로톤의 레드불부터 스태포드셔주 클리프뱅크까지 도로를 고치고 넓혀달라며 유력자들을 설득했다. 이 도로는 제대로 정비만 된다면, 도기마을 중심을 관통해 양 끝 유료도로와 연결되는 이점이 있었다.

그러나 이 계획은 처음부터 적잖은 어려움에 부딪혔다. 뉴캐슬언더라임 거주자들이 극렬히 반대하고 나선 것이다. 남북으로 이어진 새길이 나면 말과 마차가 자기네 마을을 지나지 않게 된다는 논리에서였다. 특히 선술집 주인들은 기존 도로와 길목에 기득권이라도 가진 듯 장사가 지장을 받을 것이라는 이유를 들어 소리 높여 반대하고 나섰다. 그 결과 수정안이 통과되어, 도로 남단이 줄어든 채 버슬렘에서 툭 끊기고 말았다. 성과를 얻은 건 맞지만 여전히 미흡했다. 어떤 식으로든 대안이 마련돼야만 했다.

웨지우드의 숙원사업이기도 했던 이 원대한 계획에 대한 설명은 다음 장으로 넘기겠다.

6장 ———

눈부신 기술 향상,
그리고 벤틀리와의 우정

웨지우드는 특유의 통찰력과 재능으로 도기 품질을 꾸준히 향상해 나갔다. 그중 가장 중요한 제조품은 다름 아닌 크림웨어로, 출시되자마자 큰 인기를 끌었다. 그는 재질과 광택뿐 아니라 형태와 장식을 개선하기 위해 끊임없이 연구했다. 특히 본받을 만한 최고의 견본품을 얻기 위해서라면 물불을 가리지 않았다.

한편 웨지우드가 자신의 독창적인 아이디어에 혹독한 대가를 치렀다는 건 당시로선 그리 놀라운 일이 아니다. 그의 생산품들은 소호의 볼턴뿐 아니라 다른 금속제조업자들에 의해 금세 모방되곤 했다. 대륙의 자기 제조업자들이 앞다투어 그의 생산품을 구하고자 했으며, 심지어 중국에까지 보내져 그곳 도공들이 본뜨기도 했다. 웨지우드는 이런 식의 기술 유출에 큰 우려를 표했다.

만약 동양의 자기가 유럽 식탁에 적합한 용도로 만들어진다면, 영국산 도기의 해외 판매는 물론 국내 판매에도 심각한 해를 끼칠 게 불 보듯 뻔했기 때문이다.

이 무렵 웨지우드는 도기 제조 향상을 위해 당시 진기한 기계라 여겨질 만한 동력 선반the Engine lathe(Engine-turning lathe라고도 불리는, 천천히 회전하면서 단단한 표면을 규칙적으로 깎아낼 수 있도록 고안된 기계―옮긴이)을 들여왔다. 그 전에 도공들이 쓰던 회전 선반은 구조상으로나 외양으로나 매우 초보적이어서 단순히 울퉁불퉁한 표면을 균일하게 다듬는 정도에 불과했다.

웨지우드가 처음 이 동력 선반에 관심을 갖게 된 것은 직접 번역을 시켜 읽은 샤를 플루미에Charles Plumier(1646-1704. 프랑스 왕실 식물학자이자, 소묘가, 화가, 선반공―옮긴이)의 저서 《회전의 예술 *L'Art de Touner*》이라는 책을 통해서였다. 본래 이 기계는 나무와 상아, 금속을 회전시켜 깎아내는 용도로만 활용되었다. 웨지우드는 런던 전역을 수소문해 마침내 이 기계의 소재를 알아냈다. 하지만 소유자 측이 누가 잠깐 보는 것조차 꺼리는 바람에 웨지우드는 5기니guinea(1663년에 처음 주조해 1813년까지 발행한 영국의 구 금화로, 1기니는 21실링에 해당한다―옮긴이)를 내고 작동 중인 기계를 몇 분간 관찰할 수밖에 없었다.

물론 이것만으로는 충분치 않았다. 웨지우드는 버밍엄에서 이름을 날리던 찰스 테일러Charles Taylor(생몰연도는 확인할 수 없지만 Charles Taylor & Co.의 설립자이며, Taylor Lathe로 유명하다―옮긴이)

동력 선반은 웨지우드에게 매우 유용하고 충직한 도구가 되어 주었다.
사진은 에트루리아 버설트룸에 전시되어 있는 동력 선반(위)과 실제 작업 모습(아래).

를 운 좋게 만났다. 그는 획기적인 선반기기를 만들어 다양한 금속 제조품 생산기술을 향상하는 데 크게 공을 세운 사람이었다. 여러 차례 회의를 거치는 동안 웨지우드는 그가 지닌 전문적이고 세부적인 지식에 큰 감명을 받았다. 테일러는 웨지우드를 위한 동력 선반기기를 만드는 일에 곧바로 착수했다. 이 일에 상당한 열의를 보였던 웨지우드는 기계제작 작업 내내 한시도 자리를 뜨지 않았고, 완성되자마자 사용법을 전수할 사람과 함께 이 기계를 직접 가지고 돌아왔다. 1763년의 일이었다.

웨지우드의 손길 아래서 이 기계는 대단히 유용한 도구가 되어주었다. 그가 처음으로 적용한 대상은 붉은색 자기였다. 무광택의 치밀한 질감을 가진 자기를 섬세하게 다듬는 데 최적임을 입증한 이 기계는 후에 퀸즈웨어 화병을 장식하는 데도 활용되었다.

같은 해인 1763년 웨지우드는 식기용 도기를 새로 내놓았다. 정교하고 내구성 있는 질감에 풍부하고 뛰어난 광택으로 마감된 이 도기는 갑작스러운 온도 변화에도 손상 없이 견딜 수 있는 테이블웨어인 데다 손쉽고 빠르게 제조되었기 때문에 그만큼 값싸게 판매할 수 있었다. 세련된 외양은 물론 의도한 목적에 부합하는 필수 요건을 모두 갖춘 제품은 대중의 검증을 거치며 널리 상용화되었다. 이 도기에 매우 만족했던 샬럿 왕비(국왕 조지 3세와 결혼한 소피 샤를로테Sophie Charlotte — 옮긴이)는 자신의 칭호와 후원을 기꺼이 하사해 '퀸즈웨어'라 불리도록 명하였으며, 창안자를 기리는 의미에서 웨지우드를 '왕비 폐하의 도공Her Majesty's Potter'으로 임명했다. 도싯, 데번, 콘월 등지에서 가져온 백색 점토와 부싯돌 가루를 적절히 배합해 만든 이 도기는 두 번의 소성을 거치는데, 자기 제작 방식과 마찬가지로 첫 소성 후 유약을 발라 구워낸 것이다. 유약은 부싯돌 가루와 다른 흰색 광물질을 혼합한 뒤 유동성을 높이기 위해 백연을 추가한 유리질 조성으로, 흔히 플린트 유리flint glass(렌즈, 프리즘 등 광학용 고급 유리 — 옮긴이)와 유사하다. 따라서 완벽한 배합으로 제조된 꽃병은 진짜 플린트 유리 재질로 간주되기도 한다. 《도자예술Art of Pottery》이라는 책에서 저자는 퀸즈웨어를 이렇게 설명한다.

물과 적절한 농도로 섞인 혼합물에 1차 소성을 마친 기물들을 하나씩 담근다. 이때 기물들은 흡습성으로 인해 물만 빨아들이고, 물과 혼합된 가루들은 점착되어 표면에 고루 발린다. 그러고 나서 2차 소성을 하면 완벽한 유리 코팅이 만들어지는 것이다.

넘치는 수요를 감당하기 위해 웨지우드는 런던에 사무실을 열고 형인 존에게 운영을 맡겼다. 그는 또 리버풀에도 대리인을 두고, 도싯과 데번에서 나는 부싯돌과 점토 탁송 및 웨지우드 상품의 해외 수출을 담당케 했다. 그 무렵 북미는 매우 빠른 속도로 성장하는 수출시장이었다. 웨지우드는 종종 리버풀로 직접 가서 대리인을 만나 상품의 수출입 동태를 점검하곤 했다.
언젠가 리버풀에 머물던 웨지우드는 그곳에서 뜻밖의 최신 발

1763년, 웨지우드는 장식용을 넘어선 식기용 도기를 새로 내놓았다. 일상용품으로서의 실용성은 물론 예술적 감각까지 두루 갖춘 이 테이블웨어를 보고 매우 만족한 샬럿 왕비는 '퀸즈웨어'란 이름과 함께 웨지우드에게 '퀸즈 포터'라는 명칭까지 하사했다.

명품을 접했다. 이 발명을 사업적으로 채택한다면 크림웨어 장식이 훨씬 향상될 터였다. 이 우연한 발명의 역사에 대해서는 다음과 같이 짧게 요약할 수 있으리라. 존 새들러John Saddler(생몰년도 미상, 영국의 인쇄공으로 1756년에 전사인쇄transfer-printing 기법을 발명했다—옮긴이)는 1743년 리버풀에서 인쇄공으로 처음 일을 시작했다. 인쇄술을 도자기 제조에 적용한다는 아이디어가 그에게 처음 떠오른 것은 아이들이 버려진 인쇄물을 인형집에 붙이며 노는 모습을 보고 나서였다고 한다. 시험 삼아 기물에 인쇄물을 붙여 구워본 결과 그대로 찍혀 나온다는 사실을 알게 된 새들러는 이 방식을 사업화하기 위해 그린Green과 의기투합해 파트너십을 맺고 곧바로 특허를 내는 단계를 밟아나갔다.

그들이 언제 웨지우드와 연이 닿았는지는 알려지지 않지만, 확실한 것은 1761~1762년 사이 양측 간 활발한 사업적 소통이 있었다는 사실이다. 합의한 내용에 따르면, 일단 웨지우드가 마차로 대량의 크림컬러 도기를 리버풀에 있는 두 동업자의 인쇄 공장으로 전달하면, 그들이 도기를 전량 사들여 전사인쇄 디자인으로 장식한 후 웨지우드에게 되파는 방식이었다. 이 복잡다단한 절차는 예상대로 오래가지 못했고, 웨지우드는 1763년쯤 전사인쇄기법 사용권을 아예 사들였다.

새들러가 웨지우드에게 보낸 1763년 3월 27일자 편지를 살펴보면, 그가 예술에 대해 어느 정도 식견이 있었음을 잘 보여준다.

4절판 용지에 그려진 멋진 풍경화와 새 왕비의 초상, 메이슨스 암Mason's Arms(펍이자 식당의 이름 — 옮긴이), 피트 가와 그랜비 마을은 귀하께서 여태 보신 적 없을 겁니다. (…) 풍경을 예로 들자면 전경은 뚜렷하게, 배경의 건물과 멀리 있는 지점들은 다소 흐릿하게 묘사되어 있습니다.

웨지우드가 제품에 각종 판화를 전사할 수 있게 되면서, 그의 이름은 뜻하지 않게 당대 재사들이 정계 유력인사들에게 무자비하게 던져대는 정치적 풍자와 비방에 휩쓸리기도 했다. 윌리엄 피트William Pitt(1708-1778. 제1대 채텀 백작이자 영국의 정치가, 총리를 지낸 아들 소小피트(1759-1806)와 구분하기 위해 대大피트라 불린다. 1763년으로 추정되는 이 시기에는 피트가 총리였으며 아직 채텀 백작이 되기 전이다 — 옮긴이)의 두상이 새겨진 그릇을 두고 에드워드 서로우Edward Thurlow(1731-1806. 남작, 변호사이자 토리당 정치인으로 대영제국의 대법관 역임 — 옮긴이)가 읊은 산문시는 다음과 같다.

하! 웨지우드마저 피트포트(피트 수상이 그려진 포트)를 높게 흔들어대네!
바닥에 드러나는 건 묵묵히 참아내는 그 얼굴!

망할 웨지우드와 그 그릇들!
웨지우드라는 무뢰한이 피트 수상의 얼굴이 그려진
일만 개의 타구를 만들고 있다지.
게다가 거기에 쓰인 글귀가 더 가관이야.

'침을 뱉을 거라네, 피트 수상 얼굴에(We will Spit/on Mr. Pitt)'!

직책과 책임이 막중해지는 시기에도 웨지우드는 오래된 무릎 통증에 시달리고 있었다. 천연두를 앓은 이후 한시도 그를 떠난 적 없는 고통이었다. 워낙 활동적인 사람이었지만, 돌아다닐 때마다 겪는 고초는 그로서도 어쩔 수 없었다. 유능한 외과의를 불러 보고 진정작용이 있는 습포제를 바르기도 했지만, 일시적인 효과에 그칠 뿐이었다.

작업 진척 소식을 기다리다 못한 웨지우드는 통증을 무릅쓰고 리버풀로 직접 출장을 다녀오기로 했다. 평소처럼 말을 타고 출발했는데 좁은 길을 지나다 그만 마주 오던 마차 바퀴에 스쳐 무릎이 골절되고 말았다. 그런 상황에서도 그는 끝까지 리버풀행을 고집했다. 도착했을 땐 설 수조차 없는 지경이라 부축을 받은 채 비틀거리며 간신히 침대에 누웠다. 염증이 생겨 병이 장기화할 조짐이었다. 소염제 투여 후 염증은 다소 완화되었지만, 의사는 침대에 계속 누워있으라고 강권했다. 활동금지령이 내려진 현실은 하루빨리 버슬렘으로 돌아가 밀린 업무와 직원들을 돌보고자 안달난 그에겐 그야말로 혹독한 시련이었다.

웨지우드를 치료한 매튜 터너Matthew Turner(의료 목적의 에테르 사용 선구자로 알려져 있으며, 웨지우드에게 벤틀리를 소개한 것으로 유명하다—옮긴이) 박사는 다재다능한 사람이었다. 유능한 외과의일 뿐 아니라, 훌륭한 화학자이자 고전연구 학자이며, 고상한 취미를 가진 예술 애호가였다. 그는 환자인 웨지우드에게 각별한 관심을 기울였고, 웨지우드가 완쾌될 무렵에는 자신의 지인들을 소개해 많은 이가 그의 병실을 찾아 친분을 맺도록 주선했다.

이들 중에 학식 있는 달변가이자 세련된 매너를 지닌 한 신사가 있었다. 토머스 벤틀리Thomas Bentley(1731-1780. 웨지우드에게 지대한 영향을 끼친 평생 친구이자 사업파트너 — 옮긴이)였다. 당시 리버풀에서 중개무역상으로 일하던 그는 여행 경험이 풍부했으며 프랑스어와 이탈리아어는 물론 다른 여러 외국어에도 능했다. 리버풀에 정착해 한나 오츠와 결혼했지만 2년 만에 사별한 벤틀리는 제임스 보드맨James Boardman을 파트너로 영입해 회사를 꾸려가고 있었다. 웨지우드는 벤틀리에게 처음부터 호감을 느꼈다. 친분은 우정으로 무르익었고, 나중에는 형제애로까지 발전했다. 웨지우드는 벤틀리가 가진 영향력을 늘 부러워했다. 그의 지식과 재능, 그리고 예술적 소양까지도….

벤틀리는 웨지우드가 리버풀의 데일 스트리트 여관에 머무는 내내 반가운 문병객이 되어주었다. 일시적이나마 자유를 상실한 그를 따뜻하게 위로하고 격려했다. 두 사람은 담뱃대를 마주하며 과학, 종교, 정치, 도자기, 도로와 운하의 개선 등 그야말로 온갖 종류의 주제에 관해 이야기를 나눴다.

심지어 시가 문학도 빠뜨릴 수 없는 대화 영역이었다. 벤틀리는 제임스 톰슨James Thomson(1700-1748, 영국의 시인이자 극작가 — 옮긴이)의 시를 대단히 칭송했고, 웨지우드도 자연에 대한 사랑과 특히 '자유'를 노래한 그의 시에 깊은 감화를 받았다. 문학에 심취해 있던 벤틀리는 〈신사의 잡지〉와 〈월간 리뷰〉 같은 간행물에 정기적으로 글을 기고하고 있었다. 그는 '여성 교육'에 관한 에세이도 펴냈는데, 당시 작성하던 초고를 본 웨지우드는 그의 글에 무한한 감동을 표했다.

웨지우드가 목발에 의지해 조금씩 걸을 수 있게 되자 벤틀리는 그를 자신의 절친들에게 소개했다. 그중에는 리버풀의 유력인사인 헤이우드 가와 월링턴에 거주 중이던 프리스틀리Joseph Priestley(1733-1804. 화학자이자 자연철학자. 산소의 발견자로 널리 알려져 있다―옮긴이) 박사, 그리고 에이킨John Aikin(1747-1822. 의학박사, 외과의이자 문학가―옮긴이) 박사와 총명하고 아름다운 그의 딸 레티시아(1743-1825. '문학계의 여인'이라 불린 저명한 작가―옮긴이)를 비롯해 세던 가와 퍼시벌 가, 아이즈 가 등 리버풀 명망 가문들도 있었다.

시간이 지나 어느 정도 움직일 수 있게 된 웨지우드는 마차를 타고 버슬렘으로 돌아왔다. 이제는 마차로 여행할 만큼 도로가 다소 개선된 것이다. 그때부터 웨지우드와 벤틀리 간 편지 왕래가 시작되었고, 이는 벤틀리가 사망할 때까지 평생토록 계속되었다. 두 사람은 서로에게 흉금을 터놓았다. 각자의 마음에 스친 생각이 그대로 담긴 서신은 우편으로 때맞춰 오고 갔다. 그들의 우정과 신뢰는 날로 두터워졌고 모든 슬픔과 즐거움, 고난과 성공이 사내들 간 솔직함으로 서로에게 전해졌다.

토머스 벤틀리.
풍부한 지적 소양과 능통한 외국어, 세련된 매너까지 겸비한 벤틀리를 만난 것은 웨지우드에게 커다란 행운이었다. 존 리고가 그린 이 초상화는 웨지우드 기념관이 소장하고 있다.

웨지우드가 버슬렘에 도착하자마자 벤틀리에게 쓴 첫 편지 (1762년 5월 15일자)의 내용은 다음과 같다.

자네 고향에 머물며 받은 따뜻한 환대를 감사한 마음으로 떠올리지 않은 적이 단 하루도 없다네. 주치의는 물론이고 특별히 자네가 내게 베풀어준 온정과 위로 덕에 빠르게 회복되었으니 말일세. 영혼의 교류가 살아있는 모든 존재에 좋은 영향을 미친다는 걸 터너 박사도 익히 잘 알고 있을 터, 특히 이번 경우 자네의 공덕을 인정하지 않을 수 없을 거야.

웨지우드가 리버풀에 머무는 동안 일어난 일들 중 주목할 만한 것은 벤틀리가 웨지우드의 에이전트로 임명되었다는 사실이다. 웨지우드에게 필요한 자재들을 버슬렘으로 운송하는 일과 완성품을 해외로 수출하는 일을 관장하게 된 것이다. 그래서 두 사람 간 편지는 우정과 신뢰를 바탕으로, 진행 중인 온갖 업무에 관한 지시와 조언들로 빼곡했다. 둘 사이에 오고 간 편지들을 앞으로도 계속 인용하겠지만, 두 사람의 교제는 한마디로 고결했다. 기억할 만한 두 인물 간의 정중하면서도 애정 어린 서신 교환을 읽다 보면, 상업적인 교신 중 이보다 더 품격있는 사례가 과연 또 있을까 싶다.

웨지우드는 버슬렘으로 돌아온 후 매우 바쁜 나날을 보냈다. 답해야 할 서신들도 쌓여있고, 처리해야 할 주문들도 밀려 있었다. 품질 개선을 위한 점토 실험도 계속해야 했고, 리버풀에서 얻은 지식을 검증하기 위한 여러 방법의 화학분석도 진행되어야 했다. 그러니 단 하루도 버슬렘을 비우기가 어려울 수밖에 없었다. 그는 벤틀리에게 이렇게 썼다. '길이 험한 이 도자기 마을에 묶여 있는 신세라, 아무 고민 없이 당장 떠나기는 어려울 듯 하네.'

웨지우드는 중요한 결정을 내릴 때면 꼭 벤틀리와 상의를 거쳤다. 벤틀리 역시 언제나 성심성의껏 그의 요청에 응할 준비가 되어 있었다. 그는 빈번하게 버슬렘에 왔고, 웨지우드도 리버풀을 여러 차례 방문했다. 마침내 웨지우드는 벤틀리에게 정식 파트너가 되어달라고 강력하게 요청했다. 후에 버슬렘에 있던 공장을 에트루리아로 이전하자마자 벤틀리가 머물 집부터 서둘러 짓기도 했다. 하지만 벤틀리가 그곳에서 산 적은 없다. 런던에서 해야 할 일이 더 많고 중요하다고 보았기 때문이다. 그만큼 런던은 웨지우드 사업의 중심지였다.

7장 ———

웨지우드의 결혼

웨지우드는 서른세 살에 이르러 그의 격조 있는 성품에 걸맞은 한 여성과 결혼을 했다. 사실 오래도록 그녀를 마음에 두고 있었다. 그 여성은 바로 새라 웨지우드Sarah Wedgwood(1734-1815). 체셔스펜그린에 터를 잡고 치즈 제조업자로 상당한 재산을 모은 리처드 웨지우드의 외동딸이었다. 원래는 아들과 딸, 두 자녀가 있었는데 아들이 그만 사망하자 딸이 유일한 상속녀가 되었다.

두 가문은 선대로 올라가면 먼 인척 관계다. 리처드가 버슬렘을 종종 방문할 때면 오랜 전통에 따라 마차 뒷자리에 딸을 앉혀 데려오곤 했다. 그가 버슬렘에 들르는 이유는 아버지 애런 웨지우드Aaron Wedgwood(1666-1743)의 아들들인 자신의 형제들을 만나기 위함이었다. 이렇게 하여 조사이어와 새라는 어려서부터 알고 지내면서 조금씩 사랑을 싹틔웠다.

훌륭한 교육을 받고 자란 그녀는 상냥하고 쾌활하며 우아하고 아름다웠다. 그런 그녀에게 조사이어는 매료되지 않을 수 없었다. 외모뿐 아니라 예리한 판단력, 언어와 사고, 행동에서 드러나는 예의범절까지 두루 갖추고 있었기 때문이다. 굉장한 부유층의 일원이 되었음에도 본래 나고 자란 평범한 가정생활 역시 잘 꾸릴 줄 아는 균형 잡힌 여성이었다. 그녀는 아버지의 안위를 보살피며 저택을 관리했고, 남은 시간엔 틈틈이 베틀을 돌렸다.

웨지우드는 이즈음 사업이 안정궤도에 올라 경제적 여유가 있었으므로 새라의 아버지가 두 사람의 약혼에 반대할 이유는 전혀 없었다. 두 사람은 서로 편지를 주고받으며 사랑을 키웠고, 웨지우드가 리버풀을 오가는 길에 종종 그녀의 집을 방문했다. 그러나 두 젊은이의 연애과정은 지난하게 흘러가서, 웨지우드는 새라를 집으로 데려올 날만을 손꼽아 기다려야 했다. 장인 될 사람이 자기 딸의 결혼 조건을 깐깐하게 따지고 들었던 것이다. 웨지우드는 1764년 1월 9일, 벤틀리에게 이렇게 썼다.

친애하는 나의 친구여.

지금쯤 자네의 기분 좋은 답신을 받는다면 얼마나 좋을까. 하지만 지금으로선 자네에게 내 행복을, 아니 적어도 행복해질 때를 어서 알릴 수 있길 고대할밖에. 아, 이렇게 고민이 깊을 줄이야.

'결혼이 가져다주는 고귀한 즐거움'은 왜 내겐 쉽사리 다가오지 않는 건지

억울한 느낌도 든다네. 오랜 협상, 합의, 수정, 세부 조항과 규정, 단서 등을 다 거치고 나서 내가 얼마나 굴욕감을 느꼈을지, 내 성정을 잘 아는 자네라면 이해할 테지. 방금 '다 거치고 나서'라고 말했네만, 원컨대 혼인의 신 히먼Hymen께서 다 거쳤다고 해주시길! 아니야! 여전히 변호사의 수중에 있는 문제라, 나는 그저 기도만 드릴 뿐. '오 하나님, 저를 구원하여 주소서.' 웨지우드 양과 나는 서로 한마음이니 단 세 줄과 3분으로도 충분한데 말일세. 하지만 딸을 과할 정도로 아끼는 아버님은 내가 응하기 어려운 요구사항들을 내밀며 웬만한 사이라면 갈라설 지경까지 몰아갈 기세야. 다음 주 금요일 드디어 양측 변호사를 대동하고 아버님과 격식을 갖춰 만나기로 했다네. 제발 좋은 결론이 나길 바랄 뿐이야. 그때 다시 소식 전함세.
-자네의 충직한 친구, 조사이어 웨지우드로부터.

1764년 1월 23일, 그는 다시 벤틀리에게 편지를 썼다.

드디어 장인어른 되실 분과 나 사이에 모든 문제가 원만하게 해결되었네. 어제는 사랑하는 내 여인에게 날을 잡아달라고 부탁했지. 고대해온 그날은 내가 기울인 온갖 정성과 노력이 보상받는 날일세. 언제냐 하면, 바로 다음 주 수요일이야. 그 상서로운 날엔 자네도 사색적인 저녁 파이프 담배 대신 술 한두 잔 하면서 보내도 괜찮겠지. 결혼의 관문을 순조롭게 통과하도록, 와서 축복도 해주고 덕담도 베풀어주게나.
그날만큼은 어떤 일도 내 기쁨을 막지 못하도록, 온종일 바쁘게 일하고 있다네. 단 한 번뿐인 이날을 맞아 우리에게 축하 편지를 보내줄 수 있겠나?

오래 기다려온 결혼은 1764년 1월 29일 체스터시 애스트버리 교회에서 거행되었다. 이 결혼은 실로 행복한 결합이었다. 새라 웨지우드는 어떤 남편이라도 자랑스러워할 만큼 훌륭한 아내이자 아름답고 온화한 여성이었다. 두 사람은 서로를 깊이 신뢰하고 사랑했다. 그녀는 남편이 속한 사회 속으로 서서히 스며들었고 언제, 어디서든 다정한 모습이었다. 그녀는 친절하면서도 강직했으며, 예리한 직관력을 갖추고 있었다. 부드러운 성품이지만 활동적이고 강인했다. 웨지우드가 무릎 통증으로 종종 앓아누울 때면 헌신적인 간호사 역할을 마다하지 않았다. 그 누구도 그녀만큼 고통에 빠진 웨지우드를 정성껏 돌볼 수는 없으리라. 이러한 그녀의 역할은 결혼 후 4년 정도 지나 웨지우드가 결국 자신의 다리를 절단하기까지, 그리고 그 이후로 평생토록 계속되었다.

웨지우드가 병상에 누워있는 동안 그녀는 웨지우드의 암호 필기 혹은 속기 방식을 배워 남편의 생각과 아이디어를 받아적는 것은 물론, 모든 통신을 대행했다. 그렇게 자신에게 주어진 시간을 알뜰히 쓰느라 그녀의 베틀은 다락방에 처박히는 신세로 전락했다. 이 외에도 살림은 물론 양육까지 담당했으니 말이다.

1765년 1월, 웨지우드 여사는 드디어 한 아이의 엄마가 되었다. 런던에 있는 사촌오빠 존에게 보내는 편지에서 그녀는 감기에 걸려 몸이 안 좋다고 들었으니 요양을 위해서라도 스태포드셔에 꼭 내려와 있으라고 간곡히 청하면서 이렇게 덧붙였다.

조사이어 웨지우드의 부인 새라 웨지우드.
웨지우드와 두터운 친분을 쌓았던 화가 조지 스터브스
가 1780년에 그린 초상화이다.

오빠에게 꼭 맞는 어여쁜 일거리를 마련해 놨어요. 수키Sukey(맏딸 수재너를 지칭)가 활동적인 아이라, 많이 얼러줘야 하거든요. 제가 요람을 흔드는 동안 오빠가 자장가를 불러주세요. 하지만 아이 돌볼 시간 내기도 힘들 것 같네요. 릭과 뉴캐슬 사이 유료도로가 파손되어, 어쩔 수 없이 그이 일부터 도와야 할 것 같아요. 지금 동분서주 중이거든요.

웨지우드는 이즈음 영국에서 가장 바쁜 사람 중 하나였다. 특히 영국의 도자기 생산지를 전 세계에 활짝 열어줄 유료도로 홍보와 건설에 발 벗고 나섰기 때문이다. 릭과 뉴캐슬 간 도로 외에도, 어토시터와 버슬렘, 벅스턴과 베이크웰 간 도로 건설도 시급했다. 이들 도로 건설 성사를 위해 웨지우드는 거액의 기부도 마다하지 않았다. 그는 또 이보다 훨씬 더 중요한 문제인 대운하 건설 준비 작업에도 적극 관여했다. 그는 의장인 고워Granville Leveson-Gower(1721-1803. 레브슨 고워 가문의 영국 정치인—옮긴이) 경 및 운하공학자 브린들리와 수차례 회의를 가졌다. 계획이 통과되고 모금이 필요해지자 웨지우드가 재무 책임자로 지명되었다.

한편 도자기 사업이 점점 커지면서 그는 제조 방식을 개선할 동력 선반 제작에도 몰두했다. 그러나 이미 언급한 대로 플루미에가 쓴 《회전의 예술》이라는 책 사본을 입수했지만, 도해를 제외하고는 그 원리를 설명한 내용을 제대로 이해할 수 없었다. 그는 벤틀리에게 보내는 1764년 5월 28일자 편지에 이렇게 썼다.

자네에게 요즘 내 최대 관심사인 동력 회전 샘플을 하나 보냈네. 자네의 누이인 오츠 양이 활용하게 된다면 그녀도 내게 고맙다고 할걸세. 이 분야에 이미 상당한 시간과 열정을 쏟아부었건만, 여전히 갈 길이 멀어. 마침 이 주제를 다룬 훌륭한 책을 한 권 입수하긴 했는데, 프랑스어와 라틴어로 되어 있어서 도무지 읽을 수가 없다네. 자네가 번역을 맡겨준다면 대단히 고맙겠어. 얼마가 들든 비용은 기꺼이 대겠네.

게다가 매입해둔 부지에 새로 지을 작업장까지 챙겨야 했다. 그의 주된 역할은 물론 도공이었다. 사업적 입지를 다지고 생산품을 개선하기 위해 점토와 유약실험에 끊임없이 매진했다. 그는 런던에 있는 형 존에게 이렇게 썼다.

백색 질감과 광택 실험에 착수했어. 샐리(조사이어가 아내를 부르는 애칭)가 여러모로 든든한 조력자가 되어주고 있지. 한꺼번에 많은 일에 손을 대지 않는 사람이라 배틀을 아예 창고에 가져다 놨지. (…) 이 생산품은 버슬렘에서 만들 생각이 없어. 여기 말고 다른 괜찮은 부지를 물색 중이야.

1765년 3월 2일, 웨지우드는 윌리엄 메러디스William Meredith(1725-1790. 영국의 대지주이자 귀족, 정치인 — 옮긴이) 경에게 자신의 사업을 제대로 알릴 기회를 얻었다. 과거 웨지우드에게 우아한 꽃병과 고대 작품들을 보내 똑같이 만들어달라고 부탁한 적 있는 인물이었다. 버슬렘 제조품들은 대부분 해외 시장에 수출되었다.

해외로 나가는 규모에 비하면 국내 소비는 미미한 수준이었다. 주요 시장은 주로 유럽 대륙과 북미였다. 대륙에는 상당량의 화이트 스톤웨어와 일부 고급품을 내보냈다. 그는 식민지 상대 무역은 얼마 가지 못할 거라 우려했다. 그곳에서도 이미 도기 제조 기반이 잡혀가는 상황이었기 때문이다.

웨지우드가 메러디스에게 말했다. "이번에 사우스캐롤라이나에서 새 도기 제조공장을 건립하면서 중개인을 통해 우리나라 일꾼들을 대거 고용했다고 합니다. 그들이 데려간 장인들 중 한 명이 그곳을 총지휘하고 있는 모양입니다. 게다가 재료들 또한 우리보다 더 낫다고는 못해도 거의 비등한 수준입니다. 이러한 상황이니, 국내 시장에 미칠 부정적 파급력을 생각하면 걱정이 앞서지 않을 수 없습니다."

웨지우드는 끊임없이 제품 향상을 도모했다. 1766년 웨지우드는 블랙웨어와 재스퍼웨어, 케인웨어를 잇따라 출시했다. 그리고 화학자와 약제사들이 주로 쓰는 깊고 두꺼운 보울인 막자사발 실험을 계속한 끝에 제작에 성공했고, 이를 기반으로 광범위한 사업을 펼쳐나갔다.

8장 ―――

웨지우드, '왕비 폐하의 도공'으로 선정되다

대운하 건설 사업에 관여하면서, 웨지우드는 맨체스터와 리버풀 사이의 브리지워터 운하 소유주인 브리지워터(본명은 Francis Egerton, 1736-1803. 운하건설의 선구자이자 '영국 내륙 항해의 아버지'로 알려져 있다 — 옮긴이) 공작과 만날 기회가 잦아졌다. 1765년 7월 6일, 그는 당시 런던 주재 에이전트인 형 존 웨지우드에게 이렇게 편지를 썼다.

> 내륙 항해 성사 계획을 맡은 브리지워터 공작님을 뵙고 왔어. 스패로우 씨도 함께 말야. 대단한 환대를 받는 가운데 8시간을 함께 보냈는데, 우리가 바라던 설계안에 대해 공작님께서도 전적으로 동의한다는 확언을 주셨어. 그리고 내게 가능한 한 가장 완벽한 크림색 식기 일체를 만들어달라시면서 로마 시대 항아리를 하나 꺼내 보여주셨거든. 적어도 1500년은 되어 보이

는 붉은색 그릇인데 맨체스터 인근 캐슬필드에서 인부들이 발견한 거라고 해. 공작님과 헤어진 후, 영광스럽게도 우리는 그분의 곤돌라로 운하를 따라 맨체스터까지 약 9마일을 항해했지. 그 이튿날은 노스윅으로 가서 위버 항해위원회 소속 체셔 신사분들과도 모임을 했고. 그 결과 우리가 그쪽 뜻에 동참한다는 조건으로 그분들도 우리 계획을 지지하겠다는 약속을 받아냈어.

이처럼 웨지우드는 크림웨어 주문 건을 처리하는 동시에 대운하를 통한 내륙항해 길을 여느라 동분서주했다. 물론 요업은 그의 관심사 중 가장 큰 비중을 차지하고 있었다. 자신의 생계수단이자 삶을 윤택하게 만들어준 직업인 데다 이제는 수많은 사람에게 일자리를 제공하는 사업이었다.

브리지워터 공작을 위해 완벽한 크림웨어 식기를 제작하는 것은 그에게 큰 자부심을 주는 일이었다. 하지만 그가 품은 더 큰 야망은 영국 최고위 인사인 왕과 왕비, 왕실 가족에게 고용되는 것이었다. 1760년 영국 왕위를 이어받은 조지 3세George III(1738-1820)는 이듬해에 매클렌버그 스트렐리츠의 소피 샤를로테Charlotte of Macklenburg-Strelitz(1744-1818) 공주와 결혼했다.

왕과 왕비 부처는 영국 생산업자들의 친구이자 후원자를 자처하며 자국의 제조업 증진에 힘썼다. 왕비가 웨지우드로부터 크림웨어 식기 일체를 주문하게 된 것은 여시종('여관'이라고도 불리며, 백작 이하의 귀족 자녀들이 담당한다—옮긴이) 중 한 명인 드보라 쳇윈드의 소개를 통해서였다고 한다. 스태포드셔 조폐국 수장 쳇윈드William. R. Chetwynd 자작의 딸이었던 그녀는 자기 고향 사람인 웨지우드의 명성이 드높아지는 것을 매우 자랑스러워했다. 게다가 웨지우드와 친분이 깊은 브리지워터 공작, 고워 경, 에저튼 가, 드 그레이 가, 기타 귀족 가문과도 잘 알고 지냈다. 여기에 빼어난 감식안과 판단력까지 갖춰 웨지우드의 생산품이 왕비의 후원을 받도록 천거한 것이다.

드보라 쳇윈드 양을 통한 웨지우드의 첫 왕실 주문품은 녹색과 금색으로 장식한 크림웨어 티세트였다. 웨지우드는 런던에 있는 자신의 형에게 쳇윈드 양을 특별히 예우해줄 것과 제조 및 장식에 관한 추가 요청이 있으면 잘 받아둘 것을 부탁하는 편지를 1765년 7월 6일자로 보냈다.

> 형이 나 대신 쳇윈드 양을 잘 응대해주면 정말 고맙겠어. 다만 주문품들을 최대한 완벽하고 우아하게 만들고자 하는 내 노력에 한치의 부족함도 없길 바랄 뿐이야.
> 왕비 폐하께 문양집을 전해드린다면 대단한 영광이겠지. 화병 두 쌍도 포함시킬 생각인데, 크림색 바탕 위에 동력 선반을 이용해 문양을 새겨넣으려고 해. 그러려면 내가 가지고 있는 동판들이 안성맞춤일 거야. 개개의 디자인을 잘 살려서 왕실 품위에 부합하도록 해야겠지. 형 생각도 다르지 않을 테지만. 일단 내가 그린 스케치를 동봉할게. 혼자 하는 데다 디자인 면으로도 부족해서, 적임자인 웨일에게 맡겨주면 좋겠어.

웨지우드는 왕실의 첫 주문품을 완성하는 일에 매우 세심하게 신경 썼다. 금박을 입혀 소성하는 일부터 꽃들의 윤곽선을 표현하는 작업까지 전 과정을 직접 챙겼다. 그는 어린 시절, 뉴캐슬에서 들판을 가로질러 학교를 오가는 동안 야생에서 자라나는 들꽃들을 오래오래 감상하고 마음속에 생생하게 담아두곤 했다. 어릴 적 남다른 자연친화력이 그에게 예리한 관찰력을 키워준 것이다. 다른 성공한 사람들의 경우와 마찬가지로, 인생 초반 온갖 고초를 인내하며 스스로 단련해온 정신력은 그의 최대 강점이 되어 훗날 난관과 불운들을 극복해내는 놀라운 힘으로 작용했다.

그는 이 시기 실제로 많은 어려움에 부딪혔다. 가장 큰 문제는 직원들의 무능이었다. 그는 런던에 있는 형에게 이런 편지를 썼다.

> 형, 삶에 농락당하는 기분이야. 직원들은 걸핏하면 미적거리고, 술에 취해 있고, 빈둥거리고, 쓸데없는 행동을 일삼지. 이런 식이니 매사가 잘 진행되질 않아. 안 그래도 더 많은 분야의 직원들이 필요한 실정인데 말이야.

앞에서도 한번 언급했지만, 불의 불확실한 속성 역시 심각한 장애물이었다. 이는 어떤 도공이든 대적하고 정복하지 않으면 안 되는 숙적이었다. 따라서 직원들이 부지런히 돕지 않는다면, 계속되는 걱정과 낭비를 막을 길이 없었다. 때로는 한 달간의 노력이 한 시간 만에 물거품으로 돌아갔다. 가마를 다 부수고 그 자리에 새 가마를 지어야 했다. 하지만 그 역시 문제가 있는 것으로 판명이 나면, 적잖은 손실을 감수하며 새 가마로 바꿔야 했다.

웨지우드의 이 같은 좌절은 다른 수많은 격려를 통해 상당 부분 경감되었다. 1765년 8월 7일 일기에 그는 이렇게 썼다. '말버러 공작, 고워 경, 스펜서 경을 위시한 많은 분이 내 작업장을 방문하는 영예를 입었다. 모두가 지대한 관심을 보였고 매우 흡족해했다. 그러면서 내가 만드는 모든 종류의 패턴들을 직접 볼 수 있는 전시장이 런던에는 없느냐고 묻기도 했다.' 실제로 웨지우드의 공장은 그 마을에서 가장 큰 대규모 시설이었으므로 많은 고위급 인사들이 방문해 그가 일군 회사를 경탄하며 둘러보았다.

왕비는 아침 식사용 식기들을 전달받고 대단한 만족감을 표했다. 그녀는 국내 기술로 만들어낸 이 진상품에 매우 감격하면서, 같은 재질의 정찬용 식기들도 갖추고 싶다는 의견을 즉시 전달했다. 웨지우드는 몇 가지 패턴들을 보냈고 이내 약간의 수정을 거친 다음 최종 승인을 얻어냈다. 이 정찬용 식기 일체를 '퀸즈웨어The Queen's Ware'라 이름 짓고, 그 제조자를 '왕비 폐하의 도공Potter to Her Majesty'으로 임명한 것은 순전히 왕비의 의사에 따른 것이다.

이처럼 강력한 후원 덕에 웨지우드의 퀸즈웨어 식기는 곧바로 지위와 영향력을 가진 고위인사들의 식탁에 올라가고, 마침내 대중의 마음도 사로잡으며 상용화되기에 이르렀다. 실제로 웨지우드의 제품은 당시 대영제국에서 제조된 그 어느 것보다 월등한 품질을 자랑했다. 게다가 가격도 합리적이었다. 그러자 다른 도공들도 웨지우드의 성공적 발명품을 발판 삼아, 발명가가 치러야 할 노고와 비용을 들이지 않고 비슷한 류의 제품들을 내놓았다. 이렇게 퀸즈웨어는 영국의 대표 도기로 자리매김했다.

왕비가 주문한 제품을 완성해 납품하자마자, 이번에는 왕이 즉각적인 후원을 약속하며 유사한 식기류를 주문했다. 단, 띠나 골이 없는 것으로서 특별히 '로열 패턴Royal Pattern'이라 불렸다. 왕실의 후원은 스태포드셔 도공들에 대한 대중의 관심을 끌어모았고, 이곳 수천 명 사람들에게 부富의 물꼬를 터주는 결과로 나타났다. 이후 국내뿐만 아니라 대외적으로도 영국 도예 산업이 놀라우리만치 활기를 띠기 시작했다. 이렇게 들이닥친 부의 밀물은 웨지우드의 잇따른 발명에 크게 힘입은 것이었다. 이제 웨지우드는 버슬렘의 작은 제조소를 비롯해 몇 마일 떨어진 곳에 건립한 에트루리아의 대규모 사업체까지 거느리게 되었다.

당시 시중에 나와 있던 거의 모든 그릇 형태는 웨지우드가 대폭 개선한 결과물들이었다. 다른 제조자들이 그의 예를 앞다퉈 따랐기 때문이다. 아예 그가 내놓은 모델을 그대로 차용한 것들도 부지기수였다. 웨지우드가 특허권을 내지 않았기 때문에(단 한 건의 예외는 있었지만), 그가 들인 수고와 발명은 사실상 경쟁자들의 자산이 되었다. 그가 창안한 형태는 은세공인, 청동제작자, 금속 세공기술자들까지 모두 모방했다. 심지어 버밍엄의 볼턴도 웨지우드의 화병에 경탄한 나머지 자신도 도공이 되고 싶다고 말했을 정

뛰어난 금속세공업자였던 볼턴은 "나도 도공이 되고 싶네."라고 말할 정도로 도공으로서 웨지우드를 부러워하고 질투했지만, 마지막까지 뛰어난 금속 세공인으로서 웨지우드의 작품을 장식해주는 역할에 충실했다. 왼쪽 위부터 시계방향으로 웨지우드가 만들고 볼턴이 세공해 마감한 장식용 단추, 메달리언, 구두 버클, 예식용 칼이다.

도다. 하지만 앞서 언급했듯이 그는 웨지우드가 만든 화병들을 금속으로 고정하는 일에 만족했다. 볼턴은 한때 이렇게 말했다. "꽃병에 금속을 장착시키는 일은 대단히 큰 공상의 영역이다. 그 점에서 나는 이 일에 깊이 매료되었다. 아주 형편없는 그릇조차 아름다운 꽃병으로 변모시킬 수 있으니까."

새로 들여온 동력 선반(도기제작용으로 응용해서 고안한 동력 선반으로, 특허권은 따로 내지 않았다)은 웨지우드의 손에서 큰 힘을 발휘했다. 그 도구는 곧바로 고대 양식을 본뜬 녹유 화병 장식에 활용되었다. 또 그에게 고대 방식 혹은 에트루리아식 모델을 제안한 몇몇 귀족들의 독창적인 디자인을 수행하는 데도 매우 유용했다.

웨지우드는 다른 도공들이 자신의 디자인을 그대로 모방하도록 놔두었다. 그 이유는 한때 그가 말했듯, 특허는 공공의 이용성을 크게 제한할 것이기 때문이었다. 그의 논리에 따르면, 특허를 인정할 경우 100여 개 제조업체 대신 단 한 곳의 제조업체만 살아남을 것이며, 또 세계 각지에 수출하는 대신 몇 안 되는 탁월한 제품만이 영국 내 감각 있는 사람들의 취향에 맞춰 제작될 것이었다.

지난 세기, 버슬렘과 다른 스태포드셔 마을은 밀크 팬과 버터 포트로 유명했다. 당시 약 100명이 그릇을 만드는 일에 종사했다면, 이제는 약 1만 명이 식기류나 장식품 제조업에 고용되었고, 국내 판매액을 제외하고도 연간 수출액이 200만 파운드에 달했다. 이는 확실히 이 산업과 스태포드셔 업체들의 공로에 크게 힘입은 것이다.

웨지우드는 마침내 고워 경을 비롯한 친구들이 강력히 권고했던 일을 실행에 옮겼다. 퀸즈웨어와 에트루리아 화병, 그리고 다른 상용품과 예술품, 장식품을 선보이기 위해 런던에 전시장을 연 것이다. 물론 커티턴 가에 수출품을 전시하는 작은 매장이 있기는 했다. 이후 1765년 8월 뉴포트 가의 건물 한 곳을 임차했다가 나중에 더 많은 수용인원을 확보하기 위해 그릭 가Greek Street로 옮겨간 것이다. 그곳에서 그의 형 존이 전시품을 보러 온 수많은 방문객을 맞아들이고 있었다. 사실상 그의 쇼룸은 로열 아카데미 작품 전시장만큼이나 북적였다.

웨지우드는 첼시에도 공장을 임차했다. 이곳에서는 그가 고용한 수많은 에나멜러와 모델러, 아티스트들이 일하고 있었다. 따라서 그들의 중요 작업을 지휘하려면 런던을 자주 방문할 수밖에 없었다. 그는 늘 일에 파묻혀 있었다. 버슬렘에서 맡아 해야 할 여러 임무는 물론, 스태포드서의 도로와 운하를 개선하기 위해 뛰어든 역할, 그리고 꽃병과 도기 제조를 향상시키는 작업까지…. 언젠가 프리스틀리 박사의 논문 검토서를 읽어봤는지에 대한 질문을 받자 그는 이렇게 답했다. "솔직히 말씀드리자면 어떤 것을 거의 읽을 수도, 생각할 수도 없습니다. 요업과 운항문제밖에는. 그럼 대체 언제 시간이 되냐고 물으신다면, 실은 저 자신도 알 길이 없다고 답할 수밖에 없습니다."

그리스 고전 작품들을 부활시키는 것은 웨지우드의 원대한 꿈 중 하나였다. 그는 프랑스 몽포콩Montfaucon(1655-1741. 생모르 수

도회의 프랑스 베네딕트회 수도사. 현대 고고학 분야의 창사자 중 한 명으로 꼽힌다―옮긴이)을 비롯한 기타 여러 컬렉션, 그리고 당대 최고 작품들의 훌륭한 디자인에서 영감을 얻은 제품들을 분주히 만들어냈다. 아름다운 작품들에 대한 대중의 관심을 불러일으키는 한편, 요업기술 향상이 모델링과 예술품 제조의 기초를 닦는 데 기여할 것이라는 믿음에 따른 것이었다. 이를 위해 부단히 노력하는 와중에도 그는 이 업계가 발전하려면 아직도 갈 길이 멀다고 여겼다. 그럼에도 불구하고 그가 자신의 꿈을 지치지 않고 펼칠 수 있었던 것은, 왕과 왕비 폐하의 자유롭고 애국적인 성향, 그리고 자신의 캐비닛을 주저 없이 열어 여행 중 구매한 최고의 작품들을 웨지우드가 본뜨도록 기꺼이 허락해준 귀족과 고위인사들의 고급 취향에 힘입은 바 크다.

1766년 무렵 웨지우드는 처음으로 검정색 무광 자기를 선보였다. 함유된 돌(현무암)의 속성에서 이름을 따서 이 제품을 '버설트Basalt'라 명명했다. 그 외에도 다양한 용도에 맞춘 얼룩덜룩한 적갈색 테라코타, 흰색 밀랍(왁스) 같은 자기, 그 외 다른 발명품들을 내놓았다. 고대 에트루리아 사람들은 화병을 내구성이 뛰어난 색상으로 칠한 다음 불로 구워냈다. 플리니Gaius Plinius Secundus(대大플리니우스(23-79). 로마의 정치가이자 박물학자, 백과사전 편집자―옮긴이) 시대에도 이러한 화병들이 있었던 것으로 보아, 이전 시대의 잃어버린 기술 중 하나로 간주되기도 한다. 하지만 웨지우드는 불굴의 실험정신과 인내력으로 이 기술을 부활시켰다. 그가 재현해

'화병을 둘러싼 광기 어린 열병이 전역을 휩쓸고 있어.' 벤틀리에게 이런 편지를 보내던 즈음, 웨지우드는 검정 무광 자기인 '버설트'를 처음 선보였다. 고급스럽고 견고한 그의 제품들은 영국 귀족사회에서 열풍을 일으켜, 런던에 있는 쇼룸은 발 디딜 틈조차 없을 만큼 많은 사람들로 붐볐다.

낸 색상은 원본 못지않게 아름다웠을 뿐만 아니라 다양성의 폭을 크게 넓혀놓았다. 새로 발명한 재료들로 부활시킨 작품들은 곧 대중의 눈길을 사로잡았고, 웨지우드 생산품에 대한 수요를 급속도로 증폭시켰다. 나아가 그를 열심히 모방하는 다른 제조업자들의 제품들도 덩달아 팔려나갔다.

1765년 말, 웨지우드는 런던 뉴포트 가에서 리버풀에 있던 벤틀리에게 자신이 몰두하고 있는 분야에 관해 다음과 같은 편지를 써서 보냈다.

> 화병을 둘러싼 '광기 어린 열병'이 전역을 휩쓸고 있어. 물론 흐뭇해야 할 일이네. 현재 각 제조소에 대여섯 명의 모델러와 조각가를 두고 있고, 몰더는 우리 집에 상주 중이지. 이탈리아 화병들을 봤는데 굉장히 인상 깊었네. 어떤 화병 프린트들은 내가 본 그 어느 것보다 훌륭하더군. 특히 얕은 양각 문양 말일세. 한 친구가 그 화병들을 내게 빌려주기로 약속했다네.

1766년 2월, 웨지우드는 다시 편지를 썼다.

> 그 화병을 만든 귀한 손을 다시 모셔올 수만 있다면. (…) 이곳에 그 화병들을 갖다 놓고 싶은 욕망이 멈추질 않아. 가질 수만 있다면, 하루에 50파운드, 아니 100파운드라도 내겠네.

그즈음 웨지우드는 귀족들로 구성된 예술회 소속 회원들의 후원을 받고 있었다. 중요 회원들로는 로킹엄 경, 마아치 경, 노섬벌랜드 공작, 몬태규 공작, 토머스 개스코인 경 등이 있었다. 또 러시아의 여제 예카테리나 2세로부터 특별 주문을 의뢰받는 영예를 누리기도 했다. 각각의 그릇에 검정색 에나멜로 여러 각도에서 본 궁의 전경과 귀족들의 별장, 그리고 영국의 명소들을 그린 대규모 퀸즈웨어 일체를 납품하도록 명받은 것이다. 이 건은 군주의 마음에 합당한 것이었을지는 모르나 일개 제조업자 혼자 떠맡기에는 힘에 부치는 일이었다. 같은 주제의 반복을 피하기 위해 필요한 경관의 수만 무려 1,200가지였고, 그중 상당수가 원본 그림들로 채워졌다. 그림 컬렉션을 구성하고, 각각의 그릇에 일일이 그려 넣는 데만 3년가량이 걸렸다. 정밀한 디자인으로 제작되었기 때문에 하나하나 훌륭한 그림을 담고 있었다.

1766년 2월 14일, 웨지우드는 런던에 있는 왕비 폐하의 대리인에게 이렇게 썼다.

> 러시아의 여제를 위한 정찬 및 다과용 식기 일체(이하 '러시안 서비스'로 약칭함 — 옮긴이)는 에나멜 작업이 끝나는 대로 곧 보내드릴 수 있을 것 같습니다. 다만 카워드John Coward 씨에게 작업을 서두르도록 친히 재촉해 주신다면, 그 어느 것도 지체될 일이 없다는 점은 확실하게 약속드릴 수 있습니다.

웨지우드는 러시아 주재 영국대사인 캐스카트 경에게 큰 신세를 졌다. 그가 러시아 여제에게 천거했을 가능성이 높고 그 과정

접시 상단의 개구리 마크를 따 '프로그 서비스'로도 알려진 러시아 여제 예카테리나 2세의 퀸즈웨어 특별 주문품. 그릇 개수만 총 952점, 필요한 경관의 수는 무려 1,200가지에 달했다. 그림 컬렉션을 구성하고 일일이 그려넣는 데만 3년가량이 소요됐지만, 이 작업 이후 웨지우드 제품의 명성이 유럽 전역으로 퍼지면서 톡톡한 광고 효과를 누렸다.

에서 친절한 도움의 손길을 베풀었기 때문이다. 에나멜로 일일이 입혀야 할 패턴의 가짓수가 너무 많았기 때문에 여제의 제품을 만드는 일에만 근 8년이 걸렸다. 마침내 1774년 런던에서 전시회를 열고 곧바로 러시아 여제에게 완성품을 전달했다.

    예카테리나 2세는 몹시 만족해했고, 무려 3,000파운드를 지불한 것으로 알려졌다. 하지만 그릇의 개수만 해도 총 952점인 데다 엄청난 수공을 들인 작품이었다. 그릭 가의 전시실에서 작품들을 선보일 당시, 런던 전체가 들썩일 정도였다고 한다. 웨지우드가 받은 대가는 사실 그가 들인 막대한 비용에 미치지 못했지만, 영국 전역과 전 유럽에서 광고효과를 톡톡히 본 것은 사실이다. 이를 계기로 웨지우드 제품에 대한 수요는 폭발적으로 늘어났다.

9장 ──────

에트루리아 설립, 벤틀리와 동업

웨지우드의 퀸즈웨어를 비롯해 여러 제품들에 대해 쏟아지는 관심과 수요는 버슬렘의 인구 증가로 이어졌다. 화병의 인기가 높아지면서 많은 예술가와 우수한 장인들이 이곳으로 속속 몰려들었다. 요업 관련 인력 상당수가 이 동네로 유입되는 효과도 있었다. 하지만 주거공간이 충분치 않은 데다 공장은 공장대로 과밀화되고 있었다. 기술자들이 일할 공간마저 점점 비좁아지는 상태에 이른 것이다.

서둘러 대안을 마련해야만 했다. 고향 마을을 떠나고 싶지 않았던 웨지우드는 작업을 계속 이어갈 공장을 사서 넓힐 수 있는지 알아보고, 직원들이 살 집들을 차례로 지어나갈 방법을 궁리했다. 그즈음 얼마간 저축해온 돈이 있고 아내의 재산까지 보태져 보유 자산이 상당했던 웨지우드는 공장을 더 확대할 요량으로 토머스와 존 웨지우드에게 각각 그들 소유인 아이비하우스와 빅하우스를 구매하고 싶다는 뜻을 전했다. 그러나 두 사람 모두 동생의 청을 거절하는 바람에 다른 곳을 물색해야만 했다. 게다가 대안이 마련되기 전까지는 어쩔 수 없이 임차하고 있던 브릭하우스에서 불편한 대로 제조업을 이어가야 할 형편이었다.

공장을 고향 버슬렘 안에서 확장하려는 노력이 실패로 돌아간 후, 그는 좀 더 개선된 시설에 맞춤한 부지를 찾아 이웃 마을로 눈을 돌렸다. 이 공간에는 자신과 가족, 수많은 직원과 그 가족들이 살 공간도 포함돼야 했다. 그는 고향 마을의 복지에도 신경 써왔으므로 버슬렘에서 멀리 떨어진 곳으로 옮길 생각은 없었다. 교육이라는 대의에도 애착이 커서 공립학교에 후한 기부를 하고 있었고 스태포드셔의 도로와 운하 개통을 위해서도 부단히 헌신하던 그였다.

마침내 그는 버슬렘에서 3킬로미터 남짓 떨어진 적당한 부지를 골랐다. 요업지구 중심지 인근에 자리한 데다, 대운하 경로에 인접해서 지류 쪽에 공장을 지으면 좋을 듯했다. 그렇게만 된다면, 새 부지와 운하 간 교통도 원활해지는 이점이 있었다. 당시 임차인이 종신 점유하던 이곳은 '리지하우스 사유지'라 불렸는데, 알아보니 아일랜드에 사는 한 신사가 소유권을 가지고 있었다. 평소 마음을 정하면 신속한 결정을 내리는 웨지우드는 이 신사와 즉각 협상에 들어갔다. 전혀 알지 못하는 인물이라 그는 먼저 믿을만한 절친이자 전문가를 아일랜드로 보내 소유주의 매각 의사를 타진했다. 그 결과 종신 임차인에게 연간 사용료를 지급하는 조건으로 부지의 소유권을 얻어냄으로써 비교적 만족스럽게 구매 절차를 완료했다.

사실 그 부지는 입지조건 말고는 매력적인 요소가 거의 없었다. 자연환경적으로도 양질의 흙이라고 보기 어려웠다. 그나마 도공들이 쓸 만한 약간의 점토를 제공해준다는 것 외에 별다른 가치가 없어 보이는 땅이었다. 그러나 웨지우드의 기업가정신은 그 부지의 외양마저 변화시켰다. 그는 곧이어 운하가 지어질 둑에 대규모 제조소를 짓기 시작했다. '능력자 브라운'으로 알려진 랜슬럿 브라운Lancelot Brown(1716-1783. 영국의 정원사이자 조경 건축가. 영국의 조경 및 정원 역사에서 가장 유명한 인물로 남아있다 — 옮긴이)의 도움에 힘입어, 멋진 경관을 뽐내는 부지로 탈바꿈시켰다. 공장과 인접한 곳에는 직원과 그 가족들이 거주할 새로운 마을을 조성했다.

이곳은 무엇이라 이름 붙여졌을까? 자신이 꿈꾸는 미래 및 예술을 자국 제조품에 스며들게 하려는 열정과 고대 화병에 대한 강렬한 존경심을 담아 웨지우드는 이곳을 '에트루리아Etruria'라고 부르기로 했다. 명성이 자자한 에트루리아의 작품과 거기에 깃든 에트루리아인의 아름다운 정신을 기리자는 뜻도 함께 담았다. 여러 해에 걸친 공사를 통해 황폐했던 땅은 아름다운 정원으로 변모했다. 또 그곳에 들어선 공장은 예술작품의 산실이 되어 대중의 안목을 높이고 영국 상업 부흥에 크게 이바지하게 되었다.

리지하우스 부지를 구매한 직후 웨지우드는 벤틀리에게 버슬렘으로 건너와 자신의 아내와 함께 이 부지를 어떻게 기획할 것인가를 함께 논의하자고 졸랐다. 1766년 9월 15일, 웨지우드는 이렇게 편지를 썼다.

샐리가 자네더러 뱃살을 빼려면 열심히 운동해야 하니, 웬만하면 버슬렘까지 마차가 아닌 말을 타고 오라더군. 지난번에 자네를 놔두고 나 혼자 집에 돌아왔다고 토라졌지 뭔가. 얼마 전 자네의 편지를 받고서야 화를 좀 가라앉혔다네. 며칠 후면 자네를 이곳에서 맞이한다는 기쁨과 자네의 방문에 이어 리버풀에도 잠깐 다녀올 수 있다는 기대 때문일 거야. 게다가 아내는 마구간은 고사하고 집과 정원 그 어느 것도 아예 결정하지 않을 심산인가 봐. 자네가 와서 의견을 주기 전까지는 말일세. 그러니 친구, 얼른 와 주게나. '능력자 브라운'에 버금갈 벤틀리 자네를 하루빨리 초대하고자 하네.

초대는 곧 수락되었다. 벤틀리는 뱃살을 빼라는 잔소리엔 아랑곳하지 않고, 말이 아닌 마차나 기차를 이용했던 모양이다. 그는 전체 부지와 함께 자신이 거주하게 될 장소를 둘러보았다. 벤틀리가 웨지우드 제조품의 특정 부문 파트너가 된 것은 아마도 그해 말쯤이었던 듯하다. 이러한 방식의 제휴는 리버풀에서 사업을 하던 벤틀리에게 커다란 이점으로 작용했다. 총대리인 역할에서 이제는 도기 제품에만 한정해 집중적으로 일할 수 있었기 때문이다. 그는 도싯셔, 콘월, 데번 산 점토 확보 및 미국과 기타 국가들

척박하던 땅은 사람과 돈이 부지런히 들고나는 낙원으로 변모했다. 도공 웨지우드의 열정이 고스란히 투영된 이곳 에트루리아는 수많은 예술가가 자신의 예술혼을 마음껏 발휘하는 무대이자 영국 예술작품의 산실로 자리매김했다.

을 상대로 한 완성품 수출을 관장했다. 이에 따라 두 사람은 도기 수출로 발생한 수익을 똑같이 나누기로 합의했다. 이때 벤틀리가 제임스 보드맨을 파트너로 영입하면서 그의 회사는 후에 벤틀리-보드맨 사로 알려지게 되었다.

웨지우드와 벤트리 간 동업은 웨지우드가 벤틀리에게 편지(1766년 11월)를 보낸 직후에 성사되었으며, 이는 웨지우드에게도 큰 힘을 실어주는 일이었다. 그는 에트루리아에 벤틀리를 위한 집을 짓겠다고 말했다. 또 벤틀리가 관리·감독해줘야 할 장식품들, 가령 여러 종류의 화병과 욕실용 도기, 차 상자, 코담배 박스 등을 언급하며, "혹시라도 이 제품들이 우리를 실망시킨다면, 나로선 자네의 천재성이 다른 제품 선택으로 인도해주길 바랄 뿐이네."라고 덧붙였다.

웨지우드는 도자기 원료 관련 실험을 열정적으로 이어갔다. 구워지는 동안 어떻게 휘어지고 수축하는지 실험한 후 점토에 따른 체계적 계통을 세우는 데 몰두했다. 이 세상 모든 지표면의 흙에 대한 완전한 지식이야말로 점토를 다루는 도공의 진정한 능력을 입증한다는 점에서 충분히 이해할 만한 일이다.

이 시기 기록들을 죽 찾아 읽다 보면, 웨지우드가 이 분야에 얼마나 관심을 쏟았는지 가늠해볼 수 있다. 그는 적지 않은 비용을 들여 영국 땅의 모든 흙과 돌, 점토를 알아가는 일에 심취했다. 나아가 조달 가능한 해외의 모든 도자기 원료들까지 연구 대상으로 삼았다. 실험 시료들의 화학적 구성을 힘 닿는 대로 분석했으며 자신의 필요에 얼마나 부합할지를 일일이 검증했다.

그는 실험 결과를 매우 체계적으로 기록한 뒤 캐비닛에 보관했다. 언제라도 꺼내서 참조하거나 활용할 수 있도록 한 것이다. 추가로 언급할 것은 그가 사후에 남긴 시료만도 7,000여 개에 달했다는 사실이다. 시료들은 특정 목적이나 관점에 따라 세부 등급과 항목으로 분류되었다. 또 영국과 대륙의 저자들이 쓴 광물학 저서에서 발췌한 내용도 다수 포함되어 있었다. 저자들이 다닌 곳의 흙에 관해 설명해 놓은 여행 책자, 영국의 지형학적 연구자료에서 발췌한 방대한 글들도 뒤섞여 있었다. 모두 흙과 점토에 관한 웨지우드의 호기심과 근면성을 보여주는 자료들이다.

벤틀리에게 보낸 편지에서(대화 내용이 점점 더 친근해지고 있음을 알 수 있다), 그는 이렇게 쓰고 있다.

여우 사냥꾼이 여우를 쫓으며 느끼는 짜릿함도 내가 이 분야를 실험할 때만큼은 못할걸세. 더 깊이 팔수록, 더 넓게 펼쳐진다네. (…) 일주일간 말을 한 번도 못 탔어. 오늘 아침엔 다른 일이 있어서 책과 점토, 화병들로부터 잠깐 놓여났지 뭔가! 오히려 감사할 따름이야. 혼자 의지로는 단 몇 시간도 이 짜릿한 사냥을 멈출 수가 없으니 말일세.

10장 ─────

스태포드셔를 관통하는
도로와 운하를 건설하다

우리는 종종 길을 비유의 대상으로 삼는다. 길이 있다거나 혹은 길이 막혔다거나 하는 표현처럼. 당시 영국의 도시에는 도로가 미비해 곳곳에서 적잖은 불편과 제한을 초래했고, 이런 교통상 어려움이 무역과 제조에 미치는 악영향도 그 못지않게 컸다. 이 문제에 웨지우드가 열의를 갖고 뛰어든 것은 단지 개인적 동기만이 아니라 공공의 이익을 위한 대의에서 비롯된 행위였다.

초창기 스태포드셔의 도로들은 일반적인 영국 도로보다 어느모로든 더 나쁘면 나빴지, 하나라도 나을 게 없었다. 플롯Robert Plot(1640-1696, 박물학자이자 옥스퍼드 대학교 화학과 초대교수, 영국 최초 공립박물관인 애슈몰린 박물관장―옮긴이) 박사 시절로 거슬러 올라가면, 말 그대로 '가난한 짐꾼들이 전국 방방곡곡으로 등짐을 져서 그릇들을 날랐다.' 사람들마저 험한 길만큼이나 거칠었다.

찰스 웨슬리Charles Wesley(1707-1788. 감리교 운동을 주도한 잉글랜드 신학자이자 찬송가 작사가. 감리교 창시자인 존 웨슬리의 동생이다 — 옮긴이)가 1743년 사우스 스태포드셔를 방문했을 당시, 그는 월솔 마을을 이렇게 묘사했다. '길목마다 사나운 에베소 사람들(성경 복음이 전해지기 전 믿음이 없는 사람들에 비유한 표현으로, 그곳에 거주하던 원주민들을 뜻한다 — 옮긴이)이 들끓었다. 이들은 줄곧 으르렁거리고 소리를 질러댔으며 시도 때도 없이 돌을 던졌다. 급기야 불량배 패거리들이 계단에서부터 나를 끌어내려 다짜고짜 패기 시작했다. 나는 일어서서 하나님의 가호를 빌었고, 다시 또 맞으며 쓰러졌다. 무려 세 번이나!'

앞서 그의 형 존 웨슬리가 버슬렘에서 어떤 취급을 당했는지 언급한 적이 있다. 그 역시 진흙덩이를 맞았는데, 주변에 말리는 이 아무도 없는 채로 고스란히 당해야만 했다. 콩글턴에서는 버슬렘에서보다 더 가혹한 취급을 당했다. 이 모든 일은 웨슬리가 인정했듯, 지독한 무지의 소치였다. 그곳에는 자라나는 세대를 가르칠 학교조차 없었으니, 제대로 된 교육이 이루어질 리 만무했다. 미들랜드 마을 대다수가 비문명화 상태였고, 여전히 중세 암흑기에 머물러 있었다고 해도 과언이 아니다.

이런 곳에 다른 치유법은 없었다. 문명의 손길이 다다를 수 있는 개선된 도로로 그 지역을 개방하는 것밖에는. 그러나 아직 도로라고 일컬을 만한 것도 없었다. 그저 약간 돋워 쌓은 돌무더기로 겨우 구분해 놓은 좁고 구불구불한 길뿐. 아서 영Arthur

Young(1741-1820. 영국의 농업가, 인맥과 홍보활동을 통한 농업 개선으로 명성을 얻었다—옮긴이)은 1768년 영국 북부를 여행하던 중 그곳의 전형적인 길들에 대해 '형편없는 엉터리에 지옥 같다'고 평했다. 길을 따라가거나 돌아가야 할 때 욕지거리가 나오지 않을 수 없을 정도였다고 한다. 짐말들이 주저앉다시피 하면서 겨우 지나갈 지경이었으니, 마차나 수레가 통과하기에는 어림도 없었다. 운송 길이 이처럼 열악한 탓에 버슬렘 사람들은 종종 석탄 부족 사태를 겪어야 했다. 가엾은 말들은 채찍을 맞아가며 진흙에 움푹 빠진 발로 제 몸과 마차를 질질 끌 수밖에 없었다. 그러다 끝내 쓰러져 석탄더미나 도기 상자를 통째로 쏟기 일쑤였다. 다리가 부러지는 경우엔 그 자리에서 총에 맞아 죽임을 당했다.

몇몇 도기마을들이 모여 있는 버슬렘의 내륙 상황은 이처럼 불편하기 짝이 없었다. 오랫동안 도공들은 자기 마을에서 나는 진흙만 썼다. 당시에는 거래량도 얼마 되지 않았으니, 그런대로 유지할 만했다. 하지만 거래가 늘어나면서 먼 지역으로부터 진흙, 부싯돌, 자기용 흙 같은 무거운 원료들을 가져다 쓰기 시작했고, 다시 부피가 큰 생산품들을 대량으로 내다 팔아야 했으니, 왕복 비용이 만만치 않았다. 여기에 석탄 운송비까지 추가될 경우, 구매 당사자는 무거운 수입세를 물 수밖에 없었다.

이 엄청난 불편과 손해를 해소하기 위해 웨지우드는 그 중 최악의 상태에 있던 길을 닦아 인접한 유료도로들과 연계시키려 부단히 애를 썼다. 이 목표를 실현하기 위한 공청회가 열렸지만, 예상외로 강력한 반대에 부딪혔다. 리버풀에서부터 도자기 마을까지 주요 도로를 개선하자는 제안에 대해 뉴캐슬언더라임 주민들은 극렬한 반대 의견을 표명했다. 특히 여관업자들은 새 도로가 생길 경우, 손님을 그쪽으로 빼앗기게 될 것이라며 크게 반발했다.

웨지우드가 버슬렘 공청회에서 리버풀로 가는 4마일 도로를 건설하자고 처음 제안했을 때도 전혀 지지를 얻지 못했다. 하지만 당시 길 상태는 너무나 형편없어서 일반 마차로는 같은 지점을 오갈 때 두 배나 더 오래 걸렸다. 진흙탕이나 움푹 팬 구덩이들을 피해 길게 우회해서 가야만 이동 중 유산이나 낙상사고 등을 피할 수 있었기 때문이다. 해묵은 고집과 어리석은 반대를 일삼는 사람들의 주장은 이랬다. "왜! 뭣 때문에요! 우리 조상부터 대대로 드나들던 길이고, 앞으로도 그럴 텐데!"

그러나 웨지우드는 인내라는 빛나는 성품을 갖고 있었다. 새로운 교통수단으로 마을을 개방시켜야 하는 당위성을 계속해서 설파했다. 그는 자기 생각을 명료하고 설득력 있게 전달하는 법을 알았고, 다른 이들에게 천천히 그리고 조금씩 자신의 확신을 심어주었다. 그렇게 자신의 주장을 끝까지 관철해서 끈질기게 반대해온 가장 과격한 사람들마저 끝내 이롭게 했다. 그는 지위와 인격을 갖춘 사람들의 지원도 받고 있었다. 그들은 웨지우드의 대의를 적극 지지했다. 그리고 몇 년이 지나자 비록 제한적인 범위나마 유료도로를 만들고, 도기마을의 도로를 포장하는 의회 법령을 얻어냈다. 좀 더 시간이 지나고 새 도로의 이점이 점차 많은 이들 사이에 공유되자 필요하다고 판단되는 다른 유료도로들도 성공적으로 건설되기에 이르렀다.

거래량이 늘어나면서 버슬렘과 인근 도기마을 사람들 간 공감대도 점차 확산되었다. 버슬렘이 이용할 만한 널찍한 항구로는 리버풀, 브리스틀, 헐이 있었는데 그중 리버풀이 가장 가까웠다. 리버풀 항으로 가는 제조품들을 머지강의 가장 가까운 연안까지 옮기려면 마차로 약 29킬로미터를 가야 했다. 반면 브리스틀 항 쪽으로 운반하려면 브리지노스까지 약 64킬로미터를 가야 했다. 헐쪽으로 가는 트렌트의 윌링턴까지도 거의 같은 거리였다. 관찰력과 이해력이 빠른 웨지우드의 눈에는 그야말로 자명한 문제였다. 버슬렘과 인근 도기마을이 리버풀이라는 가장 가까운 항구와 내륙으로 연결되기만 하면 끝나는 문제였다.

이 운항에 관한 아이디어는 오랫동안 논의의 대상으로 머물다가, 1761년 7월 브리지워터 공작이 워슬리와 맨체스터 간 운하를 건설하고 개통하면서 현실화되기 시작했다. 도기마을들을 통과할 내륙도로 건설에 시동을 거는 적극적인 조치가 채택된 것이다. 단연코 웨지우드가 이 프로젝트를 주도하는 인물이었고, 그의 든든한 친구인 공학자 브린들리가 함께 발 벗고 나섰다.

웨지우드는 브린들리를 오랫동안 알고 지내왔다. 제분소 및 각종 기계기술자, 역학 연구자, 광산 배수 전문가, 터널 공사 전문가였던 브린들리는 어떤 일이라도 맡을 준비가 되어 있었다. 사람들은 그런 그를 한마디로 '책사'라 불렀다. 앞서 짧게 언급한 바 있듯 그의 손을 거친 다양한 건축물 중에는 백색 도기 제조를 위해 도공들이 주로 활용한, 부싯돌을 빻는 버슬렘 제분소가 있다. 부싯돌 가루를 흡입할 때 일꾼들이 입는 건강상의 해악을 익히 알고 있었던 그는 존 웨지우드의 부탁으로 부싯돌 제분소를 만들어주면서 부싯돌을 물속에서 갈게 해야 한다고 제안했다. 그의 말대로 하자 폐기물이 줄고 연마작업이 쉬워졌을 뿐 아니라 작업장 공기도 깨끗하게 유지되어 직원들의 건강도 개선되었다.

이렇듯 브린들리는 버슬렘의 웨지우드 가와 직접적인 연관을 맺고 있었다. 그러다 보니, 도기마을을 통과하는 내륙항해 문제가 수면 위로 부상하던 때, 제임스 브린들리와 조사이어 웨지우드 두 사람이 서로 머리를 맞대고 긴밀한 대화를 이어나간 것은 당연한 수순이었다. 브린들리는 일명 '공중성채Castle in the Air', 즉 바르턴 고가교(구름다리)를 통해 어웰 강을 건너는 도강방식을 성공적으로 도입함으로써 브리지워터 공작이 주도하는 운하 건설의 난제를 극복해내기도 했다. 이렇듯 화려한 이력으로 보아, 새로운 스태포드셔 운하 건설을 맡길 유일한 엔지니어로 그가 추대된 일은 매우 자연스러운 귀결이었다.

1760년 도기마을을 통과할 수로 개통이라는 숙원사업을 위해 고워 경과 앤슨George Anson(1697-1762. 영국의 해군이자 정치가 — 옮긴이) 경의 경비로 브린들리가 조사를 맡았다. 하지만 실제로 일이 진행되기까지는 수년이 더 걸렸다. 브린들리의 행보를 지지하는 대중의 움직임이 처음으로 포착된 것은 1765년 12월 월슬리 브리지에서 개최된 노천 공청회에서였다. 당시 주지사였던 고워 경이 의장을 맡았고, 웨지우드를 위시해 그레이Gray 경과 바곳Bagot 선생, 앤슨 경, 길버트John Glibert(1724-1795. 브리지워터 공작의 토지 대리인이자 엔지니어, 브리지워터 운하 건설에 이바지했다 — 옮긴이) 선생 등 여러 인사가 참석했다. 브린들리가 제출한 기획안은 충분한 논의를 거쳐 최종 채택되었다. 그리고 머지강과 트렌트강을 잇는 운하 건설권을 확보하기 위해 차기 의회 회기에 이 법안을 제출하기로 의견을 모았다. 넉넉한 도량을 지닌 웨지우드는 예비 경비조로 1,000파운드를 쾌척하고, 착수와 동시에 상당액을 기탁하기로 약속했다.

이 원대한 사업의 많은 주창자가 원래는 '트렌트강—머지강 운하The Trent-Mersey Cannal'로 이름을 짓자고 제안했다. 하지만 앞날을 현명하게 내다보는 브린들리는 '대운하The Grand Trunk Canal'로 명명되어야 한다고 주장했다. 그의 선견지명으로 보건대, 인체의 혈관들이 대동맥에 연결되어 있듯이, 수많은 다른 운하들이 결국은 이 대운하의 여러 지점에서부터 지류들로 뻗어져 나올 것이기 때문이었다. 브린들리의 이 견해가 최종 채택되었고, 몇 년 지나지 않아 그의 예상은 완벽하게 적중했다.

스태포드셔 도공들은 공청회 결정에 뛸 듯이 기뻐했다. 다음 날 저녁, 버슬렘에서는 커다란 모닥불을 피워놓고 마을 사람들이 다

운하가 생김으로써 얻게 될 이익은 상업 측면에만 국한되지 않았다. 소금과 밀 같은 일상용품 유통 비용이 줄고 사람과 사람, 마을과 마을 간 거리가 몰라보게 가까워졌다. 이렇게 버슬렘 도공들이 생산한 도자기가 넓은 세상으로 뻗어나갈 길도 활짝 열리게 되었다.

같이 모여 대운하 건설의 성공과 번영을 기원했다. 나아가 고워경, 웨지우드, 길버트 선생, 그리고 다른 주창자들의 건강을 빌며 축배를 들었다.

도공 마을을 통과하는 운하를 짓자는 계획이 처음부터 환영받은 것은 아니었다. 브린들리의 대운하 노선은 런콘에서 그리 멀리 떨어지지 않은 프레스턴온더힐에 위치한 브리지워터 공작의 운하와 합류될 계획이었다. 공작이 자신의 운하 경로를 체셔위치스 및 스태포드셔 도기마을과 연결지으려는 열망이 컸던 데다 사전조사 경비를 부담하고, 브린들리의 대운하 건설안에 전폭적인 무게를 실어주었기 때문이다.

그런데 '리버위버 네비게이션 컴퍼니River Weaver Navigation Company' 소유주들이 이 안에 맹렬히 반대했다. 그들은 이 계획이 체셔와 스태포드셔 교통 독점권을 공작의 손에 쥐여주는 것이라고 주장했다. 동시에 독점권을 자사가 유지하겠다는 속내를 대운하 반대 의견에 교묘히 감추고 있었다. 하지만 그 회사의 운항이 이대로 계속되는 한, 지리하고 불규칙한 노선 변경이 불 보듯 뻔한 데다 턱없이 비싼 이용료까지 감수해야 할 판이었다. 양측은 세력을 규합해 의회 투쟁에 나섰다. 웨지우드는 평소의 그답게 이 도전 역시 기꺼이 받아들였다. 팸플릿 집필가로서 열의를 갖고 경쟁에 뛰어들기로 한 그는 파트너가 된 리버풀의 벤틀리와 함께 의미 있는 성명서를 내고 새 운하 건설이 가져다 줄 이점들을 조목조목 나열

했다. 이 팸플릿은 이후 수천 건이나 회보되었다('내륙항해의 이점에 관한 견해: 리버풀과 헐 항구들 간 교통을 위한 소기의 운하 계획A View of the Advantages of Inland Navigation, with a plan of a Navigable Canal intended for a communication between the ports of Liverpool and Hull'—저자). 벤틀리와 서신 왕래를 하는 동안 웨지우드는 그에게 팸플릿의 내용 수정 및 변경 사항에 관해 물으며 이렇게 덧붙였다.

해로를 통한 마을 간 연결 문제가 고작 구와 음절 선택에 달려있어서야! 그 따위 위선들 좀 없어졌으면! 언론은 냅두자고. 어쨌든 팸플릿은 잘 만들어야 할 걸세. 안 그러면 우리 계획이 좌초될 수도 있으니. 지금 현재에 최선을 다하자고.

반대자들 또한 그들대로 모임을 열고 자신들의 팸플릿을 출판했다. 하지만 브린들리의 계획이야말로 단연 최고로 꼽혔다. 대운하로 말하자면, 한쪽으로는 리버풀 항과 또 다른 쪽으로는 헐 항 간 교통 개선이 꼭 필요한 주요 지점을 통과하기 때문이었다. 다만 가장 큰 난관이라면 헤어캐슬 최고점을 통과하거나 넘어가야 한다는 데 있었다. 이를 두고 반대자들은 긴 터널이든, 꼬리를 물고 이어지는 수문들이든 모두 '기상천외한 공상'에 불과하다며 결코 실현될 수 없을 것이라고 공격했다. 이에 맞서 브린들리는 만약 필요로 하는 동력만 동원된다면, 자기도 분명 높은 언덕을 통과하는 터널을 뚫을 거라 응수했다. 하지만 그의 아이디어는 가능한 한 길게 뻗은 평평한 운하를 만드는 것이었다. 기관차의 동력이 발전하기 이전 조지 스티븐슨George Stephenson(1781-1848, 영국의 발명가, '철도의 아버지'라 불리며, 그가 최초로 발명한 증기기관차는 영국의 산업혁명에 크게 기여했다―옮긴이)이 언덕 위로 넘어가거나 언덕 밑으로 터널을 뚫기보다는 언덕을 돌아가는 방식을 선호했던 것과 비슷한 선택이었다. 브린들리는 자연과 대적하는 일을 가능한 한 피했다. 그는 온 세상을 치고 뒤집는 흉포한 거인에 물을 비유하며 이렇게 말했다. "차라리 이 사나운 거인을 평평히 눕힌다면, 모든 힘을 잃고 완전히 순응할 것이다. 그 규모가 얼마나 되든 상관없이."

이후 대운하 법안을 둘러싸고 벌어진 격론을 여기서 따로 설명할 필요는 없을 것이다. 웨지우드는 많은 중요한 일들(에트루리아 부지 구입, 리버풀과 런던을 오가는 사업, 버슬렘 공장 관리 등)에도 불구하고, 종종 런던으로 올라가 이 계획을 실현해야 할 근거 자료들을 제시했다. 다행히 땅을 가진 고향 신사들 대다수가 그와 같은 편에 섰다.

기나긴 반대를 헤치고 마침내 대운하 법안이 통과되었다. 하원을 거쳐 상원까지 통과한 법안은 1766년 5월 14일자로 국왕의 재가를 얻어 정식 법령으로 채택되었다. 같은 시기, 또 한 가지 중요한 법령이 통과되었다. 헤이우드 인근 트렌트강과 뷰들리 인근 세번강 사이에 '울버햄튼 운하The Wolver-Hampton Canal'를 건설하기로 한 것이다. 이로써 서로 다른 쪽에 있는 리버풀, 헐, 브리스틀 항구를 서로 연결하기에 이르렀다.

환호에 찬 버슬렘에서는 브린들리, 웨지우드, 그리고 그의 친구들이 쟁취한 승리를 축하하는 성대한 자리가 마련되었다. 법령이 통과된 직후인 1766년 7월 26일, 버슬렘과 이웃 도기마을이 다 함께 이날만큼은 휴업을 선언했다. 브라운힐 경사로에서 조사이어 웨지우드가 새 운하의 첫 삽을 떴다. 귀를 울리는 환호 속에서 이 흙은 다리를 저는 웨지우드를 대신해 브린들리가 끌고 온 손수레에 담겼다. 고워 경, 앤슨 경, 그레이 경 등은 옛 스태포드셔 에일 한 통을 나눠마시며 축배를 들었다. 도공들은 대의를 위해 지치지 않고 싸워준 웨지우드에게 도공협회 이름으로 감사 인사를 전했다. 이어 오찬과 만찬이 마련되고, 웨지우드 여사는 많은 손님을 일일이 반갑게 맞이했다. 오후에는 양 한 마리를 통째로 구워 가난한 도공들을 대접했다. 해가 지자 버슬렘 곳곳에 모닥불이 밝혀졌다. 웨지우드의 저택 앞에서는 축포가 터졌고, 갖가지 즐거운 기념행사들로 그날의 대미를 장식했다.

대운하 주창자들의 모임에서 만장일치로 웨지우드가 재무관으로 추대되었다. 이는 대단히 영예로운 자리로서, 그를 가장 잘 아는 사람들이 웨지우드에게 보내는 존경심이 얼마나 큰지를 입증함과 동시에 그의 오점 없는 진실성에 대한 경의의 표현이었다. 정식으로 구성된 운하건립조직위원회의 다음 모임에서는 해당 구성원의 실질적인 봉급이 정해졌다. 먼저 총감독관인 제임스 브린들리의 연봉은 200파운드로 책정되었다. 요즘의 엔지니어들에게 지급되는 급여에 크게 못 미치는 액수였다. 위원회는 팸플릿 인쇄, 출판, 배포 비용으로 웨지우드에게 150기니, 벤틀리에게 90파운드를 각각 지급하도록 결정했다.

웨지우드는 브린들리에 대해 무한한 존경심을 품고 있었다. 그는 1767년 3월 벤틀리에게 다음과 같은 편지를 보냈다.

브린들리가 너무 많은 일을 하느라 애쓰다 혹여 그의 방대한 계획이 다 실현되기도 전에 우리 곁을 떠날까 봐 걱정이네. 사방에서 끊임없이 공격을 받으니 심신이 쉴 여력이 없을 걸세. 건강을 제대로 돌보지 않으면 견뎌내기 힘들 거야.

1768년 3월 웨지우드는 다시 벤틀리에게 이렇게 썼다.

어제 브린들리 부부가 귀가하던 길에 여길 들렀다네. 우리와 하룻밤을 같이 보낸 뒤 오늘 아침 막 떠났어. 내일은 아내와 둘이 뉴채플에 가서 브린들리 내외와 같이 지내기로 했다네. 그 친구와 함께 있으면 마치 예배당에 있는 듯 내 의식이 한껏 고양되는 느낌이 들어. 같이 보낸 다음 날엔 더욱더 현명해져야 한다는 다짐이 든달까. 옛 속담에 나이 오십 줄에 들면 바보나 내과의사 둘 중 하나가 된다던데, 브린들리 부부나 자네 부부와 가까이 지내온 내 행운을 돌이켜볼 때, 자네들을 만나기 전의 난 그다지 현명한 인간이 아니었으니, 그저 얼간이로 살다 늙어 죽었을 걸세.

1767년 3월 대운하 주창자들을 극찬하는 벤틀리의 편지에 대한 답장으로 웨지우드는 이렇게 썼다.

주창자들을 존경하는 자네의 호의 어린 마음에 진심으로 동감하네만, 그 누구도 독보적 인물로 인정하기는 어려워. 위대한 대大 브린들리가 아니라면 말일세. 운도 좋고 돈도 번다지만, 그가 어쩌면 순교자로 동정의 대상이 될지도 모르는데 말이야. (…) 물론 수년간 몇천 파운드야 받겠지. 하지만 그 대가로 브린들리가 바치는 게 무언가? 바로 '그의 건강'이란 말일세. '그의 삶'도 걱정스러워. 브린들리가 좀 더 현명하게 생각해서 친구들의 충고를 받아들이지 않는다면, 그땐 이미 너무 늦어버린다고(웨지우드의 말이 옳았다. 브린들리는 불과 56세의 이른 나이에 당뇨병으로 사망하고 말았다).

위원회는 헤어캐슬 터널과 월던 페리 공사부터 즉시 진행하도록 지시했다. 하지만 헤어캐슬 터널은 수년이 지나서야 완공되었다. 브린들리가 56세의 나이로 갑자기 사망하면서 그의 처남 헨셜Hugh Henshall(1734-1816. 운하 작업으로 유명한 영국의 토목기사. 제임스 브린들리가 그의 매형이자 스승이다 ― 옮긴이)이 이어받은 후 1777년에야 개통되었다. 공사만 무려 11년이나 걸린 것이다.

대운하는 당시 영국에서 건설된 공사 중 가장 대규모였다. 버밍엄 운하와 세번강의 합류 지점을 포함해 장장 225킬로미터였다. 웨지우드는 운하가 건설되기까지의 길고 긴 시간 내내 진행 상황을 면밀하게 챙겼다. 지금껏 리버풀 항과 헐 항까지의 길이 막혀 스태포드셔 상업이 막대한 지장을 받았었다는 점에서 그 고초를 웨지우드만큼 잘 아는 이는 없었다. 그러니 운하 완공을 그만큼 크게 기뻐한 이도 없었으리라.

이즈음 그는 에트루리아 부지를 구입하고 곧바로 착공에 들어갔다. 이어서 제조품을 실어나를 차량과 선박을 갖춘 플랫폼을 건설해 인접한 운하 지류와 연결했다. 운하가 완공되기 전인 1769년 버슬렘에 있던 제조소들을 일부 옮기기 시작해 1771년에 이전작업을 말끔하게 끝냈다.

이제 그의 새로운 이력에 대해, 다음 장에서 계속 이야기를 이어나가도록 하겠다.

11장 ─────

실험 또 실험,
무수한 형태로 진화하는 제품들

퀸즈웨어 제조를 본궤도에 올리고 대운하 건설을 열정적으로 도왔던 웨지우드는 이제 자신만의 특수한 일에 좀 더 신경 써야 할 필요를 느꼈다. 그는 고급 제품 생산에 박차를 가하기 위해서 점토의 광물 성분을 밝히는 화학 연구에 몰입했다. 공장장으로 있던 그의 육촌 토머스가 런던 비즈니스를 맡아 실용품 판매 파트너가 되었다.

조사이어 웨지우드는 특유의 근면성과 성실성으로 연구에 매달렸다. 그 과정에서 전에는 없던 새로운 종류의 다양한 그릇들을 무수히 만들어냈다. 이는 다시 그에게 눈부신 영예와 명성을 안겨주었다. 퀸즈웨어는 한층 개선되어 영국뿐만 아니라 유럽 대륙 전역에서 엄청난 수요를 불러일으켰다. 이 제품은 데번셔, 도싯셔, 콘월산 깨끗한 흰 점토에 부싯돌 가루를 적절한 비율로 섞어 두 번 구운 것으로, 초벌구이 후 유약을 발라 재벌구이하는 자기와 동일한 방식으로 제조되었다. 특히 유약은 부싯돌에 백연을 추가한 유리질 조성으로, 완벽한 과정만 거치면 진짜 플린트 유리로 코팅을 한 것 같은 효과를 주었다.

다음은 웨지우드가 생산한 새로운 제품들로, 그의 화학적 조사 연구의 결실이다.

1. **테라코타** 반암, 이집트 자갈, 규산질이나 크리스털 특성의 미석과 닮음.
2. **버설트 혹은 이집션** 자연석과 거의 같은 성분의 검은색 무유 자기. 강한 열을 견디는 특성을 지니며, 실제 현무암보다 훨씬 단단함.
3. **화이트 포슬린 비스킷** 색만 제외하고 위 제품들과 동일한 특성. 부드러운 밀랍 같은 표면이 특징.
4. **재스퍼** 매우 아름답고 섬세한 무유 자기. 금속회 성분이 유리나 에나멜 표면과 동일한 색상을 발현시킴. 고대와 현대를 통틀어 다른 어떤 자기나 도기도 갖지 않은 독보적인 특성. 흰색 부조를 배경으로 다양한 바탕색 표현이 가능해 카메오, 초상에 적합.
5. **뱀부** 사탕수수 빛깔의 무유 자기. 3번과 같은 특성.
6. **포슬린 비스킷** 마노 못지않은 탁월한 강도. 강산이나 기타 부식제에도 견딤. 모든 종류의 액체에 대한 방수성(불가입성). 약사와 화학자가 사용하는 막자사발을 비롯해 다양한 화학용 그릇에 적합.

위 여섯 가지 특징적인 제품들은 퀸즈웨어와 함께 무수히 많은 형태로 응용 발전되었다. 이렇듯 다양한 형태와 색감을 지닌 웨지우드의 장식 및 실용품들은 당대 영국 예술·산업·상업의 주력 품목으로 올라섰다. 즉 영국 내 가장 중요한 제조품으로 자리매김해 매우 광범위한 대외 교역의 원천이 되어준 것이다.

 한편 벤틀리와 정식 파트너 관계를 맺을 당시 웨지우드는 벤틀리를 편의상 에트루리아에 정착시켜야 한다는 생각을 품고 있었다. 이에 따라 벤틀리의 취향에 맞춰 그가 살 주택 건축공사를 시작했다. 하지만 공사가 채 마무리되기도 전에 웨지우드는 벤틀리가 런던에 머무는 것이 최선이라는 판단을 내리게 되었다. 몇 해 전 그가 런던에 건립해야겠다고 마음먹은 전시장 겸 창고 책임을 벤틀리가 맡아야만 했기 때문이다. 따라서 첼시 요업제조소 인근에 벤틀리의 거주지가 새로 마련되었다.

 독자들도 이미 눈치챘겠지만, 웨지우드는 대중의 안목을 고대 예술을 향유할 만한 수준으로 끌어올리자는 구상을 한 영국 최초의 인물이었다. 고대 예술작품들을 본떠 옛 영광을 되살리고 영속시켜 나가자는 원대한 뜻을 품은 것이다. 마치 인쇄술의 발달로 문학이 널리 퍼진 것과 같은 이치다. 웨지우드가 이제껏 보여준 예술적 안목은 고대 그리스 작품 연구로 더욱 차별화되고, 끊임없는 화학실험은 블랙 버설트, 얼룩무늬 테라코타, 매끄러운 흰색 자기 등과 같은 발명품으로 나타났다. 이는 곧바로 대중의 눈을 사로잡았고, 예술성까지 돋보이는 그의 작품들은 단연 인기품목으로 떠올랐다. 후세대의 과학적 도공들이 웨지우드의 제조 방

웨지우드의 제품들은 무수한 형태로 진화했다. 테라코타로 만든 주전자(좌, 상)를 비롯해 대나무 문양을 넣은 설탕 그릇(우, 상), 화려한 문양을 입힌 크림색 재스퍼웨어까지(아래). 그는 한계를 모르는 사람처럼 새로운 제품 발명에 매달렸다.

식을 능가하게 된 건 사실이지만, 웨지우드야말로 영국 예술요업의 길을 맨 처음 닦은 선구자라는 데는 이견이 없다.

웨지우드가 귀족층과 상류층의 인문적 소양과 애국적 성향을 디자인에 구현할 수 있었던 것은 그들이 기꺼이 자신의 캐비닛을 열어 해외여행 중 취득한 애장품들을 참고하도록 웨지우드에게 빌려주었기 때문이다. 웨지우드는 1765년 벤틀리에게 이렇게 썼다.

> 베드포드 공작(본명 John Russell. 1710-1771. 영국 휘그당 정치가이자 예술 후원자. 참고로 7대 베드포드 공작인 프랜시스 러셀Francis Russell의 부인 안나 마리아Anna Maria Russell, Duchess of Bedford는 애프터눈티 창시자이자 빅토리아 여왕의 평생지기로 알려져 있다 — 옮긴이)이 소장하고 있던 1,500파운드 상당의 프랑스 자기 세트 패턴을 본뜨느라 사흘을 꼬박 일했네. 이제까지 내가 본 것 중 가장 우아한 작품이야.

웨지우드가 고용한 예술가들은 분야별로 그 수가 매우 많았다. 예술적 취향을 가진 젊은이가 눈에 띄기만 하면 그는 바로 데려와 교육했다. 심지어 드로잉, 페인팅, 모델링 분야의 남녀들을 직접 가르칠 전문학교도 열었다.

카워드는 웨지우드가 고용한 초창기 아티스트 중 한 명이었다. 1765년 11월 웨지우드는 런던에 있는 형에게 카워드의 다음 조각품들을 버슬렘으로 보내달라고 부탁하는 편지를 썼다. 퀸즈 서비스를 위한 이히딘Ich Dien(독일어로 '나는 봉사하노라I serve'라는 의미로,

영국 황태자의 표어 — 옮긴이), 레이디 홀랜드(1723-1774. 홀랜드 남작 부인)를 위한 사티로스의 머리와 월계수 줄 장식, 로킹엄(1730-1782. 2대 로킹엄 후작, 영국 수상을 두 번 역임 — 옮긴이) 경의 화병에 달 백조 머리와 손잡이. 그 외에도 마아치 경, 노섬벌랜드 공작, 코벤트리 경, 몬태규 공작, 개스코인 경 등이 주문한 다양한 장식도 카워드가 맡고 있었다. 카워드는 호스킨스와 함께 고대 작품 '솜너스, 잠자는 소년'을 따서 모델링했다. 이 작품은 웨지우드의 지시로 만든 가장 훌륭한 대형 작품들 중 하나다. 다른 예술가들도 작품 하나를 만드는 데 적잖은 돈을 받았지만, 특히 카워드는 연간 200파운드를 받고 종신 고용되었을 정도로 대단히 유능한 모델러이자 디자이너였다.

후에 조각가로 이름을 날린 존 베이컨John Bacon(1740-1799. 영국 조각학교 창립자, 조지 3세가 아끼던 조각가로 세인트폴 대성당, 웨스트민스터 사원, 크라이스트 처치 등을 장식했다. 그의 아들 존 베이컨 주니어도 조각가로 아버지 못지않은 이름을 떨쳤다 — 옮긴이)도 한때 웨지우드의 아티스트로 일했다. 베이컨은 원래 아버지 밑에서 직물직공인으로 일했지만, 드로잉과 디자인 분야에 남다른 소질이 있음을 스스로 깨닫고 자신의 천재적 적성을 살리기로 마음먹었다. 그는 일찍이 "행복은 자신의 마음을 단련시키는 법을 익히는 모든 사람의 역량 안에 내재하고 있다"고 믿고, 내면의 솔직한 욕망과 꿈을 따르는 길을 과감하게 선택한 것이다.

베이컨은 열네 살 나이에 저명한 자기 제조업체인 '크리습오브

보우처치야드Crispe of Bow Churchyard'에 도제로 들어갔다. 스승은 디자이너로서 그가 지닌 재능을 한눈에 알아보았고, 곧 정식직원으로 발탁했다. 그곳에서 드로잉과 모델링을 배운 베이컨은 접시와 장식 페인팅까지 맡게 되었다. 어린 나이에 유능한 직원이 된 그는 노동의 산물로 부모를 부양했다. 베이컨은 모델링에 깊이 빠져들었다. 희망과 의지가 가득한 그의 노력에 부응해 작업물의 수준도 부쩍 향상되었다. 그의 야망은 점점 커졌고, 엄격한 조각학원에서 손과 눈을 단련하는 데 매진했다. 그처럼 굳은 결의를 가진 젊은이에게 성공은 빗겨 가려야 빗겨 갈 수가 없었으리라. 열아홉 살이 되던 해, 그는 점토로 빚은 첫 번째 모델을 예술회The Society of Arts에 출품했고, 상금 10기니를 받았다.

베이컨은 몇 년간 크리습 도자기 제조소에서 일하며 지식과 경험을 쌓았다. 그의 첫 번째 성공작은 고대 스타일을 본뜬 작은 평화상이었다. 그는 예술회의 주문으로 8개의 작품을 보냈고 그중 하나인 등신 인물상이 무려 52파운드 10실링에 낙찰됐다.

그는 크리습에서 나와 1769년에 막 설립된 '램베스의 코우드 인조석 제조소Coade's Artificial Stone Manufactory'(코우드석은 18세기 말부터 19세기 초엽까지 석조물에 쓰인 인조석이다 — 옮긴이)에 들어갔다. 그곳에서 일하며 다시 새 직장을 알아보던 중 웨지우드가 그를 고용해 카메오Cameo(양각 장식)와 인탈리오Intaglio(음각 장식) 제작을 맡겼고, 그의 탁월한 솜씨는 웨지우드 회사의 명망에 힘을 보탰다.

존 베이컨의 이후 이력에 관해 더 얘기할 필요는 없겠지만, 다음 한 가지는 꼭 언급해야겠다. 영국 왕립미술원이 설립되었을 당시 베어컨의 나이 스물여덟 살이었고, 바로 이듬해인 1769년 조수아 레이놀즈Joshua Reynolds(초상화 전문 영국화가. 영국 왕립미술원 창립자이자 초대원장. 1769년 조지 3세에 의해 기사 작위를 받았다―옮긴이) 경으로부터 조각부문 첫 금메달을 직접 받는 영예를 누렸다는 사실이다. 작품 주제는 '트로이의 화재에서 아들 안키세스를 구출하는 아이네아스'였다. 이를 계기로 그의 명성은 드높아졌고, 작품도 유명세를 타기 시작했다. 그의 마르스 동상은 웨지우드를 위해 작은 크기로 다시 제작되었고, 지금까지 가장 훌륭한 인탈리오 중 하나로 남아있다.

베이컨은 웨지우드에게 그 외에도 많은 모델을 만들어주었다. '아폴로와 다프네'를 포함해 칸델라브라Candelabra(나뭇가지 모양의 촛대)의 몇몇 중요 패턴들을 제작했다. 그는 왕립미술원에서 금메달을 수상한 작품들의 축소판을 에나멜 기법으로 재현했고, 이것이 바로 재스퍼웨어에 아름답게 구현된 부조였다.

웨지우드와 함께 일한 또 한 명의 탁월한 예술가는 제임스 타시James Tassie(1735-1799. 스코틀랜드의 보석조각가이자 모델러―옮긴이)다. 글래스고에서 태어난 그는 석공이 되려고 일자리를 찾아 더블린에 갔다가 의사인 퀸 박사와 인연을 맺었다. 색유리나 색점토로 모조 보석을 만드는 게 취미였던 퀸 박사는 타시를 고용해 함께 일을 했고 이 분야에서 기술적 향상을 이뤄냈다. 타시는 퀸 박사의 후원에 힘입어 런던으로 자리를 옮겨 자신의 전문성을 갈고 닦았다. 극도로 소심한 탓에 어려움을 겪기도 했지만 결국 대단한 명성을 얻었다. 전하는 말에 따르면, 유럽의 주요 캐비닛이 그를 위해서라면 언제든 활짝 열릴 정도였다고 한다.

타시는 웨지우드를 위해 보석과 카메오 모델링 작업을 맡았다. 그의 작품은 아름다움과 선명도가 뛰어나 사람들의 감탄을 자아냈다. 그의 대표작 중 하나는 밀랍으로 만든 제임스 와트의 두상이다. 필자도 그중 하나를 갖고 있는데, 섬세함과 정확성으로 볼 때 대단한 작품이 아닐 수 없다.

존 보예즈John Voyez 역시 훌륭한 조각가이자 에나멀러였다. 웨지우드는 그와 아내를 런던에서 버슬렘으로 이주시키면서까지 초빙해왔다. 그는 웨지우드 밑에서 아름다운 부조 작품을 만들어냈다. 그러나 보예즈의 도덕성은 안타깝게도 그의 예술적 성취에 미치지 못했다. 술로 인해 자주 문제를 빚었고, 급기야 치안판사가 그에게 채찍형과 3개월의 감옥형을 내렸다. 마음이 너그러운 웨지우드는 그가 석방된 뒤 또 한 번의 기회를 주어 재고용했지만, 본성은 바뀌지 않았고 고약한 버릇도 쉽게 뿌리뽑히지 않았다. 그는 경쟁업체에 기밀을 넘기는 배신을 저질렀고, 버슬렘에서 달아난 뒤 빚에 허덕이는 궁핍한 삶을 살았다.

웨지우드가 고용한 모든 아티스트를 다 거명할 필요는 없지만, 그들 중 몇몇의 이름이 특별히 눈에 띈다. 스토타드는 청년 시절 갖가지 아름다운 디자인을 남겼고, 이탈리아 출신 예술가인 핑고는 웨지우드의 경력 초반부터 모델러로 일했다. 웨버Henry

Webber(1754-1826. 영국의 조각가이자 모델러. 왕립미술원 출신으로, 웨지우드가 재현한 포틀랜드 화병의 많은 인물을 모델링했다 — 옮긴이)와 핵우드도 그와 오랫동안 일했는데, 특히 핵우드는 몇몇 고대 인물 작품을 포함한 초상 부문의 독보적인 모델러로서 눈부신 재능을 발휘했다. 또 저 유명한 아이작 뉴턴의 초상은 루빌리악Louis-François Roubiliac(1702-1762. 영국에서 활동한 프랑스 조각가 — 옮긴이)의 조각을 본떠 제작한 것으로, 웨지우드가 루빌리악 사후 미망인이 건네준 남편의 스케치 유품들을 훌륭하게 활용한 예다.

너츠포드 출신 스트링어Samuel Stringer(1750-1784)도 웨지우드에게 고용되어 러시아 여제에게 보낼 그릇 세트 중 영국 별장 경관을 맡아 그린 화가다. 그는 버슬렘을 직접 방문해 웨지우드가 디자인한 아름다운 기둥을 받칠 스핑크스 형상을 그려내기도 했다. 1767년 11월 웨지우드는 벤틀리에게 이렇게 썼다.

> 스트링어가 지금 여기에 와 있네. 성품도 바르고 겸손한 데다 천재적이야. 손이 굉장히 빨라서 아름다운 형상들을 무수히 스케치해내고 있어. 이 작품들은 잘 보관했다가 때가 되면 활용하려고 하네. 장식품 제조업자는 이런 자료들을 아무리 많이 갖고 있어도 지나치지 않거든.

리버풀 출신 버데트는 사냥한 동물들을 주로 그린 예술가였으나 말썽을 많이 일으켜서 결국 해고되었다. 시어도어 파커, 스필스버리, 쇼도 장식 예술가로 활동했다. 조지프 사이먼은 런던의 뛰어난 에나멜러로, 러시안 서비스를 위해 고용되었다. 데이비드 로즈 역시 웨지우드의 주된 에니멜러였다. 치타쿠아라는 중국인 모델러도 웨지우드가 좋아하긴 했지만 정식 채용된 것 같지는 않다. 더비 출신 화가인 라이트Joseph Wright(1734-1797. 영국의 풍경 및 초상화가-옮긴이)는 웨지우드를 도와 그림과 삽화를 그렸다. '코린트 처녀' '거미줄을 풀고 있는 페넬로페' '율리시스와 젊은 텔레마커스' '코머스의 여인' 등 여러 삽화를 구상한 뒤 밑그림을 그리고 색을 칠했다.

웨지우드의 훌륭한 에나멜러 중 더비 출신 덴비는 에트루리아와 첼시에서 일했고 런던의 데이비드 쿠퍼는 탁월한 재능을 가진 꽃 전문 화가였다. 우스터 자기 제조소 출신인 윌콕스는 총명하고 재능있는 아내와 함께 에트루리아에 고용되어 두 배의 몫을 해냈다. 그들은 후에 첼시로 가서 웨지우드와 벤틀리의 제조소에 고용된 일단의 다른 예술가들과 합류했다.

하지만 웨지우드의 화병과 에나멜 작품에 대한 수요를 감당하기엔 직원이 늘 부족했다. 예술은 그저 재능에서만 흘러나오는 것이 아니다. 열심히 배워 부지런히 익혀야만 성공을 쟁취할 수 있다. 그래서 많은 이들이 실패자로 남는다. 풍경화가로 일하다 버터치즈 장사꾼으로 전락한 예술가들도 더러 있다. 그들은 "예술로 먹고살 수는 없다"고, "변변찮은 다른 직업이라도 가져야 생계를 유지할 수 있다"고 말했다. 유능한 예술가를 한눈에 알아보는 웨지우드조차 정교한 기술 훈련이 뒷받침되지 않은 화병 제작자

수많은 화가와 조각가, 에나멜러, 장식예술가들이 웨지우드와 함께 일했다. 특히 여성들의 섬세한 감각과 심미안을 아끼고 존중했던 웨지우드는 그 시대로는 드물게 여성 예술가들을 대거 채용해 여러 분야에서 일하도록 했다. 사진은 에트루리아에서 일했던 남녀 직원들의 모습으로, 사진 위치별 이름을 명기하고 있다.

는 단 한 명도 찾아내지 못했다. 그는 벤틀리에게 이렇게 말했다. "우리 업계를 다 뒤져도 접시 하나 제대로 만들 일손을 구할 수 없을 거야. 그 목적에 맞게 훈련시키지 않고는 말일세."

웨지우드는 벤틀리에게 다시 이렇게 썼다.

최근 기발한 생각이 떠올라 고심 중이네. 우리가 직접 아티스트를 훈련시키는 드로잉-모델링 정규학교를 세워보면 어떨까? 열두 살가량의 아이들을 뽑아서, 스무 살쯤까지 도제교육을 한 다음, 만족할 만한 수준에 이르면 자네에게 보낼 화병 인물 밑그림부터 작업하도록 하는 거야. (…) 자네가 특정 일손이 필요할 경우, 학교에서 그에 맞는 학생을 선발할 수도 있고.

꽃을 매우 잘 그리는 화가인 윌콕스 부인은 인물, 군중, 풍경 그림에도 능했다. 그녀는 런던 전시장이 개관되자 버슬렘에서 런던의 뉴포트 가로 파견되어 웨지우드의 첼시 아트스쿨 설립을 도왔다. 1769년 윌콕스 부부는 마차로 런던까지 이동하느라 노상에서 일주일을 보냈다. 부부는 첼시에 살 곳이 마련될 때까지 그야말로 '마차와 말' 위에서, 나중에는 뉴포트 가 사람들 집에서 하숙 생활을 전전하는 고생을 마다하지 않았다. 윌콕스 부인은 용감하고 활달한 여성이었다. 그녀는 마차 여행 중 혹여 분실되지 않도록 연필과 붓을 한 뭉치로 묶어 매달아두는 한편, 기타 도구들과 함께 무엇보다 중요한 자기 자신을 잘 챙겨왔다. 남편도 인정했듯, 그녀는 남편보다 훨씬 유능한 화가였다. 그녀는 눈을 감는 순간까지 웨지우드를 위해 일했다.

그런 여성 화가들 중 또 한 명인 랑드르Landre 여사도 손꼽히는 예술가다. 그녀는 트라이턴Triton(그리스신화 속 반인반어의 해신), 바다 요정, 스핑크스, 나이아드Naiad(물의 정령), 바칸테Bacchante(바쿠스 신의 여사제)와 옷주름이 잡힌 남녀 상을 비롯해, 칸델라브라를 모델링했다. 파스 양과 글래슨 양 또한 러시안 서비스를 위해 고용되었다. 사우스웰 부인도 큰 활약을 하며 에트루리아 제조소에서도 일했다. 웨지우드는 벤틀리에게 이렇게 말했다. "그녀에겐 자연의 아름다운 산물들을 가장 생생하고 보기 좋게 배치하는 기술이 있어."

웨지우드는 가는 곳마다 최고의 아티스트를 찾아 그들과 인연을 맺었다. 런던의 부채 화가, 마차 화가, 프레스코 화가들 중에서도 인재를 발탁해 남녀 차별 없이 똑같은 조건으로 고용했다. 크로프트라는 직원이 화병 하나를 구상하면, 소호의 허친스가 옅은 색으로 밑그림을 그렸다. 가령 윤곽선은 에트루리아에서, 색은 첼시에서 각각 맡는 식으로 작업이 이어졌다. 웨지우드의 말을 인용하자면, "화병을 향한 광적인 열병"과도 같이.

12장 ─────

오른쪽 다리를 절단하다

조사이어 웨지우드의 삶을 기술하면서, 1741년 열한 살 때 걸린 악성 천연두로 인한 극심한 고통이 평생 그를 따라다녔다는 사실을 여러 차례 언급했다. 단지 다리만이 아니었다. 그는 천연두의 후유증으로 인한 부분적 실명과 다른 질병들로부터도 죽을 때까지 벗어나지 못했다.

여기서 우리가 명심해야 할 것은 이 극심한 질병이 오히려 조사이어 웨지우드의 활동적이고 에너지 넘치는 기질을 더욱 북돋웠다는 점이다. 신체의 부자유도 불굴의 인내력을 잠재우지 못했다. 오히려 그는 초년기에 받지 못했던 지적 소양을 갈고 닦는 호기로 삼았다. 리버풀로 가던 중 겪은 사고는 터너 박사와의 인연으로 이어졌고 그를 통해 벤틀리라는 친구를 얻었다. 또 프리스틀리 박사, 에이킨스 박사, 헤이우드 가문과 퍼시벌 가문에 이어 와이

크라는 유능한 시계제작자 및 윌리엄 윌렛 목사와도 친분을 쌓는 계기가 되었다. 윌렛 목사는 후에 웨지우드의 막내 누이인 캐서린과 결혼했다.

그러므로 고통이 완전히 헛된 것만은 아니었다. 다만 끊임없는 신체적·사업적 애로의 원인으로 작용한 것은 사실이다.

1765년 11월 대운하 일로 런던에 가 있는 동안, 웨지우드는 몸을 가누지 못할 정도로 극심한 통증에 시달렸다. 다행히 아내와 육촌 형이 런던에서 그가 마쳐야 할 일을 대신 수행해주었다. 이윽고 업무에는 복귀했지만, 회복과는 거리가 먼 상태였다.

그가 평생토록 짊어진 이 질병은 1767년 7월 날로 악화되었고, 활달한 그마저도 우울증과 큰 상심을 겪었다. 친구 이래즈머스 다윈Erasmus Darwin(1731-1802. 영국의 의사이자 자연철학자, 생리학자, 발명가, 시인. 생물학자 찰스 다윈과 프랜시스 골턴의 할아버지 — 옮긴이) 박사의 권고대로 약 20킬로미터씩 말을 탔다. 그러나 한 달 후 무릎 통증이 다시 도졌다. 벤틀리를 만나러 리버풀에 갈 생각이었지만, 도저히 말을 탈 수 없어 편지로 대신했다.

자네를 직접 만나 상의하지 않고 더는 뭘 할 수 있을 것 같지가 않아. 그런데 내 무릎이 말썽이라 현재 상태로는 먼 곳으로 가긴 틀렸네. 얼마간은 꼼짝없이 집에만 갇혀있어야 할 듯싶으이….

그의 무릎은 늘 이랬다. 때론 좀 괜찮다가 때론 더 나빠졌다가.

어떤 때는 간이 안 좋았다가 다른 때는 무릎이 더 아팠다. 어쩌면 이 질병이 신체의 어느 한 부분에서 다른 곳으로 옮겨 다니는 전이의 속성을 지녔는지도 모르겠다. 웨지우드는 런던에서 자기 대신 전시장 임대를 알아보던 콕스에게 '너무 많이 걷고 일한 나머지 다리 통증이 심하다'는 편지를 보냈다. 그는 다시 뉴캐슬언더라임에 있는 외과의사 벤트 박사를 찾아갔고, 의사는 외용약으로 바르는 도포제와 내복약으로 구토제를 처방했다.

웨지우드는 비교적 잘 나가는 (대형 도자기업체 사장이자 대운하 재무관이며, 많은 공공사업에 적을 둔) 유복한 사업가였지만, 무릎 질환은 계속 재발하며 고통과 근심을 안겼다. 자연의 친절한 회복제이자 아늑한 선물인 숙면까지 방해할 정도였다. 고통은 마음의 평온을 뒤흔들고, 사업에 신경 쓸 여력마저 앗아가곤 했다. 때로 서신 하나 제대로 처리하기 어려웠다. 마침내 그는 이 끔찍한 짐 덩어리를 없앨 방법이 없을까 곰곰이 따져보기 시작했다.

친구인 다윈 박사의 소개로 그는 한 외과의와 만나기로 결심했다. 당시 보존술이 있었다면, 다리를 잃지 않았을지 모른다. 하지만 웨지우드는 당대의 외과술에 기댈 수밖에 없었다. 스스로는 이미 큰 수술을 염두에 두고 있었다. 천형과도 같은 무릎 통증을 영원히 없앨 수만 있다면! 의심할 여지 없이 과감한 치료법이자 위험스러운 결단이기도 한 이 수술은, 오른쪽 다리 절단이었다. 고심 끝에 내린 결정에 따라 절단술은 1768년 5월 28에 이루어졌다. 그가 결혼한 지 4년 만의 일이었다.

현지 외과의인 벤트 박사가 수술을 집도했다. 신실한 친구인 벤틀리가 리버풀에서 급히 내려와 웨지우드에게 용기를 북돋웠다. 하지만 일이 그렇게 결정된 이상, 웨지우드는 의연했다. 당시에는 아무런 마취제가 없었음에도 그는 수술장면에 눈길을 떼지 않고 주의 깊게 지켜보았다. 옆에는 지혈대와 칼, 톱, 겸자, 묶음실, 덮개, 붕대들이 놓여 있었다. 그토록 오랜 기간 자신을 고문해왔던 무릎을 마침내 몸에서 떼어놓는 일이 시작된 것이다. 수술이 진행되는 동안, 담대한 웨지우드는 몸을 사리거나 신음 한번 내지 않았다. 그럼에도 불구하고, 절단된 신경은 이후 수십 년간 계속해서 그의 두뇌와 신경계에 감각을 전달했다. 따라서 그는 스스로 '없는 다리 고통'이라 칭한 잔존 고통, 일명 환상통에 시달려야 했다.

웨지우드가 병상에 누워있는 동안, 아내인 웨지우드 여사의 헌신은 존경스러울 정도로 극진했다. 죽어가는 어린 아들(웨지우드 부부에게는 수재너, 존, 리처드, 조사이어, 토머스, 매리앤 등 6명의 자녀가 있었는데, 그중 리처드가 채 한 살도 되지 않아 사망했다 — 옮긴이)을 보살펴야 하는 상황에서도, 남편인 '디어 조스Dear Joss(아내가 부르는 조사이어 웨지우드의 애칭 — 옮긴이)'에 대한 애정 어린 관심을 단 한순간도 거두지 않았다. 그녀는 남편의 서신을 대신 챙기는 등 자신이 할 수 있는 모든 일을 해냈다. 그것도 특유의 민첩함과 쾌활함으로 처리하면서, 남편의 마음이 근심과 걱정으로부터 자유로워지도록 무던히도 애썼다. 외과의는 수술을 성공적으로 마쳤지만, 나머지 회복문제는 곁을 지키는 아내의 몫이었다. 매일 정성 껏 붕대를 갈아주는 등 세심하고 따뜻하게 보살핀 그녀의 손길에 힘입어 대수술을 마친 환자는 이윽고 완치되었다.

벤틀리는 웨지우드가 고비를 넘긴 것을 확인하자마자 리버풀로 돌아가 친구의 지시를 분주하게 수행했다. 웨지우드가 두문불출하자 그의 안부를 묻는 저명인사들의 문병이 줄을 이었다. 고위 경, 브리지워터 공작, 베드포드 공작과 말버러 공작, 캐스카트Charles Cathcart(1721-1776. 영국 군인이자 외교관―옮긴이) 경, 베스보로William Ponsonby Bessborough(1705-1793. 영국의 고위 정치가―옮긴이) 경, 윌리엄 메러디스William Meredith(1725-1790. 대지주이자 해군장관 역임―옮긴이) 경, 조지 새빌George Saville(1726-1784. 영국의 정치가―옮긴이)…. 수술 현장을 지켜주었던 다윈 박사 역시 방안에 갇혀있는 웨지우드를 틈틈이 찾아왔다. 만약 친구들의 호의만으로 병을 치료할 수만 있었다면, 웨지우드는 틀림없이 외다리만으로도 곧 행복을 되찾았을 것이다.

웨지우드가 절단 수술을 마치고 침대에 누워있는 동안, 버슬렘 제조소의 피터 스위프트가 런던에 있는 콕스에게 크림웨어 명세서를 보냈다. 1768년 5월 28일자 소인이 찍힌 그 편지에는 다음과 같은 메모가 첨부되어 있었다. '웨지우드 사장님이 오늘 다리 절단 수술을 받으셨고, 그런 대수술에도 불구하고 경과가 매우 좋으십니다.'

우정이 담긴 벤틀리의 따뜻한 서신은 계속되었다. 그의 편지를

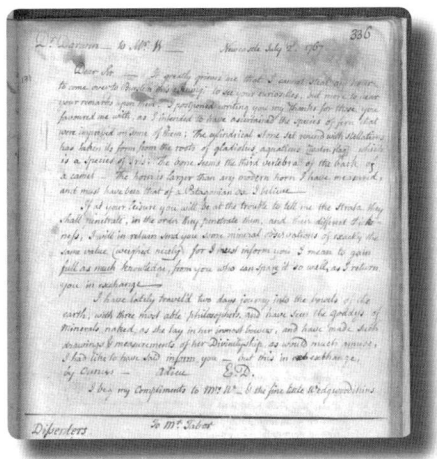

찰스 다윈의 할아버지로도 우리에게 잘 알려진 이래즈머스 다윈 박사는 웨지우드가 눈을 감는 순간까지 곁을 지켜주었던 절친한 벗이었다. 다윈 박사가 웨지우드에게 보낸 편지(위), 그리고 1770년 화가 조지프 라이트가 그린 다윈 박사의 초상화(아래).

받아 읽고, 대화와 업무 내용을 되새기는 것은 웨지우드의 가장 큰 기쁨 중 하나였다. 다음은 수술 후 한 달쯤 지나서 쓴 웨지우드의 답장이다.

내 소중한 친구여. 자네가 보낸 따뜻한 위로의 편지들을 받고 얼마나 힘이 되었는지 모른다네. 지금껏 자네의 존경과 칭송이 가득한 편지들도 무수히 받았으니, 그간 내가 느낀 감동을 어떻게 다 말로 표현할 수 있겠나. 자네도 알다시피, 정말이지 단 한 순간도 자네에 대한 우정과 감사를 잊은 적이 없다네. (…)
현재 내 건강은 좋아. 가장 낙관적인 기대조차 넘어설 정도니까. 다리는 많이 회복되었네. 상처도 길이 2인치, 폭 1인치 반으로 줄었어. 오늘 아침 붕대 감을 때 컴퍼스로 재봤지. 참! 내 손으로 직접 붕대를 갈았어! 주치의를 돌려보내서 이제 샐리와 나뿐이거든. 휴가를 주면서 가끔 한 번씩 들여다 봐 달라고 부탁해뒀어. 나중에 주치의가 와서 보면, 자기가 붕대로 감았던 그 상처가 맞나 의아해할 걸세.

웨지우드는 에트루리아 제조소 건설에 계속해서 관심을 쏟았다. 건설 인부들까지 세심하게 챙겼다. 6월 20일, 수술받은 지 채 한 달도 안 되어 그는 벤틀리에게 다음과 같은 편지를 썼다.

불쌍한 몰타르 제조공을 보는 자네 심정에 동감하네. 그 친구를 안심시켜야겠어. 픽포드(건설 책임자) 씨가 인부들에게 지나친 위세를 부리는 것 같더군. 인부들에게도 감정이 있다는 걸 도통 고려하질 않아. 사실 이런 예를 그동안 수없이 많이 봐왔어. 아랫사람들을 올바로 대우하는 법에 대해 그에게 언제 한번 한소리 해야겠네. 누군가 이런 아름다운 표현을 쓰네만, '소박한 친구들humble friends'도 우리와 같은 열정과 고통과 기쁨을 느끼는 존재라는 걸 망각하지 않도록 말이야.

다리를 절단한 웨지우드는 한동안 목발을 짚고 걸어야 했다. 아직 코르크 의족이 발명되지 않은 시대여서, 다음 런던 방문 전에 적당히 튼튼한 의족이 제작되길 기다려야 했기 때문이다. 절단 수술을 받은 뒤 수개월이 지난 시점에 그는 다윈 박사에게 이렇게 썼다. '내 첫 목재 의족은 애디슨 씨라고 하는, 롱에이커 하노버 가의 인체모형 제작자가 만들어줬다네.' 하지만 웨지우드는 워낙 활동적이고 기백이 넘치는 사람이라 계속해서 여러 개의 의족을 써야만 했다.

1768년 7월 14일, 그는 버슬렘에서 벤틀리에게 편지를 썼다.

내 런던 모델러가 와서 고용 문제를 검토하고 있네. 우연히 또 다른 예술가도 만났는데, 자네가 그에 대해 정직하고 냉정한 평가만 내려준다면, 여러모로 내 곁에 충분히 둘 만한 사람인 것 같아. 수학 교구 제작자이자 목재 의족 제작자이며 인쇄공이자 주물제작자, 그러니까 한마디로 만능인이라고 할 수 있지. 반년 정도 리버풀에 있었다더군. 이름은 브라운이고, 그도 의족을 꼈다네. 현재 내 의족 몇 개를 제작 중이야. 솜씨가 좋아 굉장히 잘 다듬는 데다 철도 다룰 줄 아는 인물이라 다양한 금속 주조도 가능하니, 동력 선반 제작 및 수리 분야로 그를 고용할까 해. 성품까지 괜찮다면, 내가 원하던 적임자가 틀림없네.

웨지우드 부인은 런던에 있는 그녀의 대리인에게 편지를 썼다. '의족이 절실히 필요해요.'

1769년 2월, 웨지우드는 '의족 수리 중'이라 대운하회의에 부득이 참석할 수 없다고 쓰고 있다. 의족 문제로 엄청나게 많은 곤란을 겪었음을 알 수 있다! 스튜어트 씨에게 웨지우드가 뒤늦게 쓴 편지 내용을 보면, 경미한 사고를 당해 애가 타는 심정을 엿볼 수 있다. 이 사고로 의족마저 쓸 수 없게 되자 다시 집안에 갇히는 신세가 되었기 때문이다.

이 외에도 '예비 의족' 문제로 난처한 일들이 많았다. 런던에 있는 형에게 보내는 편지에서 웨지우드는 이렇게 썼다. '다음 마차로 여분 의족을 하나 더 보내줘. 아마 벽장 속에 있을 것으로 생각되는데 형이 좀 찾아주면 좋겠어. (…) 의족을 찬 어둠 속 비참한 보행자 신세야.' 이즈음 화병 수요가 크게 늘어 웨지우드는 공급에 최선의 노력을 기울이고 있었다. 1769년 2월 런던으로 가서 6주간 머물며 모든 작업을 직접 관리 감독했다. 버슬렘으로 돌아오자마자 그는 런던 뉴포트 가에서 막 돌아온 리버풀의 벤틀리에게 편지를 썼다. '마차용 정문도, 숙녀용 접객실도 비집고 들어갈 틈이 없을 정도야. 화병이 여전히 대세인 듯해.'

하지만 의족보다 더 큰 문제는 실명 위기였다. 그는 1769년 말까지 계속된 안질환으로 적잖이 위협받고 있었다. 이미 눈에 염증이 있어서 일부 영역에 빛이 차단된 부분 실명 상태였다.

웨지우드의 눈을 보호하기 위해, 웨지우드 여사가 대신 벤틀리에게 긴 편지를 썼다.

> 남편이 런던에서 당신께 직접 전한 대로 눈질환은 점점 악화하고 있답니다. 벤트 씨와 상담했는데, 가능한 한 눈을 적게 쓰라는군요. 특히 촛불 아래서는 절대로 뭘 하질 말라고요. 남편이 자주 편지를 보내지 못해도 이해해 주시리라 믿습니다.

독서를 방해받는 것은 웨지우드에겐 큰 박탈이었다. 그는 자신의 불가피한 수형 생활을 어릴 적 교육의 결핍을 벌충할 수단으로 삼고 싶어했기 때문이다. 더군다나 독서 자체를 큰 낙으로 삼았기에, 여생을 독서로 보낼 만큼의 여력을 갖는 것이야말로 자신이 바라는 야망의 최정점이라고 그는 말하곤 했다.

하지만 그 와중에도 사업은 계속 챙겨야만 했다. 1779년 6월 그는 패짓 경의 문의에 편지로 답하면서, 당시 목발 없이는 꼼짝도 할 수 없었던 관계로 에트루리아에서 패짓 경을 직접 영접하지 못한 데 대해 양해를 구했다.

가까스로 눈이 회복되자 웨지우드는 뮤즈의 아홉 여신, 헤라클레스, 옴팔레(헤라클레스가 3년간 섬긴 리디아의 여왕), 피리 부는 파우누스(고대 로마신화 속 숲의 신, 남자의 얼굴에 염소다리와 뿔이 있는 모습, 목양신), 베스탈(베스트 여신을 시중드는 신녀, 영원한 정결을 맹세하고 여신의 제단 성화를 지켰던 여섯 명의 처녀들), 아이스쿨라피우스(의약과 의술의 신) 등 여러 예술작품의 모델에 대해 읽고 쓸 수 있었음을 기뻐하며 벤틀리에게 이렇게 말했다. "2주일간 온갖 비즈니스들을 내 머릿속에서 깨끗이 비울 수 있을 만큼 대단히 유익했네!"

웨지우드와 벤틀리 간의 돈독한 우정이 나타난 또 다른 편지를 인용하고자 한다. 크리스마스 즈음해서 벤틀리를 에트루리아에 초대하는 내용이다.

> 내 소중한 친구와 몇 주 아니 며칠이라도 함께 보낸다면 얼마나 행복할까! 편지만으로도 내게 큰 독려와 위안이 되지만, 유쾌하고 재미있는 자네와 함께라면, 더 바랄 것이 없을 텐데. (…)
>
> 나 또한 이곳 일에 매여 있는 형편이고, 이제 서리가 막 걷혔으니, 건물을 곧 짓게 될 거야. 픽포드 씨가 추산한 금액은 내가 합의할 만한 수준보다 훨씬 높지만. 내일 같이 방법을 찾아보려고….
>
> 아이들이 내 주변을 깡총깡총 뛰어다닌다네. 이 기쁜 성탄절 첫날은 춤으로 마무리했고, 둘째 날은 춤 없이 보냈지. 자네가 제때 도착한다면 셋째 날이라도 함께 즐길 텐데.

13장 ─────

거듭되는 혁신!
웨지우드가 도달한 예술의 경지

에트루리아 공장 건립은 마무리 단계에 접어들었다. 벤틀리를 위해 지은 집도 그를 맞아들일 준비가 끝났다. 벤틀리는 이제 웨지우드의 명실상부한 예술 및 장식 도자기 파트너로 자리매김했다. 웨지우드는 전시장 확장 문제를 논의하기 위해 버슬렘에서 그와 만나길 학수고대하며 다음과 같이 썼다.

폴몰이 런던 최고의 입지지. 거기엔 예술가들이 전시장으로 쓰는 경매실도 있어. 자네 의견은 어떤지 듣고 싶네. (…) 상품 전시 공간 말고도, 숙녀들을 위한 공간도 더 필요할 듯해. 여러 단체가 한꺼번에 몰리면, 한 일행이 끝날 때까지 다른 일행은 어쩔 수 없이 기다려야 하거든. (…) 해야 할 일이 오백 개쯤 쌓였어. 화병 디자인, 모델링, 몰딩, 점토, 색상 등 여러 가지를 준비 중이야.

웨지우드는 처음부터 벤틀리를 파트너로 영입하고 싶어했다. 현명한 사람의 조언과 지지를 얻으려는 그의 열망에 비추어 볼 때, 전적으로 신뢰할 만한 충실함과 능력을 겸비한 인물로 벤틀리만한 사람이 없었다. 그는 기존의 런던 대리인들에 썩 만족하지 못한 데다 벤틀리를 알면 알수록 신뢰감이 깊어졌다. 두 사람은 이미 매우 절친한 사이였다. 웨지우드의 다리 절단술 당시 벤틀리가 달려와 곁에 머물러주었을 만큼. 그런데도 천성이 겸손한 벤틀리는 야망을 내세우지도, 부를 쌓으려고도 하지 않았다.

처음에 그는 웨지우드의 제안을 고사했다. 리버풀에서 자기 위치에 더할 나위 없이 만족했고, 자신과 파트너가 이미 웨지우드의 대규모 수출입 업무를 담당하는 상황이었다. 그러나 웨지우드가 포기하지 않고 동업을 재차 권유하자 벤틀리는 리버풀 사업을 보드맨에게 주다시피하고 그 자리에서 물러났다.

웨지우드는 벤틀리가 회사 일을 주도적으로 추진해나가도록 아예 그가 에트루리아에 거주하길 희망했다. 따라서 웨지우드 자신의 저택보다도 먼저 벤틀리의 집을 완공했지만, 그가 에트루리아에 거주했던 적은 단 한 번도 없다. 런던에 머무는 것이 회사 운영에 더 적합하리라는 본인의 판단에서였다.

몸이 회복하기 무섭게 웨지우드는 일에 더 깊이 빠져들었다. 그는 자신의 생산품에 최고 수준의 예술을 입히려 애썼다. 그릇에 새기는 그림들도 눈에 띄게 향상되었다. 그는 예술작품에 대한 심미안을 점점 더 높여나갔다. 토머스 스토타드Thomas

Stothard(1755-1834, 영국의 화가이자 삽화가, 조각가, 아들인 로버트도 화가였다 — 옮긴이)를 비롯한 여러 예술가를 영입해 디자인을 맡겼고, 그렇게 해서 나온 일부 제품들은 당대 최고 수준이었다.

생산품의 형태와 재료도 마찬가지였다. 특히 화병에 대한 수요가 급증하자 새로운 점토들을 끊임없이 연구했다.

1768년, 웨지우드는 그리피스라는 직원을 미국 사우스캐롤라이나로 파견했다. 그 지역에서만 구할 수 있다고 믿은, 매우 귀한 흰색 자기용 점토를 조달할 목적이었다. 나중에 알고 보니 그 출장은 상당히 위험한 여정이었다. 그리피스 일행은 선상에서 사나운 폭풍우를 만나고, 알제리 크루즈 선박과 부딪힐 뻔하는 등 처음부터 고초를 겪었다. 천신만고 끝에 겨우 찰스턴(미국 웨스트버지니아 주의 수도)에 도착했지만 더 큰 위험이 기다리고 있었다. 중심지까지 약 483킬로미터나 힘겹게 이동하던 중 도둑과 강도 떼에게 포위된 것이다. 아요리와 치코리에서는 흉포한 인디언들이 자신들의 사냥 구역을 침범했다며 죽이려 들었다.

다행히 원주민 여자들의 도움으로 5톤의 순수한 흰색 흙과 점토를 채취해 다섯 대의 허름한 마차에 채우는 데 성공했다. 귀한 흙과 점토는 온갖 위험 속에서 찰스턴으로 보내졌고, 배편으로 무사히 영국에 도착했다.

웨지우드는 유명한 점토가 있다고 알려진 플로리다 펜사콜라로 또 다른 출장자를 파견했다. 적합한 흙이 어딘가에 있다는 소식을 접하면 세계 어디든 마다하지 않았다. 랭커셔 안젤사크에서는 테라 폰데로사Terra Ponderosa를 입수했다. 프랑스 도공들이 '스팟 퓨지블Spath Fusible'이라 부르는 이 점토는 그가 주로 활용한 재료 중 하나다. 그는 계속해서 고대 그리스와 에트루리아식 형태들을 모델링해 나갔다. 특히 앤틱 화병의 새로운 모델을 얻기 위해 저명인사들에게 자문을 구했다. 이 과정에서 고워 경, 캐스카트 경, 베드포드 공작, 해밀턴 경이 그에게 커다란 도움을 주었다.

예술작품들을 전시하기 위해서는 사람들로 붐비는 장소를 물색할 필요가 있었다. 뉴포트 가와 세인트 마틴 가 코너에서 훌륭한 전시장을 발견한 웨지우드는 그곳에다 자신이 만든 가장 훌륭한 화병과 다른 예술작품들을 선보였다. 이 작품들을 멋진 해설을 곁들여 소개할 수 있는 이가 과연 벤틀리 말고 또 있을까? 잘생긴 외모에 세련된 매너와 화술을 지녔던 그는 유럽어 대부분을 구사할 줄 알았고 고대 그리스와 에트루리아 예술에 관한 지식까지 해박했다. 매일 아침 귀족들과 저명인사들을 온화하고 우아하게 영접했으며, 외국 대사들과도 파리나 로마의 예술작품에 관해 프랑스어와 이탈리아어로 유창하게 대화를 나누었다.

웨지우드의 유능한 친구로 손꼽힐 만한 또 다른 인물은 앞서 언급한 버밍엄의 매튜 볼턴이다. 대운하 프로젝트의 초기 주창자 중 한 명으로, 공공의 행복과 이익을 추구하는 공공심을 가진 인물이자 웨지우드만큼이나 많은 어려움을 직면하고 극복했던 사람으로 알려져 있다. 특히 제임스 와트James Watt(1736-1819. 스코틀랜드의 발명가이자 기계공학자, 흔히 증기기관 발명자로 알려졌지만, 실제로는 기존 증기기관에 응축기를 부착하여 효율을 높인 것이다—옮긴이)의 콘덴싱 증기 엔진을 어느 기계공학자도 거들떠보지 않던 때 선뜻 나서서 수년간의 시행착오와 손실을 감수한 끝에 참신하고 놀라운 동력기관으로 탈바꿈시켰다.

와트와 파트너십을 맺기 이전, 볼턴은 금속 상감(가구나 도자기 표면에 나무나 금속, 자개, 보석 등으로 무늬를 새겨넣는 공예기법—옮긴이)과 청동장식품 제조로 더 유명했다. 사업이 활발해지자 그는 규모를 더 넓히기로 결심했다. 버밍엄에서 자신의 목적에 맞는 부지를 찾지 못하자 3킬로미터 남짓 떨어진 소호에서 대규모 토끼 사육장을 하나 찾아내 장기 임대 계약을 맺고, 그곳에 드넓은 작업장을 세웠다. 머잖아 이곳은 콘덴싱 증기엔진의 본거지이자 영국 주화 주조소가 되었다.

조사이어 웨지우드도 버슬렘에서 비슷한 처지에 놓였을 때 3킬로미터 남짓 떨어진 비교적 황폐한 리지하우스 부지를 매입해 그곳을 부의 광산으로 변모시켰다. 에트루리아 제조소 건립 과정에서 소호의 매튜 볼턴만큼 웨지우드에게 구조적 체계를 상세히 조언할 만한 사람은 없었다. 절친인 두 사람은 종종 만나 서로의 사업 전반에 대해 흉금을 털어놓고 이야기를 나누었다. 부기, 재무 방식, 회계시스템, 기타 거래 세부사항들까지···.

웨지우드는 볼턴의 사업적 천재성을 높이 샀다. 웨지우드는 언젠가 벤틀리에게 이렇게 말했다. "볼턴은 내가 알기로 영국 내 금속제조업자 중 제일가는 기술자야. 기발한 데다 자기 철학이 있

매튜 볼턴은 당대를 대표하는 금속세공업자이자 웨지우드가 사업적으로 믿고 상의할 수 있는 신실한 벗이었다. 1792년 카를 프레더릭 본 브레다가 그린 볼턴의 초상화(위), 소호에 세워진 볼턴의 회사 전경(아래)이다.

고, 성격도 좋지." 웨지우드가 크게 성공하는 것을 지켜본 볼턴 역시 웨지우드의 화병을 너무 좋아한 나머지 차라리 도공이 되고 싶다고 실토했다. 볼턴과 있을 법한 선의의 경쟁을 가정하며, 웨지우드는 1769년 벤틀리에게 이렇게 썼다.

영국 최고의 기술자와 맞붙는다는 것만으로도 용기가 불끈 솟아오르지 뭔가. 그 맞수도 나를 아주 좋아하고, 나도 상대가 마음에 든다네. 특히 그의 기백이! 그는 내가 여태 만나온 적수들처럼 허튼 복제가가 아냐. 오히려 때론 틀을 과감히 벗어나기도 하지. 전투에서 상대의 허를 찌르는, 참신한 전략가 같다고나 할까. (…) 혹여 우리가 쓰러져서, 에트루리아가 버티지 못하고 소호에 길을 내준 채 무릎 꿇어야 한다 해도, 승리를 값싸게 팔아치우기보다는 사내답게 끝까지 견뎌보고 싶어. 설사 패배하더라도 월계관을 이 정복자와 나눠쓰려는 투지를 갖고….

하지만 볼턴과 웨지우드는 생의 마지막 순간까지 서로에게 신실한 친구로 남았다. 1768년 웨지우드는 아내를 동반하고 런던을 방문했다. 전시장 위 아파트가 거처로 마련되었다. 매튜 볼턴도 같은 시기 런던에 머물면서 웨지우드와 함께 고대 화병들을 찾아다녔다. 한 사람은 브론즈로, 또 한 사람은 재스퍼와 버설트로 재현하기 위해서. 행복한 날들이었다.
런던에 한 달 정도 체류한 후 웨지우드와 그의 아내, 벤틀리는 버슬렘으로 돌아왔다. 벤틀리는 브릭하우스에서 웨지우드의 손님으로 머물렀다. 1769년 첫 6개월간 벤틀리는 런던과 버슬렘, 리버풀을 오가며 일 처리를 하는 동시에, 에트루리아에 건물이 올라가는 동안 친구의 상담역까지 도맡았다. 건물 앞 운하 건설은 순조롭게 진척되고 있었다. 웨지우드와 가족이 거주할 저택은 완공되기까지 한참 기다려야 했지만, 실용품 제조소에 앞서 1769년 6월 13일 장식품 제조소가 먼저 건립되어 입주 준비를 마쳤다.

이날은 에트루리아에 있어 매우 특별한 날이었다. 웨지우드 여사와 가족, 그리고 지인들 모두 이 제조소의 역사적인 개소식을 보기 위해 몰려들었다. 감격에 찬 웨지우드와 벤틀리가 첫 작업자로 나섰다. 외투와 모자를 벗고 셔츠 소매를 걷어 올린 웨지우드가 작업용 앞치마를 두르고 물레 앞에 앉았다. 벤틀리가 곁에 앉아서 원반이 돌아가도록 휠을 돌리는 가운데 블랙 버설트로, 두 개의 손잡이가 달린 화병 여섯 개를 성형했다. 이 작업이 끝나자 잠시 쉬던 그들은 동력 선반실로 옮겨 도자기 표면을 고르게 다듬었다. 이렇게 소성준비를 마친 뒤, 오찬과 연회를 열어 새 출발의 성공을 비는 축배를 들었다. 웨지우드는 방금 만든 화병들을 '에트루리아 첫 산물'이라 이름 붙였다. 다 구워진 화병들은 런던으로 보내져 웨지우드의 예술가 중 한 명이 그 위에 납화(물감을 벌꿀 또는 송진에 녹여서 불에 달군 인두로 색을 입히는 그림 또는 그런 기법―옮긴이) 물감으로 채색을 입혔다. 그림 주제는 '헤스페리데스 정원에 있는 헤라클레스와 벗들'로, 윌리엄 해밀턴William Hamilton(1730-1803. 영국의 외교관이자 골동품 수집가, 고고학자 및 화산

1769년 6월 13일. 에트루리아에 새로 마련된 제조소에서 앞치마를 두른 웨지우드가 물레 앞에 앉고 그의 벗 벤틀리가 곁에 앉아 휠을 돌리는 가운데 블랙 버설트 여섯 점을 성형했다. '에트루리아 첫 산물'. 헤스페리데스 정원에 있는 헤라클레스와 벗들이 그려진 이 화병의 뒷면에는 '1769년 6월 13일, 에트루리아의 예술이 다시 태어나다'라는 비문이 새겨져 있다.

학자. 나폴리 왕국 주재 영국대사로 재직하며 베수비오 화산과 에트나 화산을 연구해 왕립학회 회원이 되었고 코플리 메달을 받았다. 그의 두 번째 부인은 호레이쇼 넬슨과의 염문으로 유명한 엠마 해밀턴이다. 또 한때 바르베리니Barberini 가문의 소유였으며 훗날 '포틀랜드 화병Portland Vase'으로 알려지게 된 로마식 유리 꽃병을 영국에 맨 처음 들여온 사람이다. 이 꽃병은 후에 포틀랜드 공작 부인에게 팔렸다가 현재 조사이어 웨지우드의 복제품과 함께 대영박물관에 소장되어 있다. 음악적 조예도 깊어서 모차르트와도 교유했던 것으로 알려져 있다 ― 옮긴이) 경이 소유하고 있던 에트루리아 앤티크 작품 중 하나를 본뜬 것이다.

1769년 8월, 런던으로 와서 한동안 뉴포트 가의 창고 겸 전시장에 머물던 벤틀리는 첼시에 있는 자신의 거주지로 돌아갔다. 리틀체니로우에 위치한 벤틀리의 집은 런던 예술가와 에나멜러들이 자주 찾는 첼시 제조소와도 인접해 있었다.

웨지우드 화병의 수요는 폭발적으로 늘어났다. 런던뿐 아니라 더블린에서도 대인기였다. 웨지우드는 벤틀리에게 이렇게 썼다.

건축가인 윌리엄 체임버스William Chambers(1723-1796. 스웨덴계 스코틀랜드 건축가. 서머싯하우스와 큐Kew가든 탑으로 유명하며, 왕립아카데미 창립회원이기도 하다 ― 옮긴이) 경도 화병에 굉장히 관심이 많아. 곧 있을 왕비 폐하 영접 때 자신의 드로잉을 에나멜로 그려 넣은 우리 제품 하나를 들고 가겠다고 간곡히 부탁하더군.

방문객들이 런던 쇼룸에서 보게 될 화병 드로잉북과 관련해 웨지우드는 이렇게 덧붙였다.

숙녀분들을 즐겁게, 기쁘게, 새롭게, 놀라게, 아니 황홀케 하는 것이 우리에게도 득이라는 건 두말하면 잔소리지. 이 말을 누구한테 하겠나? 아내에게? 아내도 눈감아주기야 하겠지만 화병 총 책임자인 자네에게만 하는 얘기야.

1770년 초에 보낸 편지에서 웨지우드는 벤틀리에게 에투르리아로 내려와서 도자 기술 비법을 배우라고 간청했다.

자네가 최선의 방법으로 문제를 해결해 주었으니, 이제 곧 런던 첼시로 되돌아가겠지. 그런데 나는 자네가 이곳 제조소에 한동안 머물면서 도자 기술을 배웠으면 하네. 내가 기초를 놓은 개선사항들에 자네가 완벽을 더해주길 간절히 바랄 뿐이야. 내 소중한 친구인 자네에게 맡겨둘 수 있다면 얼마나 마음이 놓이겠나. 더욱이 능력이나 정신력이나 부족함이 없으니, 이 일을 맡기기에 최고의 적임자가 아닐 수 없네. 내 눈과 건강이 허락하는 한, 내가 자네 곁에서 힘닿는 데까지 돕겠네.

모든 예술가가 열심히 작업에 매달렸다. 베이컨, 타시, 랑드르 여사, 우스터의 윌콕스 등등. 웨지우드는 제조용 동력 선반 개선에 여념이 없었다. 그는 벤틀리에게 이렇게 썼다.

올겨울 화병 판매는 네 종류로 할까 하네. 블루 페블(푸른 자갈), 베리게이티드 페블(얼룩무늬 자갈), 블랙 에트루스칸, 에트루스칸 엔코스틱(납화). 크기, 형태, 장식, 금박, 무늬, 부조 면에서 다 다른데, 충분히 사업성이 있을걸세. 다같이 힘을 모은다면 말이야. 이 문제에 대한 자네의 견해도 듣고 싶어. 내 주장의 근거가 수익성이 있을지 자네라면 금방 판단할 수 있을 테니. 우선 내 말은 덮어두고, 처음부터 생각해보자고. 그러니까 내 제안 대신 자네의 뜻이 우리의 원칙대로 '명성'과 최고의 제품 쪽이라면(이 생각만 하면 내 가슴이 불 밝힌 듯 환해진다네), 지금 내가 말한 것과는 반대로 나가야겠지.

할 수 있는 한 아름답고 세련되고 새로운 것들을 만들자고. 남들이 우리 패턴을 모방하는 걸 두려워하기보다 오히려 자랑스러워 해야지. 차라리 모든 힌트를 던져주고, 유럽의 모든 아티스트가 우리 제품을 따라하게 만드는 거야. 이건 명예로운 일이 될 거고, 우리의 성향과 감성에도 맞는 일이라고 보네. 편협하고, 타산적이고, 이기적인 마음의 빗장보단 훨씬 나은 일이니까. 그런 건 그저 우리 안의 주저하는 마음을 가둬놓는 철그물 갑옷일 뿐이야. 평생을 따라다니며 주시하고, 훼방 놓고, 심지어 동포 시민들에게 득이 될 선의의 베풂까지 막아서는….

벤틀리에게 보내는 다른 편지에서 웨지우드는 이렇게 말한다.

어느 독일인이 말하더군. "독일에는 훌륭한 파이앙스Faïence(프랑스의 채색 도기, 주석 성분을 함유한 불투명 유약을 바른 도기로 서양에서 주로 17~18세기에 만들어졌다 — 옮긴이)와 자기가 있지만, 영국 제품의 형태와 광택이 굉장히 뛰어나서 훨씬 더 잘 팔린다"고 말일세. 나는 요즘 일이 너무 많아. 특히 자네가 떠나 있는 지금. 함께 일을 해오던 나는 반쪽짜리가 된 기분이야. 그래도 자네와 여기서 같이 일하게 될 거라는 생각만으로도 큰 위안이 되네.

다른 편지에서는 이렇게 썼다.

이건 진심이야. 정답고 배울 점이 많은 자네의 편지를 받으면 내가 얼마나 행복한 기분이 드는지 모른다네. 훌륭한 물건을 만들고 싶은 내게 꼭 필요한 교양과 학식, 기품이 넘치는 내용들이거든. 몇 주 있다가 자네의 탁월한 식견이 미친 효과를 입증할 작품들을 보여주겠네. 오! 자네의 편지는 귀한 진수성찬이나 마찬가질세. 항상 고마우이, 내게 믿음을 주는 자랑스러운 친구여, 잘 지내게. -자네의 친구, J.W

*추신: 나는 자부심이랄까, 뭐 그런 마음이 인류를 위한 좋은 세상을 만들어내는 추동력이 된다고 생각하네. 왜냐하면, 우리 인간은 위대하고 훌륭한 행위를 이끌어 내줄 자극들을 언제나 갈구하기 때문이지. 영국 최고 화가들의 손길에 걸맞은 화병 공급은 내가 맡을 테니, 자네가 일주일에 한 마차씩은 팔 수 있을 걸세. 시즌에 그만한 양을 판다고 가정하면, 마차 열 대를 가득 채울 화가들이 있어야 할 거야.

1769년 말 웨지우드는 화병 제조로 너무나 바빠 더는 주문을 받을 수 없을 지경이었다. 그는 당시 런던에 있던 벤틀리에게 에트루리아에서 감당이 될 때까지 주문을 거절하거나 보류해 달라고 지시했다.

그 무렵 첼시에 있는 집 문제를 의논하기 위해 잠시 벤틀리를 방문했던 웨지우드는 계약을 마치자마자 에트루리아로 돌아왔다. 그때가 1769년 11월 초였다. 웨지우드는 에트루리아의 새집에 친구 벤틀리를 맞이할 기쁨에 젖어 유쾌하게 이야기를 꺼냈다.

노상에서 사흘을 보냈어. 하지만 종착지가 여기 에트루리아였으니, 길고 불결한 여행길에서 겪은 온갖 위험과 고생을 보상받고도 남았지. 아내 샐리와 가족을 에트루리아에서 보게 되다니! 아내가 에트루리아 평원을 먼저 차지하고는 첫날 밤을 보냈다네! 샐리가 이런 묘안을 냈지 뭔가! 내 도착 당일 저녁에 여기서 남편을 맞이할 수 있도록. 이사하느라 무척 힘들었을 텐데 말이야.
오늘 밤 시청사에서 직원 120명분의 식사가 준비될 예정이야. 그것으로도 모자라면 버슬렘 숙소들도 동원해야겠지.

웨지우드는 벤틀리가 자신에게 장미색 금 침전물과 금가루를 보내주길 기다리고 있었다. "아주 고운 스몰트smalt(화감청색, 청화 발색을 내는 코발트)와 울트라마린(군청색)이 급히 필요해."

제조소는 물론이고, 직원과 그에 딸린 식구들의 집이 완공되려면 아직 할 일이 태산인 데다 돈도 많이 들여야 했다. 웨지우드는 선반 수도 늘렸다. 그는 이렇게 말했다.

버슬렘에 있는 내 작업장에 강도짓을 저지른 셈이야. 제임스 브라운을 에트루리아로 데려왔지. 버슬렘에서 좋은 작품을 만들며 함께 일했던 유일한 터너 말일세. 그래서 지금은 버슬렘에 남은 엔진 터너가 아무도 없는 상황이야. 버슬렘을 어쩌지! 크림컬러 제품은 또 어떻고! 사람들은 내가 에트루리아와 화병에 모든 것을 희생시킨다고 생각하지!

하지만 웨지우드로서도 대안이 없었다. 그는 브릭하우스 부지를 당장 떠나라는 법적 고지까지 받은 상태였다. 땅 주인이 거주할 계획이었기 때문이다.

그다음은 돈 문제였다. 예산이 크게 초과되었다. 웨지우드는 벤틀리에게 건물을 완공하려면 더 많은 돈과 재료와 일손이 필요하다고 썼다. '적어도 3,000파운드는 필요하다네. 거기서 한푼도 모자라면 안 될 정도야. 그러니 자네가 모금을 해주거나 아니면 〈가제트Gazette〉 지에 나 대신 공고를 내주게나.' 제조소 건물과 직원 및 그 가족들이 머물 집을 짓고 나면, 웨지우드 가족이 머물 에트루리아 홀도 지어야 했다. 그의 가족은 한동안 벤틀리를 위해 지은 집에 기거했다. 그사이 다른 건물 건축이 진행되었고, 가마들도 차례차례 올라갔다.

마침내 돈 문제가 해결돼 직원들의 집도, 에트루리아 홀도 순조롭게 지어졌다. 땅은 '능력자 브라운'의 지휘 아래 조성되었다. 완공된 저택은 아름답고 널찍한 남향 건물로, 전면에 호수가 펼쳐진 전형적 영국식 정원으로 둘러싸여 있었다.

다윈 박사는 웨지우드에게 보내는 편지에서 키어James Keir(1735-1820. 스코틀랜드의 화학자이자 지질학자, 사업가, 발명가—옮긴이) 대위가 집과 부지의 도면을 보고 칭찬이 자자했다며 '왕자의 처소'로도 손색없다고 말했다.

하지만 에트루리아 제조소가 가장 큰 고려사항이었다. 그곳에서 맨 처음 가동에 들어간 제조소의 이름은 '블랙 웍스Black Works'였다. 블랙 버설트 생산품에서 따온 이름이었다. 웨지우드는 장식품 제작도 이어갔다. 웨지우드 고유의 형태부터 고대 작품을 본뜬 것까지 다양한 형태의 화병 수요가 계속해서 증가했기 때문이다. 메달리언 부조, 다양한 묘사의 인탈리오, 유명인의 초상도 있었다. 이 중에서도 핵우드가 만든 작품은 역사적인 가치가 크다.

웨지우드와 벤틀리는 노예무역을 강력히 반대했다. 에트루리아에서 첫 번째로 만든 제품 중 하나도 핵우드가 모델링한 것으로 추정되는, 쇠사슬에 묶인 흑인 노예였다. 간청하는 듯한 그 형상 주위에는 이런 문구가 새겨져 있었다. '저는 사람도, 형제도 아닌가요?' 이 메달리언은 당시 출시된 가장 인기 있는 제품들 중 하나였다.

웨지우드는 종종 런던으로 가서 회사 상황에 관해 벤틀리와 만나 상의했다. 그때마다 벤틀리는 자신이 소유한 쌍두마차에 웨지우드를 태우고 여러 곳을 돌았다. 이번에는 왕궁 방문을 필두로, 왕비가 주문한 부조 작품과 화병 제작상의 최근 개선사항들을 점검했다. 왕궁 방문 결과는 모든 면에서 만족스러웠다. 1770년 12

"저는 사람도, 형제도 아닌가요?"
쇠사슬에 묶인 채 간청하는 흑인 형상의 이 메달리언은 핵우드가 모델링한 것으로 알려져 있다. 이후 이 작품은 영국 노예제 폐지 포스터 그림으로도 쓰였을 만큼 시각적 호소력이 강력했다.

월 17일, 웨지우드는 첼시에서 리버풀로 편지를 보냈다.

> 폐하께서 이 분야에 관해 소상히 알고 계셨어. 주요 제조업자와 판매자, 예술가들의 면면까지도. 그만큼 중요성을 잘 이해하고 계시다는 뜻일 거야. 왕비 폐하도 내가 이제껏 영접한 그 어떤 여성보다 분별력, 감수성, 진솔한 정중함과 사려 깊은 다정함이 넘치는 분이셨어.

그러나 웨지우드는 왕가의 호의에 쉽사리 우쭐하는 사람이 아니었다. 그는 대체로 자기 자신, 특히 제품을 향상시키려는 꾸준한 의지와 노력을 믿었다. 무심함이나 게으름을 용납하지도 않았다. 모든 것은 최고를 지향해야 했다.

그는 작업장을 지나가다가 제대로 만들어지지 않은 접시나 티포트, 촛대 등을 발견하면 지팡이로 산산조각 내면서 이렇게 일갈했다. "이건 웨지우드라고 부를 수 없는 제품이야!"

그는 타의 추종을 불허하는 인내력의 소유자였다. 제품을 향상한다는 일념으로 화학을 공부했고 온갖 종류의 점토들을 실험했다. 서로 다른 색상의 흙들을 섞어보기도 했다. 이 시기에도 그는 자신을 때때로 우울함에 빠뜨리는 병마에 시달리고 있었다. 그럼에도 불구하고 그는 모든 고통을 견뎌냈다. 참신한 예술가들을 영입하고, 고대 그리스 조각상과 옛 보석 장식을 본뜬 모델과 메달리언을 구상했다.

1770년 초, 그는 새 가마를 건조하는 중이었다. 화병 제작 전문

인력만 30명을 고용했고, 계속해서 작업을 관리·감독했다. '밤의 동반자인 낮'을 모델링했고 베이컨이 모델링한 '아폴로와 다프네'를 마무리하고 있었다. 많은 예술가와 직원들에게 지시를 내리면서도 웨지우드 자신은 눈질환으로 고통받고 있었다. 한번은 그가 이렇게 말했다. "너무 어두워. 이젠 촛불 아래서 읽고 쓰지도 못하게 되다니!" 그는 지속되는 어둠에 공포를 느끼기 시작했다. 심지어 뇌까지 영향을 받지 않을까 두려워했다. 그런 상황에서도 그는 여전히 자신의 길을 갔다. 그것도 옳은 방향으로, 아무도 가지 않은 길을 묵묵히 걸어나갔다.

최악의 공포가 현실화된 어느 날, 그는 벤틀리에게 자기 밑에서 도공 기술을 익혔으면 좋겠다는 편지를 재차 보냈다. 그래야 자신이 죽어도 이 기술이 자기와 함께 사라지지 않을 거라고 믿었다. 안과 진료를 받기 위해 런던으로 진작 떠났어야 함에도, 웨지우드는 직원들 일로 일정을 연기해야만 했다.

> 에트루리아에 직원 150명이 있고 버슬렘에도 직원들이 있는데, 어떻게 우두머리도 없이 그들만 남겨둘 수 있겠나. 가마에는 500파운드 가치의 화병들도 있고. 작년 버슬렘에서는 1,200파운드 이상이나 되는 화병들을 채워 놓았지. 그런데도 나는 교회 쥐마냥 가난하다네.

이즈음 아내가 열병을 앓는 친정아버지를 돌보러 체셔의 스펜그린으로 가 있는 바람에 웨지우드는 여러 악조건 속에서 홀로 시련을 감당해야 했다. 고통을 견디다 못한 그는 결국 아내에게 합류해 며칠을 보내고 오기로 결심했다. 그러나 겨울이 깊어가는 시기인 데다 악천후로 이듬해 1월 10일까지 스펜그린에 발이 묶이고 말았다. 다행히 어느 정도 기력을 회복한 웨지우드는 폭설을 무릅쓰고 아내와 함께 에트루리아로 돌아왔다.

 개인적 고통과는 별개로 사업은 활황이었다. 주문이 밀려들고, 화병은 여전히 인기품목이었다. 퀸즈웨어에 대한 수요는 폭증하고 있었다.

14장 ─────

예술이 일상을 만날 때

웨지우드 이전 시절, 다시 말해 네덜란드의 델프트 도기 제조업자들, 프랑스의 리모주와 세브르 자기 제조업자들이 우위를 차지하고 있던 때, 영국은 해외 어느 나라에도 자국 상품들을 내다 팔지 못했다. 이제 상황은 달라지고 있었다. 영국 도자기에 대한 수요가 뚜렷하고 가파른 증가세를 보였기 때문이다.

1770년 9월 웨지우드는 벤틀리에게 다음과 같은 편지를 썼다.

그러니까 자네는 우리가 정말 프랑스를 완벽히 정복할 것 같다고 생각하나? 버슬렘에서 프랑스를 정복하다니? 내 피가 다 끓어오르는군. 힘이 솟구치는 기분이야. 도자기로 프랑스 정복이라니! 도자기로! 이 말이 속물적으로 들리더라도 어쩔 수 없어.

그는 여전히 볼턴의 든든한 지원을 받고 있었다. 볼턴은 프랑스인들이 런던에서 화병을 어떻게 사들이고 있는지 웨지우드에게 귀띔해주곤 했다. 특히 그들이 화병을 파리로 가져가서 금속 받침대 위에 올려 장식한 다음, 영국 고관대작 나리들에게 대단한 희귀품으로 되판다면서 이렇게 덧붙였다. "자네 기억하지? 우리가 볼링브로크 경 댁에서 그런 것들을 많이 봤잖나. 그게 다 프랑스에서 가져온 거라니까!"

웨지우드 제품의 수요는 프랑스와 이탈리아를 비롯한 유럽 대륙 전역을 넘어, 북미와 서인도제도에서까지 급속한 증가 일로에 있었다. 바르텔레미 포자 드 생퐁Barthelemy Faujas de Saint-Fond(1741-1819. 프랑스의 지질학자, 화산학자, 여행가 — 옮긴이)이라는 파리 자연사박물관 지질학 교수는 웨지우드 제품의 우월성에 관해 자신의 책 《영국 여행Travels in England》에서 이렇게 썼다.

훌륭한 장인정신, 견고성, 불의 작용을 견뎌낸 특장점, 산을 침투시키지 않는 유약, 아름다움, 편리성, 형태의 다양성, 적정한 가격까지, 이 모든 걸 하나로 담아낸 그의 제품은 엄청난 붐을 일으켜 파리에서 상트페테르부르크까지, 암스테르담에서 스웨덴 북부까지, 됭케르크에서 프랑스 남단까지 어딜 가더라도, 작은 여관에서조차 웨지우드 식기로 식사를 할 정도다. 이 제품들은 또 스페인, 포르투갈, 이탈리아 가정의 식탁을 장식하며, 동인도제도와 서인도제도, 미국으로 향하는 선박 화물들을 가득 채우고 있다.

웨지우드는 고대 예술을 연구하고 재발견하는 과정에서 윌리엄 해밀턴 경에게 이미 큰 도움을 받고 있었다. 해밀턴 경은 나폴리 대사를 지낼 당시 헤르쿨라네움Herculaneum(이탈리아 나폴리만 근처에 있던 고대 도시. 서기 79년 베수비오 화산폭발로 폼페이와 함께 매몰되었다 — 옮긴이)이라는 고대 도시 발굴을 앞장서서 지원했다. 1766~1767년 그가 펴낸 책 《에트루리아 고미술품Antiquités Etrusques》은 에트루리아식 화병 패턴들에 관한 영감을 웨지우드에게 불어넣었다. 해밀턴 경은 영국 예술을 향상하고자 애쓰던 웨지우드와 긴밀하게 소통했다. 해밀턴 경의 출판물들은 지금껏 그의 애국심과 고상한 취향을 대변해주는 기념비적인 작품으로 남아있다. 하지만 웨지우드 도자기를 통한 복제와 확산이 없었더라면, 제아무리 훌륭한 출판물이었다 해도 일반 대중의 취향을 두루 끌어올리기는 어려웠으리라! 바로 이 맥락에서 웨지우드가 특유의 근면성과 독창성으로 대중 모두를 이롭게 하는, 진정한 의미의 공익을 최대화시켰다고 볼 수 있다.

그러한 작품을 되살린다는 것은 사실 당시로선 도저히 도달할 수 없으리라 여겨지던 난제였다. 고대 에트루리아 화병은 불로 구워도 유지될 만한 색상으로 채색되었지만, 에나멜페인트 작품의 광택이나 윤기와는 거리가 멀었다. 따라서 그러한 색상의 화병을 만드는 것은 이미 오래전에 잃어버린 기술, 심지어 플리니우스 시대에도 재현하기 어려운 기술로 간주되었다. 웨지우드조차 작은 성공의 기미들이 누적된 수년간의 실험들이 뒷받침되지 않았더라

1775년 데이비드 앨런이 그린 윌리엄 해밀턴 경 초상화. 나폴리 주재 영국 대사로 재직하는 동안 베수비오 화산폭발로 매몰되었던 고대 도시 헤르쿨라네움을 발굴하는 일에 앞장서는 등 열정적으로 고미술을 연구하고 수집했다. 그가 웨지우드에게 베푼 호의 덕에 수많은 그리스와 에트루리아 예술품들이 복제품으로 부활했다.

면, 잃어버린 기술의 재발견은 감히 시도도 못 해봤을 것이다. 그토록 어려운 재발견을 웨지우드가 끈질기게 파고든 끝에 마침내 완벽하게 이뤄낸 것이다. 아름다운 색상은 원본 못지않게, 다양성 면에서는 더 폭넓게 재현되었다. 게다가 고온에서도 그림이 변형되거나 소실되지 않았다. 사실 모든 에나멜 색상은 불의 온도가 조금만 높거나 낮아도 유리화가 일어나 녹아내릴 위험이 크다.

이 발견에 대해서만큼은 웨지우드도 특허를 냈다(그가 등록한 유일한 특허였다). 그는 특허 내는 것을 별로 내켜 하지 않았다. 해적 행위를 막기 위해 특허를 유지하는 비용이 본래의 가치보다 훨씬 더 많이 들었기 때문이다. 그의 목표는 앞으로 나아가는 것이었다. 부단한 혁신과 발견을 통해 해적들이 따라잡기 어려울 정도로 앞서가는 것이었다.

그런 그가 특별히 특허를 낸 이유는 그 자신의 편견 없는 판단보다는 친구들의 충고 때문이었다. 그는 이미 자신이 얻은 이점에 대해 만족스러워했다. 즉, 자기만의 독점적인 지위를 누리기보다 동종업계에 종사하는 수천 명이 자신을 따라오며 행복해하는 모습을 지켜보는 쪽이 훨씬 더 기뻤다. 그가 특허에 반대했던 이유는 또 있었다. 자기 동포의 손을 묶어놓는 사이, 그 발견이 자칫 외국인에게 넘어갈 수 있다고 보았기 때문이다. 특허를 내서 자신들이 시장을 독점하는 게 더 이롭다고 여기는 순간, 영국의 손실로 이어질 수 있었다. 그럼에도 불구하고 웨지우드는 유일한 특허를 냈고, 후에는 이 특허권 보호 업무를 도맡아야 했다.

벤틀리가 물레를 돌리고 웨지우드가 빚은 '에트루리아 첫 산물' 중 일부는 에트루리아 홀에 보관해두고 나머지는 런던으로 보내졌다. 판매용은 아니었다. 대중의 화병 수요가 클 때는 첼시에 있는 벤틀리의 지휘 아래 작업이 이루어졌는데, 벤틀리는 이를 위해 예술가들을 대거 모집했다. 이렇게 엄청난 수의 화병이 국내외로 팔려나갔으며 거의 모든 박물관이 그 견본을 확보해 당시 영국의 도자기 기술력을 대내외에 알렸다.

이제 에트루리아식 채색 장식품들이 대중의 눈에도 익숙해지고, 대규모 판매로 인해 비교적 흔해지면서 판매가 시들해질 조짐이 보였다. 웨지우드는 이 기회에 자신이 보유한 많은 예술가를 동원해 새로운 제조품을 만들게 했다. 바로 재스퍼 도자기 발명과 함께 새롭게 눈뜬 고대 예술의 또 다른 분야로, 카메오 혹은 인물 두상, 그리고 부조로 새긴 인물상들의 모델링이 그것이다.

처치Arthur Harry Church(1865-1937. 영국의 식물학자이자 식물 삽화가, 아마추어 사진가, 옥스퍼드대학교 강사—옮긴이) 교수는 1894년 3월 해머튼Philip Gilbert Hamerton(1834-1894. 영국의 예술가, 미술평론가, 작가—옮긴이가)이 엮은 《포트폴리오》라는 책에서, 조사이어 웨지우드를 향한 무한한 존경심을 담아 이렇게 썼다.

웨지우드의 가장 독창적이고 아름다운 작품 발명은 오닉스 등으로 세공된 앤티크 잼스톤jambstone에 대한 그의 예리한 감식안 덕분이었다. 이렇게 해서 나온 것이 그 유명한 재스퍼 바디 혹은 재스퍼 페이스트다. 대략적으로 설명하자면, 불투명한 백색으로 이루어진 가장 단순한 형태의 재스퍼 바디는 그 불투명도와 백색도가 매우 다양하게 변주된다는 것이다. 초크(분필)의 무광택성부터 상아나 양피지의 미묘한 색감과 희미한 투명성에 이르기까지 다양한 속성을 두루 갖고 있기 때문이다. 웨지우드와 그의 예술가들은 화이트 재스퍼의 특성을 십분 살려, 카메오 부조의 얇은 부분들을 통해 바탕색이 자연스럽게 비치도록 하였고, 특히 옷 주름 같은 부분에서는 섬세하고 가벼운 질감을 표현토록 하였다. (…) 조사이어 웨지우드가 만든 이 재스퍼웨어 특유의 매끄러운 표면은 시각과 촉감 면에서 기분 좋을 뿐만 아니라 옛 작품과 새 작품을 구별짓는 최상의 기준이 된다. 이는 재스퍼 바디의 구성요소가 가진 극도의 치밀함에 힘입은 것이기도 하지만, 그 성분에 맞는 최적의 소성 온도를 적용한 결과이기도 하다

이 재료는 벽옥의 질감을 닮았다 해서 재스퍼라 불린다. 재스퍼는 초벌구이 한 흰색의 자기로 만들어지기 때문에 물성 자체가 색을 받아들이는 감응성이 높긴 하지만 순도 높은 매저린블루 mazarine blue(남색) 착색이 용이하다. 이처럼 색을 받아들이는 속성은 고대와 현대를 통틀어 다른 어떤 재질도 재스퍼 바디를 뛰어넘을 수 없다. 따라서 카메오, 초상, 부조 등에 최적이라 알려져 있다.

처치 교수는 이렇게 덧붙였다. '화학적 구성상 이 독보적인 특성은 다른 모든 도자기 재질과 재스퍼웨어를 구분하는 것으로, 바륨 Barium이라는 요소가 혼합된 결과다.' 바륨은 주로 황산염의 형태로 발견되며 더비셔에 풍부한 광물 중 하나다. 더비셔는 중

정석으로 유명한 지역이다. 웨지우드는 1773년 초부터 이 광물을 연구했고 연이은 실험을 거쳐 재스퍼웨어 발명으로 결실을 맺었다. 이어서 그는 1777년 '재스퍼 딥$_{Jasper-dip}$'(점토 전체에 색을 섞어 넣는 솔리드 방식이 아닌 표면만 착색하는 기법 — 옮긴이)이라는 기법을 창안했다. 값비싼 코발트를 경제적으로 활용하려는 목적이었지만, 오히려 이 방법을 통해 좀 더 섬세하면서도 세련된 효과가 탄생할 수 있었다.

요업 업계에서는 그 어떤 것도 오랜 기간 비밀로 유지될 수 없다. 새로운 제조기법은 얼마 안 가서 퍼지기 마련이었다. 웨지우드는 약 12년 동안 자신의 비밀을 간직했다. 그러다 다른 원료를 사용한 어느 제조업자가 재스퍼웨어 모조품을 만들어냈고, 그 기술은 스태포드셔 전역에 널리 퍼졌다. 물론 다른 제조업자들이 만들어낸 결과물들은 그보다 못한 수준이었지만. 정작 놀라운 것은 이 제조법의 비밀이 12년간이나 성공적으로 유지된 뒤에야 다른 이들이 뒤따랐다는 점이다.

웨지우드는 당시 재스퍼웨어에 몰두했으며, 그 성공을 누구보다 간절히 기원했던 것으로 보인다. 아마도 자신을 사로잡은 대상은 무엇이든 점토로 똑같이 만들 줄 알았던 그의 어릴 적 천재성이 그대로 발현된 결과물이었는지도 모른다. 그는 바라던 대로 엄청난 혁신을 일궈냈고, 로마에서 발굴된 작품 원형에 근접하는 경지에 이르렀다. 자신이 가르친 예술가들 외에 다른 어떤 도움도 없이, 적잖은 경비를 감수하며 가장 훌륭한 부조 작품 견본과 주

웨지우드는 다양한 디자인과 문양으로 장식한 작품들을 끊임없이 내놓았다. 메두사의 머리를 형상화한 메달리언(위)은 화이트 앤 블루 재스퍼로 제작했고 아래의 이집션 화병은 블랙 버설트로 만들어냈다.

물을 조달해 화병과 기타 예술작품들을 만들어냈다.

　웨지우드는 그저 모방만 한 게 아니었다. 고대 작품에서 아이디어를 얻었지만, 그의 작품들은 그 자체로 독창적이었다. 형태를 다양화하고, 항아리와 화병을 장식한 꽃과 꽃줄 장식을 아름답게 변형하고 추가했다. 그 외에도 촛대와 단추, 꽃병, 스핑크스, 트라이튼Triton(반인반어의 해신), 고래, 웅크린 사자 등을 처음에는 블랙 버설트로, 후에는 재스퍼로 생산해냈다. 그는 끊임없이 새로운 제품들을 내놓으며 혁신을 거듭해 나갔다. 그의 곁에는 최고의 모델러 존 카워드, 사망하던 해인 1777년까지 웨지우드와 함께했다고 알려진 당대 으뜸 에나멜러 데이비드 로즈, 또 한 명의 최정상 모델러 핵우드가 있었다. 특히 핵우드는 독창성과 천재성 면에서 최고 중 최고로 정평이 나 있었다.

　웨지우드는 재스퍼웨어로 그 누구도 따라오지 못할 예술적 위업을 달성했다. 다음 장에서 언급하겠지만 영국 조각가들 중 단연 최고 반열에 드는 플랙스먼의 메달리언들도 빼놓을 수 없다. 웨지우드는 대량생산뿐만 아니라 최상의 품질을 지향했다. 그는 작업장 전반을 진두지휘하며 직원들을 철두철미하게 관리했다. 직원들은 웨지우드가 작업실 계단을 올라올 때 나는, 나무로 만든 의족의 독특한 쿵쿵 소리를 익히 잘 알고 있었다. 다리가 온전치 못해 늘 지팡이를 짚고 다녔던 그는 어떤 그릇이라도 기하학적 비율이 맞지 않거나 만족스럽지 못하면, 지팡이를 들어 그 자리에서 산산조각내곤 했다.

그는 여성 지인들의 의견들도 적극적으로 수용했다. 피라미드 모양의 꽃병을 제작할 때도 저명한 포더길John Fothergill(1712-1780. 의사이자 식물수집가이자 식물학자, 박애주의자이자 퀘이커교도 — 옮긴이) 박사의 누이와 상의했다. 자신의 오빠 못지않게 식물학적 식견이 높았던 여성이다. 웨지우드는 벤틀리에게 이렇게 말했다. "내 경험으로 얘기하건대, 여성의 취향과 기호를 배제하고선 형편없는 물건들밖에 나오지 않을걸세. 중요한 작품 중 그 어느 하나라도 내 아내 샐리의 승인 없이는 완성되지 않으니까."

꽃병 장식에 대해 훌륭한 조언을 해주었던 사우스웰 부인도 있었다. 그녀에 대해 웨지우드는 벤틀리에게 이렇게 말한 바 있다. "사우스웰 부인의 실력은 타의 추종을 불허하지. 꽃 그림 분야에 그런 인재를 두고 있으니, 내가 그녀로부터 큰 덕을 입었음을 우리 생산품들이 그대로 입증해줄 걸세."

걸출한 여성 후원자이자 고객들도 큰 몫을 했다. 특히 도버 부인과 타이넘 부인은 탁월한 취향을 가진 여성들로서, 화병과 브로치 장식에 큰 도움을 주었다.

장식부문을 더 키우기 위해 웨지우드는 에나멜러 데이비드 로즈에게 광고를 내라고 지시했다. 도자기에 인물 혹은 꽃을 그려봤거나 항아리 혹은 도자기 장식 경험이 있는 손재주 좋은 장인들을 영입하기 위해서였다. 그는 벤틀리에게 편지를 썼다.

그림 그릴 소녀들을 모집하겠다는 자네 계획은 어떻게 되어가고 있나? 우리가 원하는 스타일대로 꽃을 그릴 사람들이 별로 없다고 얘기한 자네가 상황을 아주 제대로 본 거야. 다른 작업도 마찬가지라는 걸 나 또한 덧붙여야겠네. 그러니 찾지 못하면 육성해야겠지. 달리 방도가 없어. 여태 다른 제조업자들을 선도해왔으니, 우리의 목적에 부합하는 일손을 직접 훈련시키는 수밖에. 도공들 중 어디서 완벽한 화병 제작자를 구할 수 있겠나? 아니, 업계를 다 뒤져도 제대로 된 식탁용 접시 하나 만들 일손을 찾지 못할 거야. 그 목적에 맞도록 훈련시키지 않는 한 말일세. 실력이 늘지 않는다고 쉽게 해고하거나 해서는 안 되겠지. 우리가 원하는 새로운 스타일이 당장 손에 익는 건 아닐 테니까.

웨지우드는 벤틀리가 제안한 기술교육 훈련학교에 대해 말을 이어나갔다. 그는 먼저 어린 소년 소녀들을 모집해 드로잉과 모델링을 숙련될 때까지 교육한 다음, 새 모델러가 필요할 때마다 학교에서 차출하면 된다는 생각이었다. 한편 웨지우드는 새로 발탁한 몇몇 화가들을 에트루리아에서 런던으로 보냈다. 그들 중 일부가 짐 마차를 타고 이동했는데, 앞서 언급한 월콕스 부부가 바로 이들이다. 월콕스 부인은 연필과 붓을 잃어버리지 않으려 한 묶음으로 마차에 매단 채 노상에서 일주일을 버텨냈다.

위에서도 언급했듯이 웨지우드는 판매 물품의 품질이 최고인 동시에, 생산량 역시 최대를 지향하고 있었다. 제품 카탈로그 중 일부에 그는 이렇게 써놓았다.

사자의 몸에 독수리 머리를 한 상상의 동물 그리핀(가운데), 그리고 풍요와 결실의 신 키벨레와 농업의 신 케레스 형상으로 장식한 웨지우드의 재스퍼웨어 촛대, 신화적 요소를 섬세하게 표현한 이 작품들은 18세기 영국 예술 미학의 정수를 보여준다.

품질(탁월한 장인정신) 경쟁이 아닌 저가 경쟁은 예술품과 제조품의 급속한 퇴락, 나아가 무참한 파괴로 이어지는 가장 빈번하고 확실한 원인이다. (…) 이러한 원칙은 제조품과 예술품 양쪽에 똑같이 적용된다. 그러나 질적 하락은 전자보다는 후자에 훨씬 더 치명적이다. 일상적으로 사용할 평범한 물품들은 동종 최고의 물품보다 더 소중하게 간직될 수도 있지만, 그렇고 그런 천박한 장식품은 어떤 가격을 주고 사더라도 돈 낭비일 뿐 아니라 쓸모 없고 우스꽝스럽기 때문이다. (…) 예술품 제작자는 그 크기로 작품을 평가하는 사람들, 가령 1피트당 얼마로 그림을 사려는 사람들을 위해 작품을 만드는 것이 아니다. 훌륭한 원칙과 기준으로 작품을 평가해주는 눈 밝은 사람들의 격려와 지원에 힘입어 걸작을 만들어낸다.

웨지우드 제품은 대개 도기earthenware였으나 재스퍼웨어 발견 이후 더 우수한 품질의 자기porcelain로 발전하는 계기가 되었다. 다음 장에서는 연질자기와 경질자기에 관해 기술하게 될 것이다. 왜냐하면 웨지우드는 후에 자기의 원료를 찾아 콘월로 여행을 떠나기 때문이다.

  그는 계속해서 모델러들을 고용했다. '아폴로와 다프네'는 타시가, '밤과 낮의 신'은 베이컨이, 칸델라브라 한 쌍인 '넵튠과 대형 바다 님프'는 랑드르 여사가 맡았다. 그는 에트루리아 화병에 대한 수요가 줄어들기 시작한 시점에서 예술가들에게 일자리를 제공하기 위해 이처럼 새로운 작품들을 고안해냈다. 대중은 그가 말한 대로 제품에 대해 금방 식상해하기 마련이지만, 다행히 실용품에 대한 대규모 수요는 계속 유지되고 있었다.

  5월 31일 웨지우드는 스스로 '다리 절단 기념일'이라 부르는 날 (다리는 그달 8일에 절단되었기 때문에 아마 착각한 것으로 보인다), 벤틀리에게 편지를 썼다. 일부 장식 도기가 실패로 돌아간 것에 관한 내용이었다.

코끼리가 반환되어 얼마나 상심이 크겠나. 내 다신 성가신 동물 장식은 보내지 않겠네. 처음 코끼리를 만들고 나서 보니 그 숙녀분 말대로 황소가 되어버렸더군. (…) 퀸즈웨어 외에 다른 색상의 도자기들을 만들어볼까 해. 화이트웨어는 훨씬 더 비싼 데다 사람들이 그다지 좋아하는 것 같지도 않으니 말이지. 반면 퀸즈웨어는 계속 팔리고 있잖나. 생각보다 비즈니스 성과가 아주 좋은 편이야.

장식 도기 실패에도 불구하고, 웨지우드는 1770년 8월 2일 벤틀리에게 다시 이렇게 썼다.

아일랜드에 그야말로 맹렬한 화병 광풍이 일어난 모양이야. 더블린에 전시장을 하나 내서 화병으로 아일랜드를 정복해 보자고. 렌스터 공작이 우리 화병 한 쌍에 심취해 있다더군. 리치먼드 공작이 그분께 보낸 거라고 해. 지금 두서너 개의 로킹엄 화병을 제작 중이야. 엄청난 작품이지. 소성 후 크기가 자그만치 1야드(91센티미터) 높이에 둘레가 31인치(78.8센티미터) 정도 될 걸세. 부디 성공을 빌어주게나. 조마조마할 정도로 공들이고 있는 작품이

거든. 잘 되면 큰 기회를 가져다주겠지만, 동시에 명성에 흠집이 날 각오를 해야 할 거야. 그래도 뒤를 돌아보지는 말자고.

웨지우드는 새로운 식기 세트를 만들어달라는 왕의 추가 주문과 함께 한 달간 이 제품들을 전시토록 허락받았다. 그의 명성과 사업을 드높일 또 한 번의 기회였다. 그러나 그는 명성에 연연하지 않았다. 웨지우드는 벤틀리에게 이렇게 말했다.

우리가 할 수 있는 한, 온갖 새롭고 아름답고 훌륭한 것들을 만들어내세. 다른 이들이 모방하는 걸 두려워 말고 오히려 거기서 기쁨과 영광을 찾으면 되지 않겠나. 그러니 우리가 가진 모든 힌트를 다 내줘버리고, 가능하면 유럽 전역의 모든 예술가가 우리 모델을 따라 만들게 하세. 그러는 편이 훨씬 더 고결할뿐더러 우리의 성정과 기질에도 더 부합할 것이네. (…) 라이벌 의식, 등 뒤 경쟁상대에 대한 두려움은 떨쳐버리세. 패잔의 적으로 삼되 더는 심각한 의미를 부여할 필요가 없지 않겠나.

참으로 고귀하고 도량 넘치는 태도이자 행동지침이었다. 이에 대해 벤틀리도 동의했고, 소호의 매튜도 물론 같은 생각이었다. 에트루리아와 소호의 제품에는 이 같은 정신이 깃들어 있었다.

1770년 웨지우드는 고대 조각을 본떠서 카워드가 모델링한 매우 아름다운 작품인 '아기 헤라클레스'와 '잠의 신' 혹은 '잠자는 소년' 그리고 홉킨스가 모델링한 '가을'과 '넵튠'을 내놓았다. 대부분 블랙 버설트 재질이었다.

웨지우드는 여전히 눈 질환에 시달리고 있었다. 이젠 촛불 아래서 글을 쓰는 일은 아예 불가능했다. 그런 상황에서도 낮에는 화병 제작자들과 만나 조각상을 점검하고, 도공들과 제조소 직원들을 관리 감독하느라 정신없이 보냈다. 그 외에도 왕이 주문한 식기 세트를 만드는 일과 대형 로킹엄 화병을 만드는 일에도 전념했다. 그는 벤틀리에게 이렇게 썼다.

나는 내게 닥쳐올 위험을 이미 감지하고 있어. 갑작스럽게 내가 죽으면 같이 사라져 버릴 일들을 자네에게 미리 알려줄 소중한 기회마저 다 놓쳐버릴까 걱정이야. 자네가 시간을 할애하느라 얼마나 힘든지 잘 알아. 하지만 일에 파묻혀 지내느라 정작 중요한 일들을 마스터하지 못하는 것보다야 당분간 조금 불편함을 감수하는 편이 더 낫다고 생각하네.

웨지우드는 여전히 벤틀리가 에트루리아에 와서 이 일의 비법을 전수받기를 원했다. 하지만 웨지우드의 걱정스러운 바람은 여전히 이뤄지지 않은 채였다. 이윽고 그의 아내가 스펜그린에서 돌아왔고, 오랜 친구인 외과의사 벤트 박사가 눈병을 치료해 주었다. 그 덕에 오래지 않아 그는 일상 업무를 재개할 수 있었다.

웨지우드는 눈 질환뿐만 아니라 의족으로도 적잖이 고통을 겪었다. 버밍엄에서 볼턴, 케어 등과 모임이 있었지만 고정시킨 다리 부위에 손상이 가서 참석할 수 없었다. 웨지우드는 자신의 절친 중 한 명으로 '아테네인'이라는 별명이 붙은 스튜어트James 'Athenian' Stuart(1713-1788. 스코틀랜드의 고고학자이자 건축가, 예술가. 1762년 《아테네의 고대유물The Antiquities of Athens》을 출판하며 신고전주의를 개척하는 데 중심적인 역할을 한 덕에 '아테네인 스튜어트'로 불렸다—옮긴이)에게 편지를 보냈다.

그래도 지금은 나아져서 외출할 수 있게 되었습니다. 으슬으슬한 날씨에 밖에 나가는 걸 좋아하지 않은 데다, 예전처럼 유능한 보좌역도 할 수 없긴 합니다만. 그나마 성한 다리에 사고라도 당하면 그땐 영영 드러눕게 될지 몰라 각별히 조심하고 있습니다.

너무나도 바쁜 삶이었지만, 그렇다고 비즈니스가 웨지우드의 유별난 가족 사랑에 방해가 되는 법은 없었다. 1771년 4월, 넷째이자 막내인 아들 토머스가 태어났다. 그는 아이들을 기쁘게 해주기 위해 여러 곡이 연주되는 손풍금을 집에 들여놓고는 벤틀리에게 이렇게 썼다.

손풍금은 안전하게 도착했네. 개봉식이 얼마나 떠들썩했는지 몰라. 그 자리에 있던 모두가 최고의 순간을 만끽했다네. 다 같이 흥겹게 춤추고 콧노래를 불렀지. 자네도 보았다면 정말 흡족했을 거야. 생기발랄한 자네 질녀가 함께했으면 얼마나 좋았을까. 그 아이에게 내 사랑과 안부를 전해주게나. 오르간을 다시 런던으로 돌려보낼 텐데, 그때 자네 조카도 가지고 놀도록 첼시에 한두 주가량 놔두도록 하겠네.

웨지우드의 친구인 나폴리 주재 영국대사 윌리엄 해밀턴 경은 대단한 예술 애호가로 에트루리아, 그리스, 로마 유물들에 관한 놀랄 만한 저작물 시리즈를 편찬한 바 있다. 웨지우드는 그 책에 소개된 에트루리아 화병들 상당수를 본떴다. 1773년 6월, 해밀턴 경은 나폴리에서 웨지우드와 벤틀리에게 편지를 보냈다.

두 신사분들께.
대영제국의 예술 향상에 기여하는 일이라면 무엇인들 못하겠습니까? 두 분의 제조품들이 이미 미약한 제 노력에 크나큰 영광을 안겨주셨으니, 가장 우아한 형상의 화병들을 그린 드로잉 몇 점을 기쁜 마음으로 보내드리고자 합니다. 토스카나 공작 컬렉션에 있는 작품들로, 제 컬렉션과는 차이가 있습니다. 모사해볼 만한 충분한 가치가 있다고 사료됩니다. 원본은 부조 장식의 단순한 검정색 화병이라 귀하께서라면 능히 해내실 수 있을 것이라 믿습니다.

웨지우드는 계속해서 화병들을 모방해 나갔다. 한 가지 덧붙이자면, 윌리엄 해밀턴 경의 귀중한 그리스·에트루리아 화병 컬렉션은 현재 대영박물관이 소장하고 있으며, 헤르쿨라네움에서 발굴된 많은 대리석 작품들은 대영박물관 타운리 갤러리Townley Gallery에 한데 모여 있다.

모델러 핵우드가 분주히 일하고 있는 가운데, 웨지우드는 벤틀리에게 이렇게 썼다.

자네도 엘러스 씨의 편지를 읽어본 것으로 아네. 유럽 각국과 궁정의 걸출한 인물들의 두상을 우리의 재스퍼로 길이길이 남길 생각이야.

위에서 언급한 폴 엘러스Paul Elers(1701-1781)는 리처드 로벨 에지워스Richard Lovell Edgeworth(1744-1817. '루나 소사이어티'의 회원으로 발명가. 루나 소사이어티는 정관 회의록이나 간행물, 회원목록 등이 남아 있지 않은 비공식 그룹으로서 그 존재와 활동에 대한 증거는 관련된 사람들의 서신과 메모에서만 찾아볼 수 있다. 대략 1765년부터 1813년까지 운영되었다 — 옮긴이)의 첫 번째 아내의 아버지이자, 앞서 말한 17세기 말 독일에서 스태포드셔로 들어온 엘러스 형제들 중 한 명의 아들이기도 하다.

두상 제작을 맨 먼저 의뢰한 사람은 영국 왕과 왕비였다. 뒤이어 필립 시드니Philip Sidney(1554-1586. 엘리자베스 시대의 가장 저명한 인물 중 한 명으로 기억되는 영국의 시인이자 학자, 군인 — 옮긴이), 러시아 예카테리나 여제, 프로이센 왕, 고워 경. 맨스필드 경, 채텀 경, 포르투갈 왕과 왕비, 브리지워터 공작, '아테네인' 스튜어트 등의 주문이 잇따랐다.

이즈음 웨지우드의 가정에 문젯거리가 생겼다. 웨지우드 여사가 심각한 류마티스 질환을 앓게 된 것이다. 줄곧 피를 흘리고 환부에 물집이 잡히곤 했다. 겨우 집을 나설 정도가 되자 그녀는 벅스턴으로 요양을 갔다. 그러다 집으로 돌아오면 다시 병이 심하게 도지고, 기력이 쇠잔해져 채 몇 야드도 걷지를 못했다. 다윈 박사가 왕진 길에 때때로 들러 살펴주었다. 아내가 아파 고민이 깊은 와중에 벤틀리도 질병에 시달리고 있다는 몹시 안타까운 소식이 전해졌다. 웨지우드는 벤틀리에게 가능한 한 이른 시일 안에 도시를 떠나 요양을 오라고 강한 어조로 일렀다.

한편 웨지우드는 영국과 미국 사이에 벌어진 전쟁(1773년 보스턴 티파티 사건에 뒤이어 1775년 발발한 미국 독립전쟁을 의미. 이듬해인 1776년 7월 4일 미국은 독립을 선언한다 — 옮긴이) 상황에 몹시 분개하고 한탄했다. 그는 미국과 빚어온 전 과정의 불합리성과 어리석음, 사악함에 유감과 모욕감을 느낀다면서 왕과 하원이 이 문제에 전적으로 책임이 있다고 보고, "우리의 동포이자 절친과 형제들에게 이토록 극악무도하고 터무니없는 전쟁을 벌이는 목적이 무엇인지, 누군가는 나서서 명확히 해명해야 한다"고 성토했다. 한참 뒤인 1778년 4월 그는 벤틀리에게 이렇게 썼다.

자네의 지난번 편지를 받고 내가 얼마나 놀랐는지 아나? 장난이 심했어. 선반이나 화병과 그릇을 얹어둔 지지대가 무너지면서 자네도 같이 넘어진 줄 알았다고! 그러다 조금 더 읽어내려가니 그게 아니라 전쟁의 수렁으로 빠져들지 모르는 프랑스를 지칭하는 거였더군. 오랜 기간 이 상태에 대해 이미 알고 있었던지라, 곧 충격에서 벗어났지. 노스 경(Lord North로 알려진 제

2대 길퍼드 백작 프레데릭 노스Frederick North를 일컬음. 영국의 정치가로 하원의원 재무장관을 거쳐 총리의 자리에 올랐지만, 재임 기간 후반에 미국 독립전쟁에 대한 대응 실패로 쫓겨났다 — 옮긴이)을 위해 신의 가호를 빌었네. 그리고 미국이 자유를 누리게 된 것도!(이 말은 아마도 영국군의 패배를 언급하는 것으로 보인다. 존 버고인이 사라토가(미국 스카일러빌의 옛 이름. 뉴욕주 동부에 있으며 독립전쟁의 격전지였음)에서 포위당해 항복함으로써, 노스 경의 정책을 좌절시키는 기점이 되었다 — 옮긴이). 그렇게 된 데 대해 진심으로 기쁘게 생각한다네. 압제의 철권에 굴복하기보다는 거기서 벗어나길 선택한 자들에게 안식과 피난처가 주어진다는 건 흐뭇한 일이지. 이 역사적 사건은 내 마음속에 오히려 각성을 심어주었네. 현재 처지에 연연하기보다는 미래를 대비해야겠다는 다짐 말이야. 앞으로 더 많은 전쟁을 치르게 될 거고, 어쩌면 계속해서 패배를 맛볼지도 몰라. 장차 어떤 일이 얼마나 일어날지 모르지만…, 혹여 설상가상이 된다면 신이시여, 자비를 베풀어주소서.

이 무렵 영국은 전역이 혼란스러웠다. 1778년 스태포드셔의 상황을 두고 웨지우드는 벤틀리에게 다음과 같이 쓰고 있다.

얼마 전부터 노상강도들의 머릿수나 대담성을 보면, 뉴캐슬 주변이 런던 변두리와 맞먹을 정도야. 게다가 에트루리아도 터넘그린 못지않지. 직원들이 저녁에 맘 놓고 귀가하기조차 힘들어서 무리 지어 가거나 곤봉으로 무장해야 하는 상황이야. 지난 월요일 밤에는 이곳 에트루리아와 뉴캐슬 부근에서 세 건의 노상강도 사건이 일어났어. 화요일 아침에 어떤 신사분들 얘기를 듣고 우리 쪽 사람을 몇 명 보냈더니 강도 두 명이 붙잡혀 왔더군. 오늘 아침에도 한 명이 붙들려 왔고, 나머지 두 명도 마저 찾으러 보냈지. 현재 구류되어있는 놈들이 여러 건의 강도짓과 다른 범죄 사실들도 털어놓더군.

그 무렵 스태포드셔에서 재판받은 강도들 중 두 명에겐 교수형이 선고되었고, 나머지는 증거 불충분으로 방면되었다.

1778년 5월, 웨지우드의 친척인 윌렛 목사가 오랜 지병으로 사망했다. 조용하고 차분했던 그는 삶의 마지막 순간까지도 분별심을 잃지 않았다. 웨지우드는 벤틀리에게 이렇게 썼다.

노년의 노쇠와 병약은 비슷한 처지에 다가서고 있음을 하루하루 느끼는 이들에겐 우울한 전망만을 안겨주지. 내가 지금껏 봐온 바로는 노인과 철학자들, 심지어 기독교인과 독실한 신앙인들조차 이 사악한 세상에 굉장히 연연하더군. 젊은이나 미래에 기대를 품은 사람들 못지않게 말이야. 물론 그렇지, 그럴 거야. 하지만 벤틀리, 내 친구여. 우리는 내면의 힘 안에서 진실한 행복을 누리며 그 기쁨을 친구들과 함께 나누자고. 쓸데없는 불안이나 염려로 스스로 괴롭힐 필요가 뭐 있겠나. 이승에서 우리에게 허용된 짧은 생 가운데 단 한 시간이라도 낭비하며 살지 말자고. 자네의 열정이 바로 그렇다는 건 잘 아는 바이니, 자네의 영원한 친구인 나도 자네 못지않은 사람이 되도록 노력하겠네.
-조 웨지우드.

15장

17~18세기 유럽 도자기 발전의 선구자들: 팔리시와 뵈트거, 쿡워시 외

뉴포트 가의 전시장은 점점 늘어나는 웨지우드의 중요 작품들을 전시하기에는 너무 비좁았다. 그에 따라 일부 주된 품목들이 당시 중심지인 웨스트엔드 지구의 소호 그릭 가 포틀랜드 하우스로 이전되었다. 벤틀리는 이곳에서 전성기를 누렸다. 웨지우드는 그에게 이렇게 썼다.

소위 상류사회에서 어떤 일이 벌어지고 있는지 자네가 알려준다면 정말 고맙겠어. 얼마나 많은 고관대작들이 자네가 있는 곳을 방문해서 아름다운 물건들을 칭찬할지, 선반을 가볍게 비워줄지, 자네 지갑을 두둑이 채워줄지 말일세. 그리고 수고스럽겠지만 매일 물품 소진 상황을 알려준다면, 이쪽에서 열심히 채워 넣겠네.

벤틀리를 방문하는 유명인사들로는 공작과 공작부인은 물론 그보다 지체 높은 고위급들도 수두룩했다. 왕과 왕비가 친히 들르기도 했으며, '아테네인' 스튜어트, 솔랜더Daniel Solander(1733-1782. 스웨덴의 박물학자, 호주 땅에 발을 디딘 사람 중 최초의 대학 교육을 받은 과학자로 알려져 있다 — 옮긴이) 박사와 조지프 뱅크스Joseph Banks(1743-1820. 영국의 박물학자, 식물학자, 자연과학의 후원자, 제임스 쿡 선장의 첫 항해에 참여했으며 왕립학회 회장을 역임했다. 또 전 세계에 식물학자들을 파견하고 교육해 큐 가든을 세계 최고의 식물원으로 만들었다 — 옮긴이) 경도 있었다.

벤틀리는 궁정 예절을 잘 아는 우아한 인물이었다. 잘생긴 외모에 온화한 태도가 몸에 밴 훌륭한 학자였으며 외국어에도 능통했다. 웨지우드의 장식품들을 그보다 더 돋보이게 해줄 사람은 없었다. 방마다 전시된 화병과 부조, 카메오에 얽힌 일화를 그보다 더 흥미롭게 풀어내 줄 사람도 없었다. 귀부인들 또한 여간 즐겁고 흡족해한 게 아니어서, 그를 찬탄해 마지않으며 기꺼이 소장품을 사들이곤 했다.

에트루리아에서 웨지우드는 다시 편지를 보냈다.

버얼리 여사(웨지우드의 누이 마거릿의 아들인 토머스 버얼리의 아내 — 옮긴이)가 런던에서 막 돌아와, 뉴포트 가 현장 상황을 전해주었어. 마차가 진입 문으로 들어가기도 어렵고, 손님들이 대기실에서 진을 치고 있을 정도로 화병들이 엄청나게 유행이라고 말일세.

하지만 웨지우드는 머지않아 화병과 퀸즈웨어의 인기가 시들해질 것을 예상하고, 새로운 제품들을 내다 팔 시장을 열심히 찾아 나섰다. 심지어 전국을 돌아다니며 주문을 받아줄 라이더까지 고용할 생각이었다. 그가 생산하려고 했던 제품 중 하나는 새로운 유형의 버설트였다. 그는 벤틀리에게 이렇게 말했다. "납화기법 채색 도기가 굉장한 히트를 치게 될 거라고 확신하네."

하지만 검은 색상의 채색 도기는 그리 큰 성공을 거두지는 못했다. 웨지우드는 도가니와 증류기, 막자사발과 막자 제작에 적합한 점토를 발견하기 위해 엄청난 노력을 기울였다. 그 결과 콘월산 점토가 최적이라는 확신을 얻기에 이르렀다. 실제로 그의 막자사발이 타사 제품을 제치고 우위를 차지하게 되었고, 약사회관의 검증을 통과한 이래, 지금껏 명성을 누리고 있다.

콘월 점토는 스태포드셔 점토로는 부적합한 여러 용도에 안성맞춤이었다. 경질자기, 막자사발, 도가니 등 고온계용 그릇의 원자재인 이 점토는 세인트 오스텔에서 리버풀까지 배로 실려 온 다음 에트루리아로 옮겨져 용도에 맞는 다양한 형태로 빚어졌다. 그중 경질자기는 자기 제조 역사에 있어 대단히 중요한 내용이라 여기서 특별히 언급하고 넘어가지 않을 수 없다. 게다가 웨지우드도 후에 영국 서부 전역으로 이 자기용 점토를 찾아 나선 기록이 있다.

자기는 유럽에 알려지기 훨씬 전, 중국에서 처음으로 제조되었다. 따라서 이 나라의 이름을 따 지금까지 '차이나'라는 단어로 불리고 있다. 경질자기는 BC 185년쯤 중국 쉬저우에서 처음 발명된 것으로 알려져 있다. 이후 아랍을 통해 유럽으로 수입되어 매우 고가에 판매되었다. 카올린(고령토)은 자기 제작에 사용되는 고운 흰색 점토를 일컫는 중국어로, 화강암을 빻아 생산한다. 그 구성 성분은 석영, 운모, 장석인데, 공기와 물의 작용을 거쳐 서서히 카올린(고령토)이라는 물질로 굳어진다.

이와 매우 유사한 점토가 콘월 남부에 등장한 것이다. 화강암의 일종인 페그마타이트Pegmatite(운모는 거의 없고 석영이 미량 포함된 물질)를 빻아 만드는 점토로, 비슷한 점토가 프랑스 리모주 근처 생 이리에 라 페르슈, 이탈리아 피렌체의 라 도챠와 나폴리 인근 카포 디 몬테, 그리고 스페인 마드리드와 포르투갈 오포르토에서도 발견되었다. 또 다른 백색 카올린 발견은 1709년 독일 작센 지방 아우에서였는데, 여기에는 매우 놀라운 이야기가 숨어 있다.

자기는 연질과 경질로 구분되는데, 후자가 더 중요하다. 연질자기는 1695년 생클루에서 처음 만들어졌지만, 드레스덴 인근 마이센에서 뵈트거Johann Friedrich Böttger(1682-1719)가 경질자기를 제조하기 시작한 후 프랑스에서 연질자기 제조는 단절되기에 이르렀고, 세브르의 경질자기가 대세로 자리잡게 되었다. 지금부터 내가 언급하려는 이야기는 다음과 같다.

요한 프리드리히 뵈트거는 1682년 슐라이츠에서 태어났다. 열두 살 때 그는 베를린에 있는 한 약제상의 도제로 들어가게 되었다. 그는 남는 시간 내내 화학실험을 하며 보냈다. 연금술이 유행하던 시절, 스무 살 무렵이 된 뵈트거는 구리로 금을 만들 수 있다고 선언했다. 이후 약제상의 도제가 대단한 비밀을 발견했다는 소문이 해외로까지 퍼져나갔다. 이 비밀을 알아내기 위해 많은 연금술사가 그를 찾아 나섰고, 유럽 전역에서 구름처럼 많은 사람이 '젊은 황금 제조자'를 직접 보겠다고 몰려들었다. 아마 약제상으로서도 도제가 일으킨 놀라운 기적을 세상에 알리는 것이 자신에게 이익이 되리라 판단했을지 모른다.

프러시아의 왕 프리드리히 1세Frederick of Prussia(1657-1713)는 당시 돈이 매우 궁한 상태였다. 그는 구리를 금으로 바꿀 수 있다는 위대한 자를 당장 자기 사람으로 만들고 싶어했다. 왕은 뵈트거를 데려오게 한 뒤 친히 접견했고, 뵈트거는 왕에게 자신이 구리로 만들었다는 금 한 조각을 제시했다. 왕은 그 도제를 보호한다는 명목하에 슈판다우Spandau에 있는 견고한 요새에 가두었다. 왕이 그토록 바라던 대로 그가 연금술을 계속 진행하도록 하기 위함이었다. 왕의 계획을 알게 된 뵈트거는 속임수가 발각될까 두려워 베를린에서 도망쳐 작센에 피난처를 얻었다.

뵈트거를 잡아오면 1,000탈러thaler(독일의 옛 화폐 단위)를 하사하겠다는 현상금이 나붙었으나, 뵈트거는 비텐베르크에 도착하자마자 폴란드의 왕이자 선제후인 강건왕 아우구스투스 2세Augustus II the Strong(1670-1733)의 손아귀에 휘어잡히고 말았다. 프러시아 왕만큼이나 돈이 필요한 상황이었던 작센 선제후는 젊은 연금술사를 내어주려 하지 않았다. 이렇게 뵈트거는 다시 포로 신세가 되었다. 그는 왕실의 호위를 받으며 드레스덴으로 이송되었고 거기서도 철저한 감시하에 놓였다.

 수많은 시도에도 불구하고 뵈트거는 선제후의 기대에 부응하지 못했다. 그가 사용한 구리는 여전히 구리로 남아있을 뿐이었다. 그는 절망 속에서 가까스로 탈출해 오스트리아의 엠스로 도주했지만, 추적자들이 침실에 있던 그를 체포한 후 다시 작센으로 데려왔다. 그는 쾨니히슈타인의 견고한 요새에 감금되었다. 선제후는 돈이 매우 궁한 형편이었다. 폴란드 10개 연대가 밀린 급료를 달라고 아우성치고 있었기 때문이다. 마침내 젊은 연금술사는 당장 금을 만들어내지 못하면 교수형에 처하겠다는 통보를 받게 된다!

 겨우 교수형을 면한 그는 실험을 이어갔지만 실효는 없었다. 그러던 어느 날, 현명한 지인 한 명이 뵈트거를 찾아왔다. 그 이름은 에렌프리트 발터 폰 치른하우스Ehrenfried Walther von Tschirnhaus, 광학기구 제조자이자 연금술사였다. 여전히 교수형의 공포에 떨던 뵈트거에게 그가 말했다. "금을 만들어내지 못하겠거든, 차라리 다른 걸 시도해보게. 자기를 한번 만들어보라고!" 당시 희귀상품이었던 자기는 포르투갈인들을 통해 중국에서 수입되었는데, 무게로 달아 금보다 더 비싼 값을 쳐줬다.

 뵈트거는 이 말을 듣고 당장 실천에 옮겼다. 그는 밤이고 낮이고 점토 연구에 몰두했다. 많은 실패 끝에 도가니 제조용 붉은 점토를 써본 후 점차 방향을 찾아 나가기 시작했다. 이 점토를 고온에 소성하자 유리화하면서 형태를 유지한다는 사실을 발견했기 때문이다. 색상과 투명성만 제외하면, 질감 면에서 자기와 매우 흡사했다. 사실 이는 우연의 결과이긴 했으나 그는 이렇게 제조한 물건을 '자기'라 이름 붙여 팔았다.

그러나 그 자신이 누구보다도 잘 알고 있었다. 투명한 백색이 진짜 자기의 본질적 특성이라는 사실을. 수년이 흘렀고, 또 다른 행운의 여신이 그에게 도움의 손길을 내밀었다. 1707년 어느 날, 자신이 쓰고 있는 가발이 매우 무겁다는 사실을 문득 깨닫고는 종자에게 "이유가 무엇이냐?"고 물었다. 종자의 대답인즉, 가발에 사용되는 흰색 헤어 파우더가 흙 소재라 무겁다는 얘기였다. 뵈트거는 이것이 자신이 그토록 찾아 헤매던 그 흙일지 모른다고 직감했다. 그는 곧장 실험에 착수했고, 헤어 파우더의 주성분이 카올린이라는 사실을 알아냈다. 바로 이 고령토가 없어서 그 오랜 연구 과정에서 극복할 수 없는 난제에 부딪혔던 것이다.

이 발견은 구리를 금으로 만들겠다는 제안보다 훨씬 더 의미심장한 가치를 지니고 있었다. 1707년 10월, 뵈트거는 자신의 첫 결실인 경질자기 한 점을 작센 선제후에게 바쳤다. 아우구스투스 2세는 크게 기뻐하며, 그가 발명을 완수할 모든 수단을 제공키로 약속했다. 뵈트거는 연금술을 그만두고 자기 제조에 매진하면서, 자신의 작업장 문 위에 다음과 같은 문구를 걸어두었다.

전능하신 신이여, 위대한 창조자여!
연금술사를 도공으로 변화시키셨도다

요한 프리드리히 뵈트거. "구리를 금으로 바꿀 수 있다고?" 그가 내뱉은 말은 삽시간에 퍼져 그는 궁핍한 군주들의 포로가 되었다. 숱한 연금술이 실패로 돌아간 후 그가 도전한 것이 자기 제조. 카올린으로 구워낸 경질자기는 군주에게 엄청난 부를 안겼으나, 뵈트거의 삶은 끝내 비극이었다.

이 자기가 고가에 팔릴 거라고 예상한 작센 선제후는 왕립 자기제조소를 건립하기로 마음먹었다. 그는 마이센에 있는 알브레히츠부르크에 대규모 건물을 지었다. 자기제조소는 매우 성공적이었고 그가 그토록 바라던 '하얀 금'이 쏟아졌다.

그러나 그 대가로 뵈트거가 받은 대우를 생각하면 가련하다 하지 않을 수 없다. 그는 철두철미한 감시하에 놓여버렸다. 무사들이 주변에 상주하고, 공장에서는 두 명의 왕실 관리가 붙어살다시피 했다. 다시 말해 왕의 포로나 다름없었다. 그의 방에는 밤마다 자물쇠가 채워지고, 그것으로도 모자라 문밖에서 병사들이 지키고 있었다. 한마디로 노예 신세였다. 이 위대한 발견자에게 그보다 더 비인간적인 취급은 없었으리라. 가련한 남자는 술에 빠져들었고, 얼마 뒤 사망하고 말았다. 1719년 3월, 서른일곱 살 젊은 나이에 심신이 완전히 망가진 채로(뵈트거에 관한 상세한 내용은 《자조론》 참고 ― 저자).

그의 업적은 한참 후에야 세상에 알려졌다. 1891년 10월 17일, 마이센에 뵈트거를 추모하는 기념비가 세워졌으니 늦어도 너무 늦은 추모였다. 그는 1709년 그러니까 꼭 182년 전 작센에 최초의 경질자기 제조소를 확립했던 입지전적 인물이었다.

우리는 은인을 너무 늦게 알아보곤 한다. 같은 해인 1891년 7월 6일, 베르나르 팔리시 동상도 그의 출생지인 라카펠―비롱에서 처음 제막되었다. 그 역시 300년 전 80세의 나이로 바스티유 감옥에서 사망했다. 프로테스탄트라는 사실이 그가 투옥된 이유였다.

용맹하고 독실한 이 노인은 비록 화형에 처해지지는 않았지만, 자신의 종교적 신념에 따라 순교자로서 죽음을 맞았다.

작센 선제후의 자기 제조업이 매우 수익성 높은 사업으로 드러나자 유럽 군주들도 그 대열에 앞다퉈 뛰어들었다. 마이센은 비밀 유지를 위한 여러 조치를 취했지만, 많은 인부가 고용된 곳에서는 그 어떤 비밀도 안전하지 않았다. 1722년 스퇴프젤이라는 한 직공이 그 비밀을 빈으로 가져왔고, 바로 그곳에 황실 자기제조소가 건립되었다. 이어 베를린, 상트페테르부르크, 뮌헨에도 자기 제조소가 생겨나고, 루이 15세 때인 1755년 세브르에도 왕립 제조소가 들어섰다. 그때부터 연질자기 제조는 중단되다시피 했다.

이와 달리 경질자기가 영국에 도입된 계기는 전적으로 사기업의 노력 덕분이었다. 첫 제작자에게 왕가에서 어떤 힘도 실어준 적이 없었기 때문이다. 그렇다고 경질자기가 영국에 도입된 경위에 관한 이야기가 흥미롭지 않은 건 아니다. 카올린, 고령토라는 차이나 클레이는 플리머스의 약제사이자 화학자인 윌리엄 쿡워시William Cookworthy(1705-1780)에 의해 콘월에서 처음 발견되었다. 1745년부터 자기라는 품목에 관심을 돌렸던 그는 콘월과 데번셔의 점토 실험에 나섰다. 과학적이고 주의 깊은 연구로 다양하고 오랜 실험과정을 거친 그는 1768년 헬스턴과 펜잔스 사이 제르모 교구 트레고닌 힐에 진짜 자기 제조용 원료가 묻혀있다는 사실을 알아냈다. 그 외에도 트루로, 세인트 오스텔과 세인트 콜럼

사이에 있는 세인트 스테픈스 교구와 캐멀포드 경인 토머스 피트Thomas Pitt(1737-1793. 영국의 정치인, 예술감정가. 채텀 경 윌리엄 피트의 형이다—옮긴이)의 저택 근처 보코녹에서도 점토를 발견했다.

저술가 즈윗에 따르면, 쿡워시가 그토록 찾아 헤매던 돌을 처음으로 발견한 건 세인트 콜럼 교회의 탑이었다고 한다. 그 탑이 세인트 스테픈스에서 채취한 돌로 지어졌음을 알아낸 그는 즉시 돌이 조달된 현장을 찾아 나섰다(즈윗 저 《웨지우드의 일생》 중에서—저자). 중요한 발견을 한 쿡워시는 자기를 만들겠다는 뜻을 실행에 옮기기로 하고 곧바로 원료 확보에 나섰다. 먼저 런던으로 가서 땅의 소유주를 만나 임대료 합의를 마친 그는 캐멀포드 경과 손잡고 자기를 제작하기 시작했다. 추후 콘월의 역사가 폴휠Richard Polwhele(1760-1838. 성직자이며 시인이자 콘월과 데번셔의 역사가—옮긴이)에게 캐멀포드 경이 보낸 편지에는 두 사람이 이 일을 착수하는 데 3,000파운드가량을 지출했다고 나와 있다.

중국 고령토와 유사한 것으로 알려진 콘월의 점토는 현지에서 '그로원Growan'이라 불렸다. 카올린으로 분류될 수 있는 이 자기용 흙은 온전한 백색이 될 때까지 흐르는 물에 세심하게 세척한 후 잘 뭉쳐 말린 다음, 길쭉한 형태의 블록으로 자른다. 이것을 가까운 항구를 통해 자기 제조소로 보내면, 그곳에서 온갖 기물 중 최상급인 자기로 탄생하는 것이다.

세인트 스테픈스에서 출토한 카올린은, 쿡워시가 제조과정에 관해 말한 것을 그대로 옮기면 "백돈자Petunse(白墩子, 중국산 도자기 제조에 사용되는 석영 가루. 자기 제조시 중국인들이 고령토와 함께 사용한 고운 점토 — 옮긴이)를 첨가하지 않고도 투명성을 띤다. 확실히 이곳에서 채취한 원료로 만든 자기의 백색은 중국 고대 자기나 드레스덴 자기 못지않다고 생각한다." 쿡워시는 플리머스의 자기 제조자로 입지를 다졌으며, 지금껏 남아있는 제조소 건물도 '차이나 하우스'로 불리고 있다.

유능한 화학자이기도 했던 쿡워시는 블루 색상 재현에 남다른 관심을 기울였다. 그는 광석에서 직접 코발트블루 색상을 뽑아내는 데 성공한 최초의 영국인이기도 하다. 그가 생산한 품목 중 일부는 자연을 본떠 아름답게 모델링한 것들이다. 예를 들면 조개와 산호 형태로 만든 소금 용기와 피클 컵, 위생도기 등이다. 자기 제조는 쿡워시의 손에서 어지간히 성공했지만, 당시로선 매우 고가였다. 석탄 가격도 꽤 비싸서, 오로지 나무로만 가마에 불을 땠다. 물론 목재 가격도 만만치 않았다.

플리머스에서 쿡워시가 제조한 물품들은 디너 식기, 다과 식기, 화병, 머그, 저그, 트링킷, 위생도기, 흉상, 인물상, 군상, 동물, 꽃, 새, 마돈나, 그리고 다양한 해외 제품을 본뜬 피규어 등이다. 그러나 쿡워시의 제품이 아무리 아름답다 한들, 결코 수익이 나지 않는 구조였다. 몇 년 후 쿡워시는 자신이 새로 발명한 자기에 특허를 냈다. '무어스톤moorstone, 즉 그로원과 그로원 점토로 만든 제품들에 대한 특허권'을 획득한 날짜는 1768년 3월 17일이었다.

쿡워시는 형태와 장식 양 측면에서 세브르와 드레스덴 작품에 필적할 만한 것을 만들기로 결심하고, 당시 잘 나가는 예술가들을 총동원했다. 그중 유능한 페인터이자 에나멜러인 세브르 출신 엠 사퀴, 그리고 플리머스 토박이 헨리 본Henry Bone(1755-1834, 조지 3세, 조지 4세, 윌리엄 4세, 세 군주에게 연속해서 공식 고용된 영국의 유명 에나멜러—옮긴이)의 도움을 받아 매우 아름다운 플리머스 도자기를 생산해낼 수 있었다.

쿡워시는 석탄 매장지와 더 가까운 브리스틀(영국 서부 항구)로 작업장을 옮겼다. 거기서 자기 제조를 이어갔지만 사업상 어려움을 겪으며 계속 돈을 잃고 말았다. 그의 동업자 중 한 명인 캐멀포드 경만 하더라도 이 과정에서 무려 3,000파운드의 손실을 봤다. 이미 70세라는 고령에 접어든 쿡워시는 결국 제조업을 포기하기로 한다. 1774년 5월, 그는 동업자들의 적극적 동의하에 자신의 사업과 특허권을 브리스틀의 리처드 챔피언Richard Champion(1743-1791)에게 넘겼다. 쿡워시 자신은 자기 점토에서 나오는 이익 중 일부만 받기로 했다.

특허권 기한 연장 신청이 1775년 2월, 의회에 제출되었다. 쿡워시의 특허권 기한을 14년으로 늘리자는 법안에 대해 스태포드셔 도공들은 강력히 반대했고, 조사이어 웨지우드가 그들의 대표로 나섰다. 그는 본래 특허권에 반대하는 사람이었다. 콘월산 그로원 점토의 경우, 그는 상업 특허권, 특히 도자기 특허권 연장 문제는 영국의 자연산물인 다양한 원료의 자유로운 사용에 의거해야 한다는 의견을 표명했다.

웨지우드의 강력한 주장과 이를 뒷받침하기 위해 출판한 팸플릿과 소송에도 불구하고, 법안은 에드먼드 버크Edmund Burke(1729-1797. 더블린 출신의 영국 정치인이자 정치철학자, 연설가. 휘그당 출신이나 사상적인 면에서 '보수주의의 아버지'로 알려져 있다 — 옮긴이)의 지원 아래 거의 변경되지 않은 채 하원을 통과했다. 하지만 이 법안이 상원에 회부됐을 때, 고워 경과 몇몇 상원의원들이 모여 특별 심의를 거친 후 결국 부결시켰다. 다만 두 개의 조항만 통과되었는데, 그 내용은 다음과 같다. 먼저 리처드 챔피언에게 4개월 이내에 재질과 유약 사양을 새로 등록하도록 명할 것, 그리고 나머지 하나는 도공들에게 자기 제조 외 그 어떤 목적으로든 원자재를 사용할 수 있도록 개방할 것. 이 수정안은 다소 제약은 있었으나 스태포드셔 도공들에게는 매우 유리한 내용이었다.

최고 품질의 자기를 만들어내기 위해 수고와 경비를 아끼지 않았던 챔피언은 견고한 재질과 질 좋은 유약 개발에 성공해 디자인과 모델링, 채색 모든 면에서 매우 아름다운 자기를 생산해냈다. 그러나 브리스틀 제조소는 끝내 성공작이 되지 못했다. 의회의 법안 제정 2년 만에 그는 작업장 문을 닫지 않을 수 없었고 특허권도 스태포드셔 도공들이 운영하는 한 회사에 팔렸다. 자산상태가 우량했던 그 회사는 셸턴의 뉴홀에서 자기 제작을 이어나가는 형태로 명맥을 이었다. 챔피언 자신은 미국 사우스캐롤라이나로 이주해 거기서 생을 마감했다.

16장 ─

콘월 여행

스태포드셔에 자기 제조법이 도입된 것은 조사이어 웨지우드의 부단한 노력 덕분이었다. 온갖 조치를 강구해 데번셔와 콘월에서 나는 원료 사용권을 영국 각지 도자기 제조업자 모두에게 열어젖히는 데 앞장섰기 때문이다.

그로원 스톤 또는 점토가 발견된 데번셔와 콘월 지역에 대한 개인적인 궁금증을 풀기 위해 웨지우드는 1775년 영국 남서부 지역을 여행하기로 결심했다. 그는 레인엔드Lane End(영국 버킹엄셔에 있는 마을)의 도기 제조업자 중 한 명인 터너John Turner(1737-1787. 스태포드셔에서 주로 활동한 웨지우드의 친구이자 업계 경쟁자─옮긴이), 대리인이라도 하겠다며 따라나선 그리피스Thomas Griffiths(영국의 저널 편집자이자 출판인─옮긴이) 등과 동행했다. 웨지우드는 비망록에 이렇게 기록했다.

내겐 생소한 지역이라 지나쳐온 곳들에 대한 여러 단상을 마차에서 짧게나마 적어둔다. 그 느낌을 바로 기록하는 것이 즐거운 일이거니와 나중에라도 같은 곳을 오게 될 때 유용한 자료가 될 수 있기 때문이다.

이제부터 발췌해서 기술하는 비망록과 일지는 웨지우드 전기 작가 중 어느 누구에 의해서도 면밀히 검토된 적 없다. 출판물로 소개된 적도 당연히 없다. 그러나 이 기록들은 그 자체로 흥미로울 뿐만 아니라 웨지우드라는 위대한 도공의 성품을 엿볼 수 있는 대목들이 포함되어 있다. 우선 세심하고 주의 깊은 관찰이 그의 주된 특징이다. 육필로 적은 이 글은 말발굽에 관해서도 긴 설명을 늘어놓고 있다. 말의 발굽을 다루는 법과 적절한 편자를 박는 법 등에 관한 상세한 기록이 그 예다.

그는 금속의 팽창에 관한 스메튼John Smeaton(1724-1792. 교량, 운하, 항구 및 등대 설계를 담당한 영국 토목기사로 유능한 기계공학자이자 저명한 물리학자다. 최초의 '토목기술자'였으며, '토목 공학의 아버지'로 불린다 — 옮긴이)의 견해와 대기에 관한 프리스틀리 박사의 설명뿐 아니라 유약, 점토, 산화코발트나 니켈에 관한 관찰과 함께 여러 종류의 코발트 실험과 소성 후 다양한 색상을 내는 방법까지 적어놓았다.

웨지우드는 비망록 중 한 페이지 전체를 온도계 실험내용으로 가득 채웠다. 주된 목적은 소성 시 부피가 줄어드는 특정 점토의 원리를 파악하려는 것이었다. 그는 정교한 계획하에 다양한 점토

배합으로 만든 기물들이 견뎌내는 각각의 최고 온도를 실험하고 관측했다. '콘월 자토(자기 점토) 중 일부가 가장 높은 열을 견뎌냄, 정확한 수치 측정에 최적합'이라고 기록에 남겼다. 나중에 웨지우드는 이 실험 결과를 논문으로 출판해 조지프 뱅크스 경이 회장직에 있을 당시 왕립학회 펠로우십Fellow of the Royal Society(런던 왕립학회가 수학, 공학, 의학을 포함한 자연지식 향상에 혁혁하게 공헌한 개인에게 수여하는 상. 영국에서 가장 오래된 과학 아카데미인 왕립학회 펠로우십은 대단히 큰 영예로 뉴턴, 페러데이, 다윈, 아인슈타인 등 저명한 과학자들에게 수여되었다—옮긴이)을 수상했다.

웨지우드는 '무채색 기물용 플린트 글래스flint glass의 불완전성을 바로잡을 목적으로' 시행한 수많은 실험을 꼼꼼히 기록했다. 이를 바탕으로 〈플린트 글래스의 코드와 파형을 발견하기 위한 시험 연구 그리고 이를 제거할 가장 효과적인 방안〉이라는 연구 보고서를 출판했다. 또 설화석고의 인공결정화에 대한 수많은 실험도 병행했다.

치밀한 관찰자인 그는 지질학에 대해 남다른 흥미를 갖고 연구했다. 심지어 런던에서부터 에트루리아까지 오가는 길도 결코 그냥 지나다니는 법이 없었다. 런던과 버밍엄 사이의 지층과 스쳐가며 본 식물들의 생태 및 습성까지 모두 비망록에 기록돼 있을 정도다. 그리고 자신의 작업장으로 돌아와 일일이 직접 검증했다. 타인들의 도그마를 무턱대고 받아들이기보다 스스로 직접 관찰하고 판단했다. 나중에 참고로 삼기 위해 유약, 철판, 주석, 도금,

니스, 석고 등 갖가지 품목별 영수증을 전부 챙겨두었다. 조직가로서도 막강한 영향력을 갖고 있었던 그는 입법가, 예술가, 과학자 등 저명한 인물들과 나눈 중요 대화들도 모두 기록해두었다.

스태포드셔의 도공들은 그런 그를 매우 존경했다. 국내에서는 물론 외국과의 상업적 협상에서 자신들의 이익을 대변해줄 적임자로 믿어 의심치 않았으며, 기꺼이 그를 대표자로 추대했다.

웨지우드가 그로윈 스톤 혹은 그로윈 점토가 나는 곳을 확인하기 위해 콘월을 직접 찾았던 이야기로 다시 돌아가면, 그에게 이보다 더 즐거운 여행은 없었으리라! 사실 그런 식의 여행은 지금에 와서 보면 구식이 아닐 수 없다. 그러나 요즘은 쏜살같이 내달리기만 하는 경향이 있다. 기차는 터널이나 협곡을 통과해 지나가고, 승객들은 주변 풍경들을 제대로 보지 못한다. 하지만 1775년 5월 29일 런던에서 출발한 웨지우드 일행은 아름다운 마을을 구석구석 충분히 감상하고 다녔다. 서리주 길퍼드에서 파넘으로, 블랙워터 마을을 지나 황야를 넘고 울창한 산림을 통과해 예쁜 집들이 있는 마을들을 각자의 눈에 가득 담았다.

웨지우드는 노트에 이렇게 적었다. '서둘러 가지 않아도 된다면, 이토록 아름다운 풍광과 인심 좋은 사람들 가운데 좀 더 머무를 수 있으면 좋으련만. (…) 한 폭의 그림이 파노라마처럼 펼쳐졌다. 다채로운 숲과 잔디, 사냥터와 농장, 정원이 사방에서 우리를 감싸고 있는 것만 같았다.' 하틀리 브리지와 유서 깊은 마을인 하틀리 로, 좋은 여관이 있어 하룻밤 쉬고 갔던 모렐 그린, 교회 맞은편 풍경이 아름다웠던 뉴넘, 영국 내전(흔히 17세기 청교도 혁명으로 불리는 내전으로, 올리버 크롬웰이 이끄는 의회와 찰스 1세 사이의 무력 충돌—옮긴이) 당시 포위되었던 베이싱스토크, 여행객에게 연회를 베풀어주었던 더 다운스, 스톡브리지와 올드 새럼을 거쳐 솔즈베리에서 또 하룻밤을 묵었다.

월트셔를 지나면서 웨지우드는 참호와 봉분들, 그리고 고대 영국의 무덤 등을 보며 놀라워했다. 고대 유적으로 둘러싸인 솔즈베리 대평원 중심에는 제례 사원이라 할 수 있는 스톤헨지Stonehenge가 있었다. 더 다운스에는 캠프와 참호들이 남아있었다. 차버러 인근 채틀스턴에서도 좌우로 봉분들이 보였다. 휘트처치 언덕 옆으로 오래된 캠프가 서있고, 길가 매장지 위로 약간 솟은 두 기의 고분이 보였다. 하나는 짧고 나머지 하나는 긴 형태로, 전자가 더 오래된 것(아마도 로마군 침략 훨씬 전쯤)으로 추정되었다.

일행은 지명이 나타내듯 로마군의 주둔지였던 도체스터로 갔다. 로마 침략 전에도 특별히 중요했던 곳으로, 널따란 원형경기장에는 약 1만 2,000명의 관중을 수용할 수 있었다. 이처럼 로마 시대의 잔재라 여겨지기도 하지만, 영국식 '원형'과 매우 흡사해 고대 영국의 유적이라 추정되기도 한다. 그러나 고대 영국의 가장 놀라운 건축물은 메이든 성Maiden Castle(잉글랜드 도싯셔 인근에 있는, 옛 요새였던 유적지)이다. 이 성은 도싯셔 서남부에서 몇 마일 떨어진 곳에 있으며, 영국에서 가장 오래되고 멋진 캠프 중 하나다.

외루는 44에이커의 지역에 펼쳐져 있고 흙으로 쌓은 세 채의 높은 성곽이 남쪽을 향해 겹겹이 둘러싸여 있었다. 서쪽 브리드포트에서 웨지우드는 이렇게 썼다. '언덕마다 캠프가 있는 것 같다. 무덤들이 헤아릴 수 없을 정도로 많았다.'

일행은 과수원이 즐비한 스테이플턴을 지나 차머스, 액스민스터, 오프월, 아름다운 레이스 제작으로 유명한 허니턴을 방문했다. 마차나 수레는 통 눈에 띄지 않았다. 모든 것을 말 등짐으로 운반하는 지역들이었다. 그런 다음 엑시터Exeter(잉글랜드 남서부 데번셔의 주도)로 들어섰다. '사랑스러운 동네'라고 웨지우드는 적었다. 다른 마을들을 지나치던 웨지우드는 보비 트레이시에 있는 한 공방에 들러 도자기 빚는 일의 어려움을 함께 이야기했다. 그곳 석탄은 질이 나쁘고 도공들도 서툴렀다. 그는 또 아이비브리지 인근 마을의 아름다움을 묘사하는 한편, 리지웨이라는 곳에서 드디어 백돈자 혹은 그로윈 스톤을 처음 보게 되었다.

플리머스에서 웨지우드는 코발트 안료 몇 가지를 전해주었던 지인 톨처 씨를 만났다. 이어서 일행은 에지컴 산Mount Edgecumbe을 둘러보았다. 벤틀리에게 보내는 편지에서(1775년 6월 1일) 웨지우드는 이렇게 묘사하고 있다.

어제 오후는 몇 시간 동안 물 위에서 보냈다네. 자네 혹시 에지컴 산을 본 적 있나? 아직 못 봤다면 아무것도 못 본 것과 마찬가지일세. 그 지상 천국을 두 번이나 배로 지났는데, 그때 본 노을은 내 생애 다시 못 볼 장관이었어!

일행은 플리머스에 오래 머물지 못한 채 6월 2일 그로원을 찾으러 다시 길을 나섰다. 벌랜드 다운스와 러바로 다운스에 들렀는데, 거기에서도 그로원 스톤을 발견했다. 그리고 마침내 프랜시스 드레이크Francis Drake(1540-1596. 엘리자베스 1세 시대 영국의 항해가, 제독. 세계 일주에 성공한 영국의 탐험가 — 옮긴이) 경이 플리머스에 터놓은 물길을 건너 콘월로 들어섰다. 하지만 지역민들의 방언을 이해하는 데 다소 어려움을 겪었다. 케팅턴에서는 황소를 끌고 쟁기질하는 농부들을 만났다. 무덤은 도처에 산재했다. 경치 좋은 리스커드를 거쳐 로스트위들 인근 보코녹 다운으로 들어섰다. 보코녹의 땅은 원래 피트 가문에 속해 있다가 이곳에서 태어난 채텀 백작의 형인 캐멀포드 경이 물려받았다. 여기서 우리는 웨지우드의 기록을 인용할 필요가 있다.

드디어 피트 씨 저택에 도착했다. 깊은 산골 후미진 곳에 자리잡고 있었다. 마침 집에 머물고 있던 피트 씨가 저녁 식사 전 우리를 산책길로 안내했다. 예쁜 골짜기 양옆에는 나무가 우거지고, 그 아래 깨끗한 시냇물이 졸졸 흘렀다. (…) 개울가에 수령이 오래된 멋진 너도밤나무가 드리워져 있었는데, 그 뿌리가 지표면 위로 이리저리 뻗어있었다. 피트 씨가 그 위에 눕더니, '시골 묘지에서 읊은 만가Gray's Elegy'(원제는 'Elergy Written in a Country Churchyard' 1750년에 완성되어 1751년에 처음 출판된 토머스 그레이의 시. 토머스 그레이는 영국의 시인이자 학자이다 — 옮긴이) 한 구절을 암송했다.
"저만치서 흔들거리는 너도밤나무 기슭에 / 오래된 멋진 뿌리가 휘감듯 솟아 있다네. / 한낮에 축 늘어져 있던 그 갈래들이 기지개를 켜고 / 졸졸 흐르는 시냇물을 굽어본다네."

저녁 식사 벨이 우리의 즐거운 몽상을 깨우고, 풍성한 음식이 미각을 북돋워 주었다. 피트 씨의 우아한 저택에서 융숭한 대접을 받고, 기분 좋은 농담을 건네며 헤어진 후 다시 여행길에 올랐다.

웨지우드는 로스트위들이라는 동네를 이렇게 묘사했다. '경사진 언덕과 아늑한 골짜기가 매력적인 마을이다. 언덕 사이사이로 바닷물이 팔로 감싸듯 굽이치고 있었다. 이 모든 게 한데 어우러져 멋진 풍광을 자아내는 곳, 여행객이라면 누구든 꼭 들르고 싶을 만한 아름다운 마을이다.' 그들은 이제 그로윈 스톤 지구 중심부에 들어섰다. 세인트 오스텔 근처에서 어마어마한 양을 발견했고, 원료를 씻어낸 다음에야 얻어지는 백색 카올린도 발견했다. 세인트 스테픈스에도 들렀는데, 여기서 나는 그로윈 스톤은 브리스틀 도자기 제조소로 공급되었다. 세인트 콜럼에서는 매우 지적인 인물인 약제상 소퍼 씨의 수집품을 보러 갔으나 기대와는 달리 실망스러웠다고 적혀 있다. 흙과 돌, 점토가 모두 조악해 콘월 수집가의 반열에 올리기엔 역부족이라는 설명이었다.

트루로에서 일행은 특별한 광경을 목격했다. 웨지우드는 이렇게 기록하고 있다.

마을 초입에서 정장을 입은 다수의 여성 행렬과 마주쳤다. 질서정연하게 행진하는 젊은 여성들의 모습은 대단히 인상적이었다. 대의가 무엇이냐고 물었더니, 두 여성 클럽의 합동 연례모임이라는 답변이 돌아왔다. 영국의 다른 지역에서처럼 그리고 남성들이 그렇게 하듯, 여성들도 같은 목적을 위해 연대하고 있던 것이다. 즉 건강할 때 조금씩 돈을 적립해 병들었을 때 수령할 수 있게 하는 것. 단, 여성의 아름다움은 아무리 강조해도 지나치지 않다고 생각한다. 실은, 그 두 클럽의 무리 중 그나마 여성다운 여성은 기껏해야 세 명뿐이었다.

레드러스에서 웨지우드는 순백색을 띤 대량의 그로윈 점토를 발견했다. 그토록 찾아 헤매던 점토라는 사실에 감격한 웨지우드는 실험용 표본으로 일부를 얻어왔다. 방문 예정이던 란즈엔드Land's End(잉글랜드 최서단의 땅끝 지역)에 가까워졌지만, 펜잔스Penzance(잉글랜드 서남쪽 끝, 콘월주 서남부 항구도시)에 도달하기도 전에 그들을 태워 이동시킬 두 대의 마차가 폭우로 거의 침수되고 말았다. 6월 6일 드디어 약 3마일 떨어진 란즈엔드로 향하던 일행은 또다시 그로윈 점토를 발견했다. 이 점토는 펜잔스에서 대량으로 배에 실려 브리스틀과 사우스웨일스로 운송되었는데, 자기 제조에 쓰기에는 색이 희지 않아 주로 용광로 제조용으로 사용되었다. 란즈엔드에서 웨지우드는 이렇게 썼다.

우리는 얼마간 숨이 막히도록 광대한 대양을 응시했다. 고요한 경외와 숭배의 마음이 절로 우러났다. 뭐라 형언할 수 없는 숭고한 광경이었다. 날이 무척 맑아 9리그league(거리의 단위, 약 3마일에 해당 — 옮긴이)나 떨어져 있는 실리 제도Scilly Isles(영국 잉글랜드 란즈엔드 서남쪽 난바다에 있는 약 140개의 소도군 — 옮긴이)까지 보였다. 한참이나 기쁨에 도취한 채 그 풍광을 감상했다. 이제 그곳을 떠나 내 고향 에트루리아를 향해 시선을 돌렸다.

그러나 일행은 귀로를 서둘지는 않았다. 근방에 있다고 들은 흰색 점토를 여전히 탐사 중이었던 웨지우드는 펜잔스에서 출발해 다시 서쪽으로 방향을 틀었다. 그들은 마라존(콘월 펜잔스 동쪽에 면한 작은 어촌마을)을 둘러보고, 모래벌판을 건너 세인트 마이클 산에 올랐다. 성곽 정상에서 내려다보는 광경은 바다 쪽이든 육지 쪽이든, 말 그대로 장관이었다. 그들은 흰 점토를 찾아 러드반으로 갔다가 다시 트레소로 올라간 다음, 더 높은 엔데니스 성으로 갔다. 그런데 바로 거기서 트레소에 사는 에드워즈 씨의 도움으로 마침내 흰색 점토를 발견했다. 그다음, 휠프로스퍼를 지나 고돌핀 경의 사유지에서도 흰색 점토를 얻었다. 이런 식으로 실험을 위한 다양한 점토 샘플을 채취했다.

리저드(콘월 주 남부의 반도)에 가까워지자 일행은 그 놀라운 지질학적 형태를 보기 위해 우회했다. 이제 여기서 만의 남쪽 키넌스코브와 동쪽 케지위드를 방문한 일까지 더 상세하게 기술할 필요는 없을 것이다. 웨지우드는 '리저드 반도 풍광이 매우 특이했다'고 적었다. 그는 여행을 즐기는 틈틈이 일에 몰두하며, 팔머스 경의 사유지에서 채취한 동석soap rock을 조사했다. 하지만 이곳은 당시 우스터 자기 회사Worcester China Company가 임대하고 있었으므로, 웨지우드는 다른 지주들의 사유지에 매장된 동석 샘플을 '포켓용 행커치프'에 감싸서 가져왔다.

6월 10일 일행이 동석을 찾느라 리저드에서 레드러스와 트루로를 경유해 돌아오는 길에 웨지우드는 트레서웨이라는 한 농장주를 만났다. 피트 씨 저택에 인접한 작은 땅의 소유주였다. 그와 임대차 계약을 맺기로 합의한 웨지우드의 말을 그대로 인용한다.

농장주는 사유지의 돌과 점토 사용권을 우리에게 수년간 임대하겠다고 하면서, 일년치 임대료로 20기니를 요구했다. 내가 재차 10기니를 제안했더니 마침내 그 조건을 수락했다. 그래서 세인트 오스텔의 변호사인 카트 휴 씨를 대동해 합의 조항을 작성했다. 농장주와 협상이 마무리되자 이번에는 카트 휴 씨가 같은 조건으로 더 많은 동일 원자재를 제공하거나 우리 측 조건에 따라 원자재가 매장된 20~30에이커의 땅을 팔겠다고 제안했다. 우리는 그가 말하는 원자재 일부를 우리 측에 먼저 보내달라고 요구한 다음, 충분히 시험해보고 나서 답신을 주겠다고 약속했다.

합리적인 조건으로 원자재를 안전하게 확보하는 일을 대략 마무리 짓고, 우리의 대리인인 그리피스 씨에게 나머지 일 처리를 맡겼다. 저녁 식사를 마치고 세인트 오스텔을 출발해 그날 밤은 리스커드에서 묵었다. 다음날엔 톨처 씨를 플리머스에 있는 그의 집에 내려주었다. 그 노신사는 대체로 쾌활한 길동무였으나 87세라는 고령에도 불구하고 버릇없이 자란 어린애 같은 구석이 있었다. 매사 자기 식대로 되지 않으면, 마차에서든 여관에서든 불화가 생겼다. 그러나 막상 플리머스에 도착하자 스태포드셔까지 같이 가겠다고 떼를 썼다. 한번 동행을 청한 것이었는데 하마터면 내내 이런 식으로 계속되었겠구나! 아차 싶은 마음이 들었다. (…) 톨처 씨는 그 나이에도 놀랄 만큼 원기가 넘쳤다. 젊어 보인다거나 아직도 수년은 거뜬하겠다고 말해주면 어찌나 좋아하는지. 실제로 입버릇처럼 이승을 떠날 생각이 없다고 말하곤 했다. 언젠가 죽는다는 생각조차 해보지 않았다는 것이다. 평생 아파본 적 없어 죽음은 애당초 떠올리지도 않는다나. 그러고는 이렇게 덧붙였다. "제아무리 독한 술이라도 전혀 취해본 적이 없다우!"

플리머스에 머무는 동안 웨지우드는 그토록 인상 깊어했던 에지컴 산을 다시 한번 둘러보았다. 성 니콜라스 섬 혹은 드레이크 섬이라 불리는, 타마르강 초입의 견고한 요새와도 같은 돌섬에도 들렀다. 이곳에 올라서면 항구와 부두, 배와 병원 등 안 보이는 것이 없을 정도로 시야가 트였다. 호우에 가서는 높은 고도에 조성된 산책로를 거닐며 압도적인 풍광을 즐겼다. 하지만 시간이 얼마 없었다. 아쉬움을 뒤로하고 서둘러 에투르리아로 돌아와야만 했다. 귀향길에도 가능한 한 새로운 것들을 경험하고자 했던 웨지우드를 위해, 일행은 런던 쪽으로 가는 대신 북쪽으로 방향을 틀어 웰링턴, 톤턴, 브리지워터, 서머싯, 글래스톤버리를 거쳤다. 특히 대성당이 있는 웰스만큼 웨지우드를 기쁘게 한 도시도 없었다. 유서 깊은 성당과 다른 건축물들이 한데 어우러져 영국의 옛 모습을 완벽하게 구현해내고 있었기 때문이다.

웨지우드는 북쪽 배스(서머싯셔의 온천도시)와 글로스터(영국 남서부 글로스터셔의 주도)를 지나 버밍엄에서 친구 볼턴을 방문하는 것으로 즐겁고 유익한 대장정을 마무리 지었다.

에트루리아에 돌아온 그는 사랑하는 아내와 가족들의 기쁨에 넘치는 환대를 받았다. 자녀들과 유달리 돈독한 관계였던 웨지우드는 그동안 밀린 애정을 갚듯 아들딸들과 함께 정겨운 시간을 보냈다. 앞서 그의 헌신적인 아내에 대해 여러 차례 언급한 바와 같이 웨지우드 여사는 그가 병들었을 때도 남편을 극진히 보살폈을 뿐만 아니라 남편이 출타 중이라 부득이 비즈니스 업무를 하지 못할 때도 그의 서신들을 대신 처리해주었다.

여기서 웨지우드가 자녀들에게 보낸 서신 일부를 소개하려 한다. 그가 런던에 있을 때 쓴, '디어 키티Dear Kitty'로 시작되는 사랑스러운 편지다. 제목은 '도시에 머무는 아빠가 집에 있는 자녀에게 보내는 기나긴 런던 여정에 관한 간략한 이야기'이다. 사랑이 넘치는 아빠가 수백 마일 떨어져 있는 장난꾸러기 귀여운 자녀에게 말을 건네는 형식으로 써 내려간 이 역사 이야기의 분량은 총 6챕터에 달했다. 이야기 자체도 재미있지만, 아이들과의 대화도 그 못지않게 흥미롭다. 자녀교육에 깊은 관심을 보였던 그는 아이들을 격려하며 방대한 정보들을 전해주려 애썼다. 그가 '재키에게'라고 시작하는 장남 존에게 보낸 편지 한 편을 인용하고자 한다. 존은 1774년 당시 랭커셔 볼턴에 있는 한 학교에 다니고 있었는데, 웨지우드는 아래 편지에 '자연사 그리고 납의 활용'에 관한, 길고 상세한 설명을 함께 첨부했다.

사랑하는 아들 재키에게.

마침 선생님께 드릴 소포가 있어서, 아울러 네게도 몇 마디 안부를 전하려 한다. 우선 어머니와 형제자매들이 모두 잘 있다는 소식을 들으면 너도 힘이 나겠지? 너에 대한 가족 모두의 응원과 애정 역시 변함없다는 것도.

온 가족이 저녁 식사 때마다 네 건강을 비는 기도를 빠뜨린 적이 없단다. 동생들이 종종 네 안부를 묻지. 특히 조스는 '형 재키'랑 같이 학교에 다니고 싶다고 얼마나 얘기하는지 모른다. 그러려면 우선 읽기부터 배워야 알고 싶은 걸 책에서 찾을 텐데. 모범생이 되어 '스스로' 읽고 공부하는 일 외에 지식을 얻을 다른 방도는 없으니까. 조스가 사촌 재키나 옆의 누군가에게 책 좀 읽어 달라고 하면, 다 같이 금세 재미있는 이야기와 알고 싶었던 화제 속으로 빠져들곤 하지만, 그 애들이 다른 일로 바쁘기라도 하면 조스 혼자 남아 실망하고 상심하게 되거든. 그래서 요즘 조스도 "아. 나도 혼자서 책을 읽을 수 있으면 좋겠어, 아빠!"라고 얘기하더구나. 당장은 잘 안 되지만 조금만 노력하면 할 수 있을 거라고 확신했는지 공부에 부쩍 열의를 보이고 있단다. 전보다 두 배로 학습하겠다고 선언하질 않나, 형 재키를 공부로 앞지르겠다고 다짐하질 않나…. 앞으로 어떻게 귀결될지 모르겠지만 꾸준하고 적극적으로 공부하는 학생을 이기기는 결코 쉽지 않다는 걸 조스도 곧 깨닫겠지. 내가 알기로, 네가 바로 그런 학생이거든.

화분들과 붉은 광석 샘플 두 개는 잘 받았겠지. 광석을 먼저 보냈으니, 이번

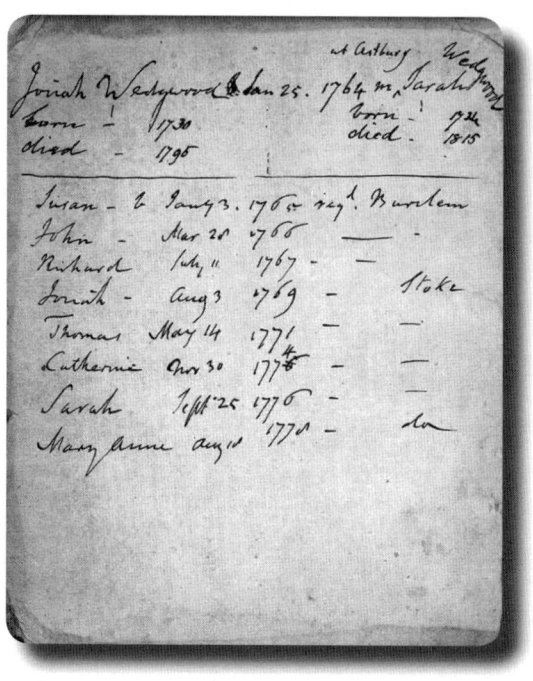

웨지우드의 가족 사랑은 유별났다.
가족의 생일을 웨지우드가 손수 적은 수첩을 몸에 지니고 다닐 정도로 다정했던 그는 특히 자녀들을 훌륭하게 키워냈고, 이 점을 매우 자랑스러워했다.

엔 설명문을 동봉하마. 이 내용뿐만 아니라 토양비료학이나 자연체에 네가 상당한 관심을 보인다는 걸 알고 있거든. 아비로서도, 네가 많은 것을 알아가길 바랄 뿐 아니라, 앞으로 인생길에서 마주치는 그 어떤 것에도 무지하지 않길 비는 마음에서야. 그러니 너는 일찍부터 열심히 배워두어야 한다. 정말 그렇단다.

아들아. 다음 편지에서 이 얘기를 좀 더 이어가기로 하자.

-너를 진심으로 아끼고 사랑하는 아빠, 조스 웨지우드로부터

웨지우드만큼 자녀를 사랑하는 사람도 드물 것이다. 그의 아내가 이상적인 어머니였듯, 그 또한 모범적인 아버지였다. 일에 종종 몰두해 있긴 했지만, 항상 자녀들에게 진실하고 성실했다. 그의 눈과 가슴에는 다 똑같은 자식이었으므로, 자녀들 한 명 한 명에게 애정을 듬뿍 나눠주었다. 엄격하지만 다정했으며 언제나 아낌없이 사랑을 베푸는 그에게 아이들 역시 순종으로 보답했다. 어린 소년들이 진취적인 남자로, 귀여운 소녀들이 아리따운 여인으로 성장해 나감에 따라 웨지우드 부부는 자녀들의 준수한 모습과 지적 성취를 매우 자랑스러워했다.

웨지우드는 세심하게 자녀들을 훈육하고 교육했다. 딸들에게는 전담 가정교사를, 아들들에게는 개인교수를 두었다. 웨지우드가에 머물던 선생님 중에는 후에 에든버러대학교 자연철학 교수가 된, 당대 가장 걸출한 과학자 존 레슬리도 있었다. 웨지우드는 도량이 큰 인물답게 아들들의 교육을 위해 힘써준 데 대한 보은

의 뜻으로 존 레슬리에게 해마다 150파운드씩 전달했다. 빛과 열에 대한 레슬리의 연구 업적이 넷째 아들 토머스 웨지우드의 연구 방향을 결정짓는 데 적잖은 영향을 미쳤고, 나중에 헬리오타이프 heliotype(사진 제판의 일종—옮긴이) 발명가로 이끌었음은 주지의 사실이다. 다른 말로 '사진 과학photographic science'이라고도 하는데, 다게르LouisJacquesMande Daguerre(1789-1851. 프랑스의 화가이자 사진 기술자. 은판銀板 사진법의 발명가—옮긴이)도 이 분야에 관심을 돌려 훗날 이름을 날렸다.

17장 ─────

웨지우드와 플랙스먼

　운도 좋았지만 그 못지않게 현명했던 웨지우드는 제품을 만드는 과정에서 영국이 배출한 최고의 조각가들을 영입해 그들과 지속적인 인연을 맺었다.

　1755년 7월 6일에 태어난 존 플랙스먼John Flaxman(1755-1826)은 특별히 가진 것 없이 삶에 뛰어든 사람이다. 아버지는 코번트 가든과 뉴스트리트에서 파리석고plaster of Paris(흰색 가루와 물을 혼합해 만든 석고 페이스트. 빠르게 건조되는 성질이 있어 장식이나 석고 모형을 만드는 데 주로 사용된다—옮긴이) 모형들을 주조해 팔다가 스트랜드 거리에 작은 가게를 냈다.

　선천적으로 약간 불구에다 병약했던 소년은 어릴 적 아버지 가게의 작은 의자에 줄곧 앉아 있곤 했다. 카운터 안쪽에서 그는 독서를 하거나 눈앞에 보이는 석고 모형들을 종이 위에 연필로 스케치했다. 그러다 손님이 들어오면 의자에서 내려와 목발을 짚고 선반 쪽으로 가서 그들이 원하는 품목을 꺼내주었다.

플랙스먼의 친어머니는 그가 일곱 살 때 사망했다. 이후 아버지와 재혼한 계모는 어린 그를 친엄마 못지않게 잘 보살폈다. 가게에 오는 손님들은 이 병약한 소년에게 호의를 보였는데, 유독 친절했던 사람이 바로 매튜 목사다. 평소 고상한 취미를 갖고 있었던 매튜 목사는 이렇게 회상했다.

플랙스먼 씨 가게로 모형 수리를 받으러 가서 기다리는데 카운터 안쪽에서 아이의 기침 소리가 들렸다. 다가가서 보니, 사내아이가 작은 의자에 앉아 그 앞의 큰 의자 위에 책을 얹어놓은 채 읽고 있었다. 소년의 순수한 눈빛과 빛나는 이마가 호기심을 끌어 아이에게 물었다. "무슨 책을 읽고 있니?" 아이가 목발을 짚고 서서 인사를 하더니 이렇게 말했다. "네, 손님, 라틴어 책인데 읽어보려고요." 이에 나는 이렇게 답했다. "오 그래? 아주 영특한 아이로구나. 하지만, 이건 네가 읽기에 적당한 책이 아니란다. 내일 네가 읽을 만한 책을 한 권 갖다 주마." 나는 약속대로 했고 이렇게 맺어진 인연이 이후 내 삶의 가장 소중한 우정으로 무르익었다.

그날 소년이 읽고 있던 책은 코르넬리우스 네포스Cornelius Nepos(BC 1세기 고대 로마의 전기작가, 웅변가. 그리스와 로마의 정치가와 문인들을 비교한 위인전 중 《해외 명장전》이 현존한다―옮긴이)의 저서로, 그의 아버지가 가판대에서 몇 펜스를 주고 산 책이었다. 이튿

소년 시절과 말년의 존 플랙스먼 자화상.

날 매튜 목사는 호메로스의 작품들과 《돈키호테》 번역본을 들고 다시 가게를 찾아왔다. 《돈키호테》를 열심히 탐독한 소년은 목발을 짚은 채 작은 프랑스 검을 차고 하이드 파크로 가서 자신이 속박에서 풀어줄 불쌍한 처녀를 찾아 나서기도 했다. 물론 허사였지만 말이다. 하이드 파크나 켄싱턴 가든 어디에도 둘시네아 델 토보소 같은 처녀가 있을 리 만무했기 때문이다.

대신 호메로스의 작품들은 달랐다. 소년의 마음은 페이지를 넘길 때마다 펄떡이는 영웅주의로 차올랐다. 야망이 그를 사로잡아 위풍당당한 아이아스와 아킬레우스가 그의 손을 거쳐 시적인 형상으로 구현되기에 이른다. 그는 드로잉을 한 다음 파리석고, 왁스, 점토로 모델링을 하기 시작했다. 물론 일부 남아있는 첫 번째 디자인 작품들은 매우 조악했다. 그가 유명해지자 누군가 그에게 어떻게 이런 초기작들을 남겼냐고 물었다. 이 말에 그는 이렇게 답했다고 한다. "선생님, 유용한 것을 배우기에 너무 어리거나, 현명하고 훌륭해지기에 너무 늦었거나 하는 일은 결코 없답니다."

열 살 무렵 건강이 회복되고 사지에 힘이 생긴 그는 마침내 목발을 벗어던진 후 자유롭게 움직이기 시작했다. 그는 형상 제작을 꾸준히 이어갔고 실력은 하루가 다르게 향상했다. 매튜 목사는 그를 후원하며 작품제작을 의뢰하고, 자신의 집에도 초대했다. 그곳에서 플랙스먼은 몇몇 예술가들과 안면을 트게 되었다. 그들 중에는 롬니George Romney(1734-1802. 영국의 초상화가로, 당시 가장 패셔너블한 예술가였다. 넬슨 경과 스캔들을 일으켰던 엠마 해밀턴이 그의 예술적 뮤즈였으며, 그 외에 많은 명사를 그렸다—옮긴이), 스토타드, 시인 겸 화가인 블레이크William Blake(1757-1827. 영국의 시인, 화가, 판화제작자. 당대에는 거의 인정받지 못했지만, 훗날 시와 예술 양쪽에서 중요한 인물로 평가되었다—옮긴이)도 있었다. 매튜 부인과 바볼드 부인은 그의 조언자이자 상담역을 자처했으며, 그가 그리스어를 비롯한 외국어를 익히는 데에도 도움을 주었다. 플랙스먼도 저녁마다 매튜 부인의 집으로 가서 그녀가 읽어주는 호메로스와 베르길리우스를 듣고, 라틴어 시와 조각에 관해 담소를 나누었다. 그녀가 호메로스를 읽어주는 동안, 플랙스먼은 옆에 앉아 상상 속에서 포착한 장면들을 그림으로 표현해내곤 했다. 훗날 그는 이때가 자신의 인생에서 가장 행복했던 순간 중 하나였다고 회고했다.

플랙스먼은 크러즐리 씨로부터 매우 중요한 첫 주문제작 건을 따냈다. 호메로스의 작품을 형상화한 드로잉 세트였는데, 크러즐리 씨도 흡족해했을 뿐만 아니라 이를 계기로 플랙스먼에게 작품을 의뢰하는 사람들도 크게 늘었다. 그를 지켜봐 온 주변 인물들도 이제 플랙스먼을 장래가 촉망되는 어린 디자이너이자 조각가로 인정하면서, 성큼 다가올 밝은 앞날을 점쳤다. 열한 살과 열세 살에 그는 점토로 빚은 인물 형상 작품으로 왕립예술회에서 상을 받았다. 열다섯 살이 되던 1770년에는 왕립미술원The Royal Academy of Art(1768년에 설립된 런던 소재 예술기관으로 전시, 교육 및 토론을 통해 시각예술의 창작·향유·감상을 촉진하는 것이 그 목적이다—옮긴이)의 설립 2주년 기념 전시회 초청작가가 되었으며, 같은 해 미술원의 정식 학생으로 입학해 당당히 은메달을 거머쥐었다. 그리고 이듬해에는 최고상이라 할 수 있는 금메달에 도전했다.

모든 학우가 재능있고 열정적인 플랙스먼이 이 상을 탈 것이라 믿어 의심치 않았다. 아마도 그 자신 역시 그러한 결과를 자신했을 것이다. 하지만 당시 왕립미술원 원장이었던 조슈아 레이놀즈는 그다지 주목받지 못하던 엥글하트라는 다른 학생에게 금메달을 수여했다. 플랙스먼은 낙담하지 않았다. 그는 자신이 그 상을 받을 자격이 충분하다는 걸 알고 있었고, 패배는 언제나 그랬듯 그의 투지를 북돋웠다. 그는 아버지에게 이렇게 말했다. "시간을 주세요. 단지 제가 왕립미술원이 인정할 만한 작품을 아직 못 낸 것뿐이니까요."

플랙스먼은 이 낙선을 조슈아 레이놀즈 경의 부당한 처사 때문이라 여겼다. 하지만 아마도 그가 자신의 능력에 대해 지나치게 오만한 태도를 보인 탓도 있으리라. 이 점은 1775년 1월 14일 웨지우드가 벤틀리에게 보낸 편지에도 잘 드러난다. '자네가 그 모델러를 만나줘서 기쁘군. 플랙스먼이란 인물은 대단히 귀한 예술가라네. 불과 몇 년 사이에 거만해지긴 했지만, 좀 더 세상 경험이 쌓이면 이런 인간적 약점도 수그러들 것이네.'

비록 플랙스먼을 이렇게 평했어도, 웨지우드는 누구보다 그를 아끼고 응원하는 든든한 후원자였다. 플랙스먼을 먼저 발굴한 사람은 벤틀리였다. 아마도 매튜 목사와 바볼드 부인이 소개한 것으로 보인다. 세 사람은 모두 같은 교회 모임에 속해 있었다.

웨지우드는 곧 플랙스먼에게 작품 몇 개를 주문했다. 첫 번째는 벽난로 선반용 모델, 두 번째는 화병을 위한 모델 두 점과 사계절을 나타내는 네 개의 부조, 그리고 주피터, 주노, 미네르바, 아폴로와 같은 고대 신과 여신 모델들이다. 대금은 그리 높지 않았다. 사티로스와 트라이톤 손잡이 장식이 있는 화병 두 쌍에 3파운드 3실링, 사계절 부조 네 개에 2파운드 2실링, 인물들이 조각된 고전적 화병에 1파운드 15실링, 고대 신과 여신 각각에 10실링, 두 개의 동상에 2파운드 2실링, 그리고 두 쌍의 컵과 컵받침에 8실링 6펜스. 이 작품들은 1775년 3월과 4월에 착수되었고 1776년 1월에 12파운드 18실링이라는 총액으로 치러졌다.

누군가는 플랙스먼과 같은 소묘 화가이자 조각가가 웨지우드를 위해 컵과 컵받침처럼 흔한 물건들을 디자인한 것이 믿지는 일이라 생각할지 모르지만 실제로는 그렇지 않다. 예술가들은 평범한 티포트와 저그를 디자인하면서 고상한 취향을 전달하는 교육자의 역할을 한다. 대중이 일상적으로 사용하는 물품들은 식사때마다 눈앞에 보이는 것이므로, 예술 교육의 한 방편이자 고급문화를 접할 수 있는 매개체가 된다. 웨지우드 시대 이전, 석기나 도기의 형태들은 거의 흉물에 가까웠다. 하지만 웨지우드는 이러한 물품들의 디자인과 장식을 향상하는 방향으로 나아갔고, 플랙스먼 역시 자진해서 그리고 기꺼이 이 주문자의 의도를 실현시키는 데 심혈을 기울였다. 그의 예술작품들은 주로 고대 시와 역사에서 따온 얕은 돋을새김 양식의 군상들이었는데, 미적인 완성도 면에서 그가 만든 다른 대리석 작품 못지않았다.

어린 플랙스먼은 자신의 예술성을 부지런히 연마해나갔다. 아버지 가게 일을 돕고, 학업에 매진하며, 왕립미술원에서 전시를 병행하는 바쁜 삶을 이어갔다. 매튜 목사가 지인 중 한 명인 포틀랜드 플레이스의 나이트 씨로부터 알렉산더 대왕의 대리석 동상 제작을 의뢰받아 플랙스먼에게 전달했다. 플랙스먼이 점토로 디자인한 다음 스미스가 대리석으로 완성한 이 동상은 전시 직후 엄청난 찬사를 받았다.

하지만 이러한 주문제작만으로는 생계를 안정적으로 이어나갈 수가 없었다. 플랙스먼은 주로 웨지우드가 의뢰하는 일감에 의존하는 처지였다. 재스퍼와 버설트의 다양한 조합으로 된 고전적인 프리즈frieze(방이나 건물 윗부분에 그림이나 조각으로 띠 모양의 장식을 한 것—옮긴이), 플라크, 화병, 장식용 그릇, 유명인의 초상 메달리언 등을 모델링했다. 1775년 7월 웨지우드는 플랙스먼에게 조지프 뱅크스와 솔랜더 박사의 초상 모델링을 요청했다. 이때 호스킨스, 그랜트, 핵우드, 랑드르 여사도 모델링 작업을 하고 있었다. 핵우드의 초상 모델링도 굉장히 훌륭하지만, 예술적 가치를 따져볼 때 플랙스먼 쪽이 더 탁월한 것으로 평가되었다. 고대 작품들을 본뜬 고전적 디자인과 그리스식 두상이 특히 그랬다. 이 작품 중 어떤 것들은 매우 독보적이어서 웨지우드조차 타인에게 내어주길 아까워할 정도였다.

'재스퍼'라는 새로운 바디는 재스퍼 스톤에서 따온 이름으로, 1775년 11월에 처음 출시되었다. 그 구성은 플린트와 도토, 중정석 탄산염, 화감청zaffre(불순한 산화코발트, 에나멜도자기 따위에 착색하는 남색 안료―옮긴이), 중정석 황산염, 황산바륨이다.

바로 이 재스퍼웨어의 고전적 작품들에서 플랙스먼은 자신의 최고 기량을 뽐냈고, 그를 아낌없이 후원하는 웨지우드의 사업에서 큰 역할을 했다. 동시에 왕립미술원 전시도 성공적으로 병행했다. 고대 그리스 로마 양식을 본뜬 점토 모형들과 밀랍으로 제작한 초상, 그리고 채터튼Thomas Chatterton(1752-1770. 영국의 시인으로 어린 나이에 의고체 시들을 썼으나 빈궁을 못 이겨 비소를 먹고 자살했다. 이때 그의 나이 불과 17세였다. 그의 삶과 작품들은 낭만주의에 커다란 영향을 미쳤다―옮긴이)을 기리는 기념비 스케치 등이었다. 또 시와 성경, 《천로역정》의 내용을 담은 디자인과 드로잉 작업도 계속해 나갔다. 그는 자신이 좋아하는 일에 둘러싸여 늘 분주하지만 조용하고 단순한 삶을 살았다.

웨지우드로부터 받는 보수만으로 충분히 부유해졌다고 여긴 플랙스먼은 1781년 말이 되자 아버지의 그늘에서 벗어났다. 파리 석고 주조 판매상인 아버지와 액자 제조자이자 나무 조각가인 형 윌리엄을 떠나게 된 것이다.

플랙스먼은 워더 가Wardour Street 27번지에 작은 집과 스튜디오를 빌렸다. 그리고 그곳에 자신이 오랫동안 사랑했던 여인 앤 덴험을 데려왔다. 그의 나이 스물다섯 살이었다. 어떤 사람들은 그가 무턱대고 결혼한 것을 어리석다 여겼지만, 그 결혼은 결과적으로 그의 삶에서 가장 큰 기쁨이자 축복이 되어 주었다. 우선 앤 덴험은 젊고 유쾌하며, 솜씨 좋은 남편을 진심으로 사랑하고 존경했다. 그녀는 예술과 문학에 조예가 있었고, 프랑스어와 이탈리어를 구사했으며, 그리스어도 조금 할 줄 알았다. 게다가 집안 살림까지 잘 꾸리며 남편의 작품들을 관리하는 것은 물론, 남편이 낙담하거나 힘들어할 때마다 격려하고 기운을 북돋워 주었다.

그가 결혼하고 얼마 후, 플랙스먼은 조슈아 레이놀즈와 길거리에서 우연히 마주쳤다. 왕립미술원 원장이 말했다. "하! 자네가 결혼했다는 소식은 들었네!" "예, 맞습니다." 플랙스먼이 답했다. 레이놀즈 경은 다시 이렇게 말했다. "그렇다면 자네에게 미리 말해두는데, 자네는 예술가로서 망한 걸세. 이제 로마에도 갈 수 없고, 위대한 고대 조각가의 작품들도 연구할 수 없게 되었잖나." "네, 저도 유감스럽게 생각합니다." 플랙스먼이 대답했다. 그는 다소 기분이 상해서 집으로 돌아왔다. 아내 곁에 앉아 그녀의 손을 잡고 미소지으며 그가 말했다. "앤, 당신이 예술가로서 내 인생을 망쳤다는 거야." 그녀가 물었다. "그게 무슨 소리죠?" 플랙스먼이 답했다. "앤 덴험과 교회에서 결혼식을 올린 건 사실이지. 실은 방금 조슈아 레이놀즈 경을 만나고 오는 길인데, 그의 말인즉, 내 결혼이 직업적인 파탄을 가져왔다더군!"

어쩌면 조슈아 경이 플랙스먼에게 악감정을 품고 있었는지도 모른다. 이유야 알 수 없지만, 조각부문 금메달도 엥글하트에게 넘기지 않았던가! 다들 플랙스먼에게 돌아가야 할 상이라고 여기던 차였는데 말이다. 조슈아 경은 당대 제일가는 초상화가였다. 하지만 상대적으로 그는 조각에 관해 잘 알지 못했다. 그래서 플랙스먼에게 한 악의적인 발언, 즉 그가 앤 덴험과 결혼함으로써 예술가로서 이력을 망쳤다는 말이 나온 것일 터이다.

플랙스먼의 아내는 평소처럼 남편을 위로했다. "그럼 당신도 로마로 가요! 제가 당신과 동행하겠어요." 플랙스먼이 물었다. "하지만 어떻게?" "열심히 일하고 아끼면 돼요."

플랙스먼은 로마 여행이라는 목표를 이루기 위해 더욱 열정적으로 일했다. 로마행 여비를 마련하기 위해 무슨 일이든 했다. 심지어 세인트 앤 교구 관련 비용 징수 일까지 맡아서, 단추 구멍 안에 잉크병을 꽂고 돌아다니는 모습이 종종 눈에 띄기도 했다. 그는 웨지우드를 위해서도 전보다 더 많은 일을 했다. 카메오, 흉상, 초상, 온갖 플라크 등이 그의 빛나는 두뇌와 손에서 쏟아져 나왔다. 그가 제작한 또 다른 작품들 중에는 '호메로스의 신격화Apotheosis of Homer'(장 오귀스트 앵그르의 고전주의 그림. 호메로스가 월계관을 받는 장면으로, 발아래 여인들은 일리아드와 오디세이아를 상징한다—옮긴이) '아폴로와 뮤즈' '춤추는 시간' '헥토르의 시신을 돌려달라고 아킬레우스에게 간청하는 프리아모스' '줄리어스 시저' '목신' '바칸테Bacchantes'(바커스 신의 여사제) '9명의 뮤즈' 등이 있었다. 웨지우드는 플랙스먼 자신만큼이나 그 뮤즈들을 자랑스럽게 여겼다. 그는 플랙스먼을 '조각의 천재'라 칭했다. 플랙스먼은 벽난로

장 오귀스트 앵그르의 그림을 플랙스먼이 모델링한 '오메로스의 신격화'.
이 작품은 아주 수많은 체품에 다양한 형태로 변주되면서 웨지우드 제품의 시그니처 모델로 자리잡았다.

1782-1790년에 제작된 존 플랙스먼의 뚜껑 있는 화병(위). '호메로스의 신격화'가 돋을새김으로 장식되어 있다. 세 천사의 인도 아래 승천하는 새라 몰리의 모습을 형상화한 글로세스터 성당 기념비(아래). 존 플랙스먼의 대표작이자 훗날 시인 앨런 커닝햄이 "눈물 없이는 도저히 보기 힘든, 감동적인 작품"이라고 상찬한 걸작이다.

장식용 평판들도 여럿 제작했다. 사실 플랙스먼으로서는 인생에서 이 시기보다 더 열심히 일한 적도 없을 것이다.

플랙스먼에게는 웨지우드 외 다른 이들의 주문이 쇄도해, 옛 인물들의 영전에 바치는 기념비들도 만들기 시작했다. 첫 작품은 그 자신과 유사한 천재 시인 콜린스William Collins(1721-1759. 토머스 그레이에 이어 두 번째로 영향력 있는 시인—옮긴이)를 기리는 치체스터 성당 기념비였다. 또 다른 작품은 높은 신분의 몰리Sarah Morley 부인(제임스 몰리의 아내로, 출산 후 며칠 만에 인도에서 영국으로 돌아오는 길에 사망해 아이와 함께 바다에 수장되었다—옮긴이)에게 바치는 글로세스터 성당 기념비였다. 아기와 함께 바다에 묻혔다가 천사들의 부름을 받고 파도 사이에서 일어나 승천하는 장면으로, 훗날 앨런 커닝햄Allan Cunningham(1784-1842. 스코틀랜드 시인이자 작가—옮긴이)은 "말할 수 없이 감동적이다. 정신을 고양하는 이 작품은 눈물 없이는 도저히 보기 힘들다."라고 평했다. 그의 또 다른 기념비는 '미스 크롬웰'(신원은 불확실하지만 18세의 나이로 사망한 아그네스 크롬웰로 알려짐—옮긴이)로, '오라 복되도다.'라는 구절을 형상화한 것이다.

이와는 매우 다른 성격을 지닌 작품은 '비너스와 큐피드'로, 초창기 후원자인 포틀랜드 플레이스의 나이트 씨를 위해 제작한 것이다. 플랙스먼은 기념비들보다는 이 작품을 더 좋아했던 것으로 보인다. 고대 작품을 본뜬 이 조각을 위해 다수의 드로잉을 남겼는데 그중 상당수가 고워 가 유니버시티 칼리지에 소장되어 있다.

플랙스먼은 결혼 전 웨지우드를 만나기 위해 에트루리아를 찾기도 했고, 실제로 그가 작업했던 방이 지금도 보존되어 있다.

1779년, 플랙스먼은 런던으로 돌아오자마자 자신의 가장 아름다운 모델들로 꼽히는 일부 작품들에 착수했다. 가령 '소년과 염소' '아리아드네의 승리' '호메로스와 헤시오도스' '플로라에 바치는 공물', 벽난로 장식용 평판인 '술의 제의' 등이었다. 그가 밀랍으로 모델링한 작품들의 사본은 다시 에트루리아로 보내져 재스퍼웨어에 그대로 장식되었다. 이런 식으로 플랙스먼은 일상용품들을 아름답게 만드는 데 기여했다. 잉크 스탠드, 벽난로 장식, 촛대, 인장, 튜린Tureen(뚜껑이 있는 큰 그릇), 화병, 램프, 컵, 티포트 등이 그의 손길을 거쳐 예술작품으로 탄생했다.

플랙스먼이 웨지우드 저택에 잠시 머무는 동안 집 장식 문제를 함께 상의했을 것이다. 런던으로 돌아온 플랙스먼은 웨지우드에게 다음과 같은 편지를 썼다.

워더 가 27번지, 1781년 11월 12일
버얼리 씨로부터 응접실과 복도 쪽 천장 장식 돌림띠 도면이 상당량 필요하다는 일꾼들의 요구를 전해 듣고 지체 없이 작업을 시작했습니다. 하지만 일부 몰딩 장식은 미장공이 도면만으로는 제대로 구현하지 못할 만큼 복잡해서, 괜찮으시다면 타조 알이나 중륵맥(그리스 건축 조각에서 두드러진 하트 모양의 잎무늬 — 옮긴이)에 쓰이는 패턴 두세 개 정도를 먼저 보내드리도록 하겠습니다. (…)

아마도 선생님 댁 응접실에 장식용 프리즈가 있을 것으로 사료됩니다만, 만약 아직 정해두신 것이 따로 없다면, 제가 나이트 씨를 위해 조각한 벽난로 선반 장식 중 선생님께서 굉장히 마음에 들어하신 사자와 나뭇잎 줄기를 추천하고 싶습니다. 게다가 새로운 모델에 대한 비용을 따로 들이지 않고도 새 작품을 갖게 되시는 이점도 있습니다. 이제 저는 선생님께서 추가 지시사항을 내리실 때까지 의뢰하신 드로잉 작품들을 부지런히 진행하도록 하겠습니다. 크나큰 경의와 감사의 마음으로 베풀어주신 호의에 부응토록 하겠습니다. 선생님과 가족분들 모두의 건강과 행복을 제 아내와 함께 간절히 빌며 이만 마칩니다.

-당신의 충실한 종복, 존 플랙스먼 주니어

나폴리 궁정 대사로 있던 윌리엄 해밀턴 경은 헤르쿨라네움 조사연구 때 발굴한 고대 조각품과 자신의 훌륭한 에트루리아 화병 컬렉션 등으로 웨지우드에게 큰 도움을 준 적이 있다. 그 고마움을 마음 깊이 새기고 있던 웨지우드는 플랙스먼이 '호메로스의 신격화' 태블릿을 끝내자마자 작품들 중 가장 좋은 복제본을 해밀턴 경에게 보냈다. 나폴리에서 그 선물을 받은 해밀턴 경은 1779년 6월 22일자로 다음과 같은 답신을 보내왔다.

귀하께서 그토록 자랑스럽게 여기시는 '호메로스의 신격화'라는 부조를 선물받고 얼마나 기뻤는지 모릅니다. 제 기대를 훨씬 뛰어넘는 참으로 훌륭한 작품이 아닐 수 없습니다. 귀하의 집념과 노력이 시간이 지나서 언젠가 큰 결실을 보리라 확신했지만, 제가 영국을 떠나기 전 봤던 시안들이 이 놀라운 부조로 바로 나타날 줄은 몰랐습니다. 그저 놀랍고 기쁠 뿐입니다. 이것이야말로 예술에 완벽을 기하며 숨 가쁘게 걸어오신 증거가 아니고 무엇이겠습니까! 귀하께서 받아 마땅한 찬사와 격려를 앞으로도 계속 누리시길 바라마지않습니다. (…) 보내주신 부조 작품은 이곳에 있는 예술가들조차 깜짝 놀라게 했답니다. 심지어 현지 작품들보다 더 순수하고 더 진실한 앤티크 감각을 표현해냈다고들 찬사를 아끼지 않습니다. 그들 조상이 그토록 훌륭한 작품들을 남겼음에도 불구하고 말입니다!

플랙스먼은 생애 중 12년간을, 그러니까 그의 나이 스무 살부터 서른두 살까지(1775-1787), 주로 웨지우드 회사에 고용되어 생활해왔다. 이 기간에 그는 웨지우드의 최고 작품 일부를 만들어냈고, 이에 대해 후한 대가를 받았다. 그가 만든 초상 중에는 미국 건국의 아버지인 벤저민 프랭클린과 존슨 박사도 포함되어 있었는데, 특히 존슨 박사 초상은 웨지우드 최고의 작품들 중 하나로 꼽힌다. 1781년에는 장 자크 루소와 로렌스 스턴의 흉상을 완성했고, 포더길 박사의 흉상도 모델링했다. 이듬해인 1782년에는 새라 시돈스Sarah Siddons(1755-1831. 18세기 가장 유명한 비극 여배우, 동시대 비평가 윌리엄 해즐릿은 그녀를 '의인화된 비극'이라 칭했다―옮긴이)의 흉상에 이어, 페이디아스Phidias(고대 그리스의 건축가. 서양 고대 최고의 조각가이자 건축가로 유명하다―옮긴이)를 형상화한 작품을 마쳤다. 그해 그는 웨지우드의 두 아들을 제자로 받아들였다. 하지만 플랙스먼은 웨지우드가 지금껏 베풀어온 아낌없는 지원에 대한 보답으로 수업료를 받지 않으려 했다. 이 문제에 관한 서신 교환은 아래와 같다.

워더 가 27번지, 1782년 7월 8일
선생님께서 베풀어주시는 존중과 우정의 뜻에 어떻게 감사 인사를 올려야 할지 모르겠습니다. 요청하신 주문 목록은 아직 다 완성되지 않았습니다만, 선생님께서 런던에 가 계시고 제가 없을 경우를 상정해, 무슨 일이 있어도 꼭 받으실 수 있도록 조치하겠습니다. (…) 버얼리 씨가 제게 자제분들 교육비 액수를 정해달라고 요청하셨습니다만, 저로서는 응할 수 없는 일입니다. 서른세 차례 레슨이라는 짧은 시간 내에 얼마나 많은 가르침을 주었을지 염려스럽습니다. 선생님께서 흡족하게 여겨주시는 것만으로도 더할 나위 없는 기쁨입니다.

웨지우드가 플랙스먼에게 보낸 사례비가 얼마인지는 알려지지 않았지만, 1782년 8월 22일자 편지를 보면 플랙스먼이 대단히 기뻐했던 것으로 보인다. 아래 귀중한 편지는 후에 웨지우드에 의해 제작된 플랙스먼의 명작 '머큐리' 흉상에 버금가는 진실성이 흘러넘친다.

워더 가 27번지
웨지우드 선생님께,

플랙스먼은 스무 살부터 서른두 살까지, 무려 12년간 웨지우드에게 고용돼 화병과 램프, 티포트, 초상과 평판들을 모델링했다. '네 명의 뮤즈와 아폴로'라는 제목의 평판 부조(위). 그리고 그가 모델링하고 웨지우드가 제스퍼웨어로 제작한 당대 유명인들의 초상 메달리언(아래).

짧은 기간의 자제분들 지도를 값비싼 선물로 보답해주신 데 대해 뭐라 인사를 올려야 할지 모르겠습니다. 후의에 그저 감사하다는 말씀이 적합하기라도 한지 알 수 없어, 유일한 보답이 될 만한 최선의 징표가 우러나올 때까지 편지를 쓰지 못하고 있었습니다. 주피터와 머큐리, 작은 부조 두 점입니다. 가치 있다고 생각하신다면, 이 부조를 선생님의 훌륭한 비스케에 본을 뜨셔도 될 것입니다. 제 머큐리 흉상에 찬사를 아끼지 않으셨던 걸 잘 기억하고 있기에, 선생님 서재 한곳에 두면 어울릴 거라 판단했습니다. 그 또한 조각가가 누릴 수 있는 최고의 영광이 아닐 수 없을 것입니다.

1783년부터 1784년까지 2년간 플랙스먼은 웨지우드를 위해 다양한 작업을 했다. 벽난로 선반 장식과 초상작업이 대다수였는데, 대리석 벽난로 선반 장식은 8파운드 11실링 6펜스부터 11파운드 4실링까지 책정되어 있었다. 하지만 석조, 연마, 조각 작업은 그 값의 거의 두 배가 들었다. 초상작업 중에는 허셜Frederick William Herschel(1738-1822. 독일에서 태어난 천문학자이자 수학자, 작곡가. 19세에 영국으로 이민—옮긴이), 부챈William Buchan(1729-1805. 스코틀랜드의 의사이자 작가—옮긴이), 캡틴 쿡James Cook(1728-1779. 영국의 탐험가, 항해사, 지도제작자. 평민에서 영국 해군 대령에 올랐으며, 태평양을 일곱 번 항해하고, 오스트레일리아 동해안에 도달했다. 또 하와이제도를 발견하고, 자필 원고로 세계일주 항해 일지를 남겼으며, 뉴펀들랜드와 뉴질랜드의 해도를 제작했다—옮긴이), 젠킨스Charles Jenkinson(1729-1808. 헉스버리 경으로 알려진 영국의 정치가. 제2대 리버풀 백작인 총리 로버트 젠킨슨의 아버지 — 옮긴이)가 있었다. 1784년 플랙스먼은 밀랍으로 소년들의 부조를 모델링했고, 사례비로 11파운드 6펜스를 받았다. 이외에도 그 유명한 체스 말 모델링을 하느라 매우 분주하게 보냈다. 다음 편지는 웨지우드의 에트루리아 응접실 장식 문제와 관련되어 있다.

워더 가, 1784년 2월 5일

선생님, 지난밤 버얼리 씨로부터 응접실 천장 그림에 관한 선생님의 문의 사항을 전달받았습니다. 네 귀퉁이를 장식할 네 명의 신 두상이 거의 마무리되었고, 중앙의 알레고리Allegory(풍자하거나 의인화하여 주제를 전달하는 표현방식 — 옮긴이)는 그로부터 몇 달에 걸쳐 대략적인 윤곽을 잡은 상태입니다. 사실 이보다 훨씬 오래전에 최종 완성되었을 것입니다만, 이에 대한 선생님의 의견을 기다리고 있었습니다. 한동안 선생님께서 내내 런던에 머무셨던 것으로 알고 있습니다. 아무튼 각 모서리와 중심 부분 두 가지 스케치를 지금 보내드립니다. 선생님의 숙고와 결정을 기다리며, 저의 고초도 함께 배려하여 주시길 부탁드립니다. 제 생각에 선생님께서 각 위치를 핀으로 고정한 다음, 그 효과를 가늠해보신다면, 아마 두상들이 중앙에 비해 너무 크다든지, 아니면 중앙의 인물들이 두상들에 비해 작게 보인다든지 하는 점들을 판단하실 수 있을 겁니다. 두상들이 적절한 효과를 자아내고, 각각의 위치에서 봤을 때 너무 크지만 않다면, 중앙의 인물 숫자를 줄이고, 긴 타원 쪽으로 배치하는 편이 알레고리를 더 잘 살릴 수 있을 것입니다. 아니면, 같은 이야기를 전달하는 게이니Genii(로마 신화에서 유래한 말로 사람, 장소, 사물에 내재하는 영적 존재나 본질 등을 의미한다. 개인과 가문, 국가를 지켜주는 수호신으로 숭배받기도 했다 — 옮긴이) 수호신 아이들로 만들어도 괜찮을 것입니다. 어떤 방법이든, 전체적으로 보면 더 나은 균형을 찾게 되리라 사료됩니다. 혹시 선생님께서 중앙의 입상 인물과 네 귀퉁이의 두상들이 너무 크거나 무겁게 여겨지신다면, 두상들은 그대로 두고 중앙 쪽을 변경하여 게이니 수호신 아이들을 좌상으로 만드는 방법도 있습니다. 이 경우엔 중앙 인물들의 숫자를 줄여 전체적인 윤곽을 좀 더 선명하게 표현하려 합니다. 마치 에트루리아 화병 위에 새겨진 그림들처럼 말이죠.

선생님께서 런던으로 얼른 오셔서 윌리엄 해밀턴 경의 화병(바르베리니 혹은 포틀랜드 화병이라고도 불립니다)을 꼭 보셨으면 합니다. 이 작품은 영국에 들여온 작품들 중 최고의 걸작입니다. 선생님께서 보신다면 분명 비스케와 재스퍼에 꼭 도입하고 싶으실 만한, 그야말로 완성도의 정점을 찍은 수작입니다. 재질은 플리니우스가 '무리넌Murrinan'이라 부른 종류로 사료됩니다. 짙은 청색 유리에 흰색 에나멜 형상이 있는 화병으로 1피트(약 30센티) 높이에 5~6인치(14~15센티미터) 정도 되는 형상들이 카메오 같은 방식으로 새겨져 있습니다. 그리스 조각 중 가장 웅대하고 완벽한 작품입니다.

체스 말 조각품에 대한 과분한 찬사에 몸 둘 바를 모르겠습니다.

제 아내와 함께, 선생님과 사모님, 가족분들 모두에 대한 존경의 마음을 담아, 영원한 당신의 충복, J. 플랙스먼

웨지우드는 위 편지에 이렇게 답신을 보냈다.

1784년 2월 20일, 에트루리아

지난 5일 응접실 천장 그림에 대한 친절한 의견과 여러 가지 애로사항, 그리고 제 결정을 기다리는 내용의 편지는 제때 잘 받았습니다.

그런데 두 개의 두상과 중앙의 알레고리 스케치는 지난밤에서야 제 손에 들어오게 되었습니다. 먼저 급히 훑어보았지만, 현재로선 좀 더 봐야 할 것 같습니다. 그도 그렇지만, 선생께서 언급하신 힌트도 아직 채 고려하지 못했습니다. 마땅히 주의를 기울여야 할 부분이므로, 다시 제대로 보고 나서 답신을 보내드리도록 하겠습니다. 버얼리 씨가 아마 제 상황에 대해 얘기를 전할 것입니다.

윌리엄 해밀턴 경의 화병에 대해 알려줘서 대단히 고맙습니다. 런던에 가게 되면 그 아름다운 작품을 꼭 감상하고 싶군요. 그때가 언제가 될지 지금으로선 확실하진 않습니다만.

체스 말 조각품은 얼른 진행해서 이른 시일 안에 그릭 가에 세트를 보내고자 합니다.

두 분께 저희 가족 모두의 존경과 감사의 마음을 담아,

당신의 충복, 조 웨지우드

이듬해 플랙스먼은 웨지우드에게 자신이 에트루리아를 위해 준비 중인 새 작품에 대해 알려주고 있다.

워더 가, 1785년 10월 20일

선생님, 버얼리 씨가 세 개의 태블릿과 관련한 선생님의 주문 사항을 전달

해주었습니다. '헤스페리데스 정원에 있는 헤라클레스와 벗들' 두 점과 '아들을 설득해 로마로 데려오는 코리오라누스의 어머니' 한 점입니다. 이 프린트에 있는 형상들은 4인치 5/8 높이인데, 제가 5인치 3/8 크기로 모델링했습니다. 비스케에는 1/7로 축소가 가능합니다. 다른 평판들도 같은 비율로 다르게 모델링되길 원하시는지 알려주시면 감사하겠습니다.

사모님과 가족분들의 건승을 빌며,

변함없는 당신의 충복, J. 플랙스먼 주니어

이 작품들 외에도 플랙스먼은 아킬레우스의 출생을 그린 부조, 그리고 웨지우드가 청동 납화라 부른, 진짜 청동 작품을 본뜬 독보적인 브론즈 화병을 디자인했다. 두 작품 모두 대단한 반향을 불러일으켰다. 다음 편지는 그의 다른 작품들에 관한 얘기다. 플랙스먼은 12월 12일 '코리오라누스에게 간청하는 벤투리아와 볼룸니아'를 밀랍 부조로 제작했다.

워더 가, 1785년 12월 13일

선생님, 이 부조를 더 일찍 완성하지는 못할 것 같습니다. 주로 밤에 이 작품을 제작해 왔는데, 제가 현재 작업 중인 대형 동상들이 매우 시급하다는 연락이 와서 며칠 내내 밤낮을 다 쏟아붓고 있는 실정임을 양해해 주시면 감사하겠습니다. 우선, '호메로스와 헤시오도스'와 비교해보신다면 이 모델이 훨씬 더 탁월하다는 것을 알 수 있으실 겁니다. 특히 '헤스페리데스 정원에 있는 헤라클레스' 모델링 작업에 심혈을 기울이고 있습니다. 윌리엄 해밀턴 경의 화병 못지않게 만들 수 있을 것으로 생각합니다. 조금 더 기다려주신다면, 최선을 다해 만들어 보겠습니다. 다만, 완성될 때까지는 정확한 가격을 매길 수 없을 것 같습니다. 두께에 관한 지침을 내려주시길 특별히 요청하는 바입니다. 전에 언급한 화병만큼 얇은 두께로 제작된다면, 더 완벽할 것으로 보입니다. 푸른색 바탕이 얇은 천 주름을 통해 비쳐 보일 정도로 말입니다.

웨지우드가 보낸 다음 편지는 플랙스먼이 영국과 프랑스 간 평화를 대변하기 위해 준비하고 있던 저 유명한 평판 디자인과 관련된 내용이다.

1786년 11월 2일, 에트루리아
동봉해주신 드로잉들에 몇 개의 선을 그어 다시 보내드립니다. 좀 더 일찍 보내드렸어야 하는데, 벅스턴에 있는 친구 병문안을 다녀온 데다 다른 중요한 일들도 있어서 많은 시간이 소요되고 말았답니다.
보내주신 군상 드로잉보다 더 적절하고 더 강력하게 원래 의도를 잘 표현해내긴 어려울 것으로 보입니다. 다만 메달리언을 한 쌍으로 하기 위해 두 부분으로 나눠야 한다면, 인물 배치에 약간 변경이 필요할 것 같습니다. 정중앙의 세 인물로 구성된 메달리언을 1번이라 한다면, 전쟁 도구를 불태우는 장면과 평화를 상징하는 인물상은 2번 메달리언이 되면 좋겠습니다.
몽포콩이 자신의 책 《앤티퀴티 Antiquities》 제1권 2부 349쪽에서 '덕 Virtue'을 표현한 방식은 이렇습니다. 'In Gordiano Virtus Augusti exprimitur

per Herculem exuvias Leonis gestantem et clavae innexum(고르디아누스에서, 아우구스투스의 덕은 사자 가죽을 두르고 곤봉을 든 헤라클레스로 대변된다 — 옮긴이).' 웨버 씨에게 덕을 대변하고 있는 헤라클레스와 상업의 제단에 제물로 바쳐진 전쟁 도구 스케치를 각각 부탁해놓은 상태이긴 합니다만, 그렇다고 해서 수정이나 변경이 안 된다는 뜻은 전혀 아닙니다. 이 문제는 귀하께서 알아서 하실 일이니까요. 저는 단지 편의를 위해 별도로 나누고자 했을 뿐입니다. 귀하께 일임토록 하겠습니다.

단, 이러한 표현이 영국민에 의해 창안되었다는 것이 드러나지 않도록 주의를 기울여야 합니다. 중재 의도이므로, 신중한 방식으로 공평무사함이 표현되어야 할 것입니다. 가령 두 국가를 대변하는 인물들이 똑같이 장엄하게, 즉 같은 비중으로 묘사되어야 합니다. 옷차림이나 태도, 인격, 특성 모든 면에서요. 그리고 머큐리 역시 다른 어느 쪽에 조금이라도 몸을 기울이지 않게, 얼굴은 정면을 바라보도록 해야 할 것입니다. 그리고 보시기에 문제가 없다면, 프랑스도 영국처럼 투구와 방패를 갖추되, 프랑스 쪽에는 백합 문장을 넣었으면 합니다. 형상은 8인치 높이로 모델링 되면 좋겠습니다. 아시다시피, 이번 건은 대단히 중요해서 한동안 이 일에만 매여 있게 해드린 데 대해 거듭 양해를 구합니다.

귀하와 플랙스먼 여사께 감사의 마음을 전하며, 조사이어 웨지우드

추신: 헤라클레스가 덕의 올바른 형상화인지에 대해선 약간의 의구심이 있습니다. 어쩌면 여성 형상이 더 나을지도 모르겠습니다만, 귀하의 현명한 판단에 맡기겠습니다.

1785년 플랙스먼은 체스 말 드로잉을 모두 끝냈고, 스웨덴 국왕과 헤이스팅스Warren Hastings(1732-1818. 영국 식민 행정관—옮긴이) 총독 초상을 모델링했으며, 미어먼 부부 초상을 디자인했다. 다음 2년 동안은 주로 평판 제작에 몰두했는데, 그중에는 지금껏 그의 최고 작품으로 손꼽히는 것들도 있다. '영국과 프랑스의 손을 맞잡게 하는 머큐리'가 대표적이다. 다음 편지에서는 '헤스페리데스 정원에 있는 헤라클레스' 부조를 드디어 완성한 플랙스먼이 23파운드라는 대금을 언급하고 있으며, 위에 언급한 한 쌍의 부조에 대해서는 다음과 같이 얘기하고 있다.

워더 가, 1787년 1월 12일
마르스와 평화 부조가 드디어 완성되었습니다. 마음에 드시길 바라며, 일단 주형 없이 모델만 보내드렸습니다. 재차 생각해보니, 저보다는 선생님 회사에서 일하는 분들이 선생님의 의도에 맞게 더 잘 만들 수도 있지 않을까 여겨졌기 때문입니다. 게다가 전 작업과정을 거치기 전에 마무리의 맛을 한번 보는 것도 그분들에게 도움이 될 것입니다. 제가 지난번에 보내드린 두 개의 밀랍 모델 못지않게 분명 수월하게 제작될 것입니다. 그 모델의 주형도 선생님 공장에서 만든 것이니까요. 저는 이제 다른 부조와 벽난로 선반 장식 작업에 착수하려 합니다. 제 아내의 안부를 물어봐 주셔서 대단히 영광스럽다는 말씀을 전합니다. 제 아내와 함께 언제나 두 분과 자녀분들의 건강과 행복을 빌며,
당신의 충복, 플랙스먼

'영국과 프랑스의 손을 맞잡게 하는 머큐리'.
오랜 라이벌 관계인 영국과 프랑스의 평화 및 우호 증진을 위해 웨지우드가 세심하게 작업 내용을 챙기고 점검했던 작품이다. 플랙스먼이 제작한 평판들 중 최고 작품으로 손꼽힌다.

이것으로 런던에서 플랙스먼이 웨지우드에게 보낸 편지 소개를 마친다. 플랙스먼은 이후 런던을 떠나 로마로 향했다. 웨지우드는 플랙스먼에게 1773년 7월과 1787년 8월 사이에 총 196파운드 15실링 8펜스를 나눠서 지불했다. 이 총액은 플랙스먼의 드로잉과 모델뿐 아니라 석공비, 포장 상자, 예약, 기타 등등의 비용을 전부 포함한 것이다. 플랙스먼은 알뜰한 아내의 도움으로 충분한 돈을 모아서 로마 여행길에 올랐다. 그들은 1787년 가을, 런던을 떠났다. 플랙스먼은 지나간 일들을 떠올리며 비로소 감회에 젖었을 것이다. 언젠가 자신이 그린 사람의 눈 그림을 모티머John Hamilton Mortimer(1740-1779. 영국의 인물화가, 풍경화가이자 판화제작자 — 옮긴이)에게 보여주었을 때 그가 "이거 굴 아닌가?"라고 되물었던 일, 조슈아 레이놀즈 경이 당치도 않은 라이벌 엥글하트를 선호하는 바람에 금메달을 놓친 일, 또한 앤 덴험과 결혼한 것을 두고 레이놀즈 경이 "예술가 경력을 망쳤다"고 길거리에서 악담을 퍼붓던 일…. 플랙스먼은 아내를 동반해 로마로 떠나며 이런 말을 남겼다. "결혼은 남자에게 해가 되기보다 득이 된다."

웨지우드는 플랙스먼을 위해 로마에 있는 자신의 친구들에게 소개장을 써주었다. 레그혼의 미칼리에게 궤 적재 청구서를 보내며 웨지우드는 다음과 같은 편지를 첨부했다. '이 궤는 영국의 예술가이자 제 소중한 친구이기도 한 플랙스먼 씨의 것입니다. 그가 이탈리아에서 한동안 머물 예정이니 비용이 얼마가 들든, 저에게 청구해 주십시오. 조언 부탁드립니다.'

플랙스먼과 그의 아내는 파리로 가서 며칠을 묵었다. 그는 부이용 공작Duc de Bouillon(본명은 Jean-Francois Colson. 1728-1792. 1777년 왕립 회화아카데미 회원으로 선출됨 — 옮긴이)의 방문을 받기도 했다. 공작은 그에게 웨지우드 제품 주문을 의뢰했다. 부부는 곧장 로마로 향해 무사히 목적지에 도착했다. 웨버 씨와 동행한 웨지우드의 장남이 당시 로마에 머물고 있었으므로 자주 플랙스먼 부부를 찾아왔다. 플랙스먼은 계속해서 웨지우드의 주문 건을 만들어나갔다. 이 시기 많은 편지가 둘 사이에 오간 것으로 보이지만 내가 확보한 첫 번째 편지는 1788년 12월 24일자로, 그가 로마에 도착한 지 일 년 후쯤이다. 편지에서 플랙스먼은 이렇게 썼다.

피에몬테 공 초상 밀랍 모델을 아직 받지 못하셨는지요. 그 원형이 새겨진 담배 박스와 함께 선생님 성함을 적은 수하물로 보내드렸습니다만. (…) 고대 작품을 딴 '바커스의 출생' 부조는 현재 마무리 작업 중에 있습니다.

플랙스먼은 또한 로마에서 머큐리와 셰익스피어의 완성작을 웨지우드에게 보냈다.

카노바Antonio Canova(1757-1822. 신고전주의 양식을 대표하는 이탈리아의 조각가 — 옮긴이)는 플랙스먼의 작품들에 대해 깊은 존경과 최고의 찬사를 아끼지 않았다. 영국에서 온 이 대단한 조각가와 안면을 트기 위해 베니스에서 로마까지 서둘러 올 정도였다. 〈아트 매거진〉에 따르면, 영국의 작품 판단 방식에 대해 그가 남겼다고 알려진 유명한 경구가 바로 이때 나온 것이다. 떼를 지어 주변에 몰려든 유명 인사 중 한 명이 도대체 어떤 일이길래 영광스럽게도 이곳을 방문하셨냐고 묻자 예술계 거장인 그는 조각가 플랙스먼을 만나기 위해 왔노라고 답하며 이렇게 일갈했다. "플랙스먼! 여기서는 다들 당신 같은 거장을 대수롭지 않게 생각하는군요. 영국인들은 눈이 아닌 귀를 통해 판단하나 봅니다!"

로마에 머무는 동안 플랙스먼은 웨지우드의 디자이너이자 대리인 중 한 명인 드비어(훗날 그가 에트루리아로 왔을 때 존 드비어로 알려진 인물이다 — 옮긴이) 씨와 많은 교감을 나눴다. 그는 상당한 실력을 갖춘 사람이었다. 1788년 봄, 플랙스먼은 런던에 있는 버얼리 씨에게 다음과 같은 편지를 보냈다.

웨지우드 선생님께 편지 보내실 때, 드비어 씨가 여기에 온 이래로 굉장히 부지런히 작업하고 있음을 저 대신 말씀드려주시면 대단히 감사하겠습니다. 보르게세Borghese(이탈리아 시에나 출신으로 17-19세기 초에 걸쳐 정계와 사교계의 중심을 이루었던 명 가문 — 옮긴이) 가문의 화병 부조도 드비어 씨가 성공적으로 잘 해내고 있습니다만, 완전히 마무리될 때까지는 몇 주가 더 걸릴 것으로 보입니다. 그가 다 마치더라도, 제가 손볼 것이 있으니까요. 웨지우드 선생님께서도 선뜻 동의해주실 거라 믿습니다. 드비어 씨에게는 완전히 새로운 일이라 처음에는 좀 천천히 작업할 필요도 있는 데다, 매우 심혈을 기울이고 있기 때문입니다.

로마에 있는 동안 플랙스먼의 스튜디오에서 일한 덕에 드비어의 모델링은 뛰어난 조각가의 조언과 격려의 세례를 아낌없이 받을 수 있었다. 플랙스먼은 결코 칭찬에 인색하지 않았다. 이듬해 플랙스먼은 웨지우드에게 드비어 씨가 가장 아름다운 표현방식으로 프로세르피나Proserpina(주피터와 세레스의 딸, 플루토에게 납치되어 저승의 여왕이 됨—옮긴이) 부조를 완성했다고 알렸고, 웨지우드는 특히 '아킬레우스의 발견'이라는 드비어의 모델을 들며 그 고마움을 다정한 어조로 플랙스먼에게 되돌려주었다. 그동안 플랙스먼은 자신이 로마에 온 목적대로, 동상과 기념비 제작에 주력했다. 쉬지 않고 고대 고전 작품들을 따라 드로잉을 계속해 나간 그는 구성적 조화에서 매우 탁월한 감각을 보여주었다. 특히 호메로스, 아이스킬로스, 단테의 삽화를 형상으로 옮기며 고대 정신에 흠뻑 빠져들었다. 로마에서 몇 년을 보낸 후 런던으로 돌아온 그는 비로소 당대 위대한 조각가의 반열에 올랐음을 인정받았다.

앞서 부조와 관련해 플랙스먼과 드비어 간 관계에 관해 얘기한 바 있다. 플랙스먼이 웨지우드에게 보낸 마지막 편지에서 두 사람 간 또 다른 관계를 유추하는 것으로 이 장을 마치고자 한다.

로마, 1790년 1월 20일

웨지우드 선생님께,

이곳에 있는 동안 드비어 씨와 관련된 이야기로 두세 차례 짧은 편지를 선생님께 보내드린 바 있습니다. 저는 3개월 안에 이곳을 떠날 예정이므로,

또 한 건의 편지를 추가하게 되었습니다. 저로선 그와 관련된 모든 일이 제가 출발하기 전에 해결되기를 바라는 마음뿐입니다.

드비어 씨와 저는 선생님께서 보내주신 마지막 두 건의 편지에 언급된 내용에 대해 굉장히 염려하고 있습니다. 드비어 씨가 지난번 선생님께 보내드린 두 점의 부조가 크게 파손되고 훼손되었다는 소식 때문입니다. 저희는 그 손상이 복구 불가한 상태가 아니길 간절히 바랍니다만, 만약 그렇다면, 저도 드비어 씨도 몹시 걱정되는지라 어떻게든 배상해드릴 수 있도록 허락해주시길 간곡히 부탁드립니다. 드비어 씨가 첫 번째 부조를 포장할 때 제가 감독을 했습니다. 예전 제가 런던에서 에트루리아로 보낸 것과 동일한 포장방식이었고, 두 번째 부조도 같은 방식으로 포장되었음을 확인했습니다. 하지만 세 번째와 네 번째 부조에 대해서는 제가 포장 상태를 본 기억이 나질 않습니다. 다만 드비어 씨에게 확인한 결과, 종이의 넓이를 제외한 나머지는 첫 번째 것과 같은 방식의 포장이었습니다. 그러므로, 이 안타까운 사태를 어떻게 설명드려야 할지 난감할 뿐입니다. (…)

드비어 씨가 막 완성한 '아킬레우스의 발견' 부조(그가 편지에 스케치를 동봉해드릴 것이며, 지금 영국으로 보내드릴지 여부는 선생님의 지시에 따르겠습니다)에 제 의견을 덧붙인다면, 그의 실력 향상을 보여주는 충분한 증거가 아닐까 합니다. 오랜 세월의 풍파로 원본이 크게 훼손되었음에도, 그 아름다움을 구현할 방법에 몰두한 결과 진본의 느낌을 충분히 살려냈을 뿐만 아니라, 특히 일부분에서는 따라올 자 없는 실력을 발휘했기 때문입니다.

제가 곧 로마를 떠날 예정이라, 다음 세부사항에 대해 선생님께서 관심을 기울여 주시길 부탁드립니다. 우선, 선생님과 드비어 씨 간 합의 조항이 있습니다. 이 조항은, 선생님께서 드비어 씨의 연구내용과 생산품에 만족한다는 조건하에, 고용 2년 차부터 주급이 인상될 것이고 3년 차에 재인상될 것이라 규정하고 있습니다. 그의 최근 재능들을 보시면, 더욱 확실한 결정을 내리실 수 있으리라 사료됩니다. 하지만 상황이 여의치 않으시다면, 일부는 제 의견의 진실성을 근거로, 나머지는 선생님께서 여태 봐오신 안목을 근거로 판단해주십사 건의드립니다. 물론 드비어 씨의 여비 상당 금액을 전적으로 선생님께서 부담하고 계신 데다, 그가 해온 작품 각각에 대해 선생님께서 지불하신 금액도 꽤 크다는 점을 잘 알고 있습니다. 하지만 그 못지않게 중요한 것은 그 누구도 드비어 씨만큼 근면하고 향상심에 불타 있지 않다는 점입니다. 게다가 그는 연구를 계속하기 위해 새로운 일자리도 얻은 상태입니다. 제 견해로는 드비어 씨가 영국으로 보낸 부조들 중 마지막 한 점이 그의 최고 기량을 뽐낸 작품이라 생각합니다.

드비어 씨는 계약 종료 후에도 로마에 있는 동안 현재의 고용 관계를 계속 유지하겠다는 뜻을 선생님께 전해드리길 바라고 있습니다. 조건은 다음과 같습니다. 영국 운송을 맡은 젠킨스 씨의 수중에 작품을 전달할 때까지는 돈을 받지 않을 것이며, 그 이후 대금 절반을 받고, 선생님께 청구서를 보내드리면, 선생님께서 보시고 만족하실 때 나머지 반을 받겠다는 것입니다.

저 자신과 관련하여, 몇 마디 말씀을 올리는 것으로 편지를 마무리 하고자 합니다. 모쪼록 제가 드비어 씨에게 준 주제 선택안이 선생님의 비스케에 무가치한 것이 아니어서 눈 밝은 감식가들을 흡족하게 할 만한 것이길 바라마지않습니다. 이 한 가지 목표로 제가 직접 주제를 선택했기 때문입니다. 그 과정에서 선생님께 기쁨을 드리고자 하는 제 마음의 비중이 몇 배는 더 크며, 그저 사소한 문제들에서만 드비어 씨에게 도움이 되고자 했을 뿐입니다. 저는 다만 그의 친구일 뿐, 그의 후원자이자 진정한 벗은 선생님이십니다. 그도 자신의 직무를 분별할 줄 아는 사람이니까요.

'바커스의 출생' 부조는 오래전에 시작했음에도 불구하고 아직 다 끝내지 못해 죄송하다는 말씀 올립니다. 마무리 단계에 있으니 제가 영국으로 가져가 작업을 이어가면, 도착 약 3주 뒤에는 완성할 것으로 예상됩니다. 아시다시피 제 작업에는 면밀한 연구가 절대적으로 필요한 데다 방금 대작을 하나 마쳤고, 지금 또 하나의 대작을 작업 중이라 현재 제 시간과 생각을 전부 쏟아붓고 있는 실정입니다. 제가 여기 와 있는 동안에도 저의 향후 거취와 고용을 위해서는 한치의 시간이나 기회도 허투로 보내선 안 되는 상황임을 선생님께서 알아주실 걸로 믿습니다. 이곳에서 저의 이력은 이제 마무리 단계에 접어들어, 더는 주문 의뢰를 받지 않고 있습니다. 신께서 허락하신다면 다가올 6월에 만나 뵙지 않을까 싶습니다.

제 아내와 함께 선생님과 사모님, 그리고 가족분 모두에게 존경의 마음을 담아 안부를 전합니다. 그리고 버얼리 씨 부부와 친구들도 못내 그립습니다.

영원한 당신의 충복, 존 플랙스먼. 주니어

18장

벤틀리의 죽음

플랙스먼의 개인사와 그가 웨지우드를 위해 제작한 작품들에 많은 지면을 할애했으므로, 이제 다시 웨지우드의 개인사로 돌아가려 한다.

그에게 직업적 발전의 종착점이란 없었다. 성공을 거두었다는 사실로도 충분치 않았다. 그는 자신의 업에서 무수한 향상을 거듭했고, 그에 비례해 명성도 꾸준히 올라갔다. 에트루리아 작업장은 유럽 각지에서 수많은 방문객이 찾아오는 명소가 되었다.

《도공과 도자기의 역사》에서 저자 조지프 매리어트Joseph Marryat(1757-1824. 영국의 저술가—옮긴이)는 이렇게 말한다.

그가 국가 번영에 이바지한 제조의 중요성은 다음과 같은 사실로 입증된다. 즉, 유럽국가 상당수가 영국 도기 수입을 금지하거나 매우 높은 관세를 매겼음에도 불구하고, 웨지우드가 만든 생산품 중 6분의 5가 수출되었다. 그리고 그의 카메오는 외국인들이 열렬히 갖고 싶어하는 품목이어서 열광적일 정도로 구매가 잇따랐으며, 지금도 해외 곳곳 명사들의 캐비닛 안 세브르와 드레스덴 도자기 최상품들 사이에 당당히 자리를 차지하고 있다. 웨지우드는 도기에 생생한 색깔과 눈부신 광택을 부여하는 데 완벽히 성공했다. 그 이전까지는 자기에만 가능했던 특성이었다. 나아가 그는 국내외 일반 소비자도 사서 쓸 수 있는 가격의 도기들도 만들어 판매했다.

플랙스먼이 디자인한 아름다운 체스 말 세트는 도기로 제작된 근대 시기 첫 작품이었다. 《브리태니커 백과사전》 제9판 '플랙스먼' 항목을 담당한 저자는 이렇게 썼다.

플랙스먼: 그의 인물, 윤곽, 모델링은 웨지우드가 자신의 도기를 장식할 용도로 삼은 것이되 완벽에 가까운 정교함은 이미 그러한 재료에 쓰일 만한 수준이 아니었다. 다시 없을 위대한 조각가의 재능이 그런 하찮은 반기계적 집안 장식예술에 쓰였다는 점이 어쩌면 한탄스러울 수 있다. 하지만 이 제품의 아름다움을 부정하는 것만큼 헛된 일도 없을 것이다. 아마도 이 조각가는 얕은 부조에 작은 크기로 모델링하는 동안 극도의 섬세함을 기울였을 것이고, 아름다움은 그 과정에서 그가 수없이 되풀이한 훈련의 가치로 나타난 것이기 때문이다.

하지만 젊은 시절 이 무명의 조각가는 자신을 선뜻 고용해준이의 용기와 관대함 덕에 수입을 얻어 가족과 아내를 부양했다. 게다가 고대 그리스 작품을 본뜬 그의 드로잉과 웨지우드의 평판용 인물 모델링 훈련, 그리고 어린이 모습을 묘사한 티포트 장식용 디자인들은 당대 가장 위대한 조각가로서 그의 장래 이력을 빛나게 해줄 담금질이었다. 웨지우드를 매우 숭배했던 래스본 씨의 주도로 빛을 본 《Old Wedgwood, the Ceramic Relief Art of the Eighteenth Century》라는 제하의 드로잉 시리즈(쿼리치 Quaritch 씨의 피카딜리Piccadilly 출판사에서 제작되었다—저자)는 어린 시절부터 이어진 이 위대한 조각가의 부단한 연습, 아울러 그의 든든한 후원자가 되어준 위대한 도공의 기업(웨지우드)이 당대 예술 진보에 얼마나 막대한 영향을 미쳤는지를 잘 보여준다. 화병, 평판, 메달리언, 초상, 인탈리오, 카메오를 총망라하는 드로잉들은 1760~1795년 웨지우드에 의해 제품으로 생산되었다.

모국어 구사만으로는 만족하지 않았던 웨지우드는 프랑스어도 함께 익혔으며 화학, 식물학, 드로잉, 디자인, 패류학으로 학문 범위를 넓혀갔다. 그는 모든 것의 바닥까지 철저히 파헤쳤다. 그의 지식과 관심은 자연과학 전반에 관한 연구로 뻗어 나갔다. 이러한 연구들은 그가 만든 놀라운 생산품에 고스란히 투영되었다. 그의 편지 중 하나에 이런 문장이 들어있었다. '내가 만든 평판들의 값어치가 제대로 매겨지려면 시간과 희소성이 필요할 뿐이다.' 그의 예언은 적중했다.

웨지우드는 평판, 카메오, 직인, 장식 티포트에 골몰하면서도,

번영의 토대가 되었던 실용자기에도 결코 소홀하지 않았다. 샬럿 왕비는 웨지우드의 아름다운 진줏빛 백색 티웨어를 후원했고 이는 곧 인기 품목으로 부상했다. 왕비는 1779년 6월 19일 그릭 가에 있는 웨지우드 전시장을 친히 방문했다. 웨지우드는 벤틀리에게 이렇게 썼다. '영광스럽게도 왕비 폐하께서 펄화이트 웨어를 좋아해 주시니 얼마나 감사한 일인가! 왕실에 유행이 될 모양이야. 세트로 구성될 접시들이 오늘 다 나갔으니 말일세.' 이튿날 웨지우드는 벤틀리에게 다시 편지를 보냈다. '지난밤 보낸 상자 안에 왕과 왕비 두 분의 두상 모델도 함께 넣었네.'

이즈음 주목할 만한 또 하나의 사건은 그가 새로운 점토 배합으로 탄생시킨 막자사발이었다. 웨지우드는 영국은 물론 전 세계 모든 약제상이 사용할 그릇을 만드는 데 필요한 점토 지식을 완벽하게 터득했다. 물론 프리스틀리 박사가 리즈를 떠나기 전까지 도가니와 증류기를 오랫동안 공급했고, 국내외 과학자와 화학자들 사이에서도 이 품목에 대한 수요가 있었지만, 본격적인 막자사발 도입과 확산은 웨지우드의 인생 후반기에나 이루어진 셈이었다. 맨 처음 제조된 막자사발 표면에는 기포 자국이 맺혀 있었지만, 웨지우드는 끊임없는 실험을 통해 이 결함마저 완벽하게 제거했다. 특히 콘월 산 점토를 사용하면서 막자사발과 공이 제작을 완성할 수 있었다. 웨지우드의 발명품은 약제상협회의 실험을 거쳐 공식 채택되었고, 오랜 명성을 획득했다.

조사이어 웨지우드에겐 매우 뿌듯한 시절이었다. 모든 삶에는 명암이 있지만, 대체로 이 시기의 그는 모든 면에서 순조로웠다. 가장 큰 기쁨은 자신이 사랑하는 아내와 자녀들이었다. 다만, 런던에 있던 벤틀리의 건강이 매우 안 좋은 상태였다. 웨지우드는 그에게 승마를 권했다. 그는 벤틀리에게 이렇게 편지를 썼다.

자네 말 갖고 있나? 그 효용성을 생각하면 좋은 말은 제일가는 축복이라네. 수키(웨지우드의 장녀)는 지금 아주 건강하다네. 굉장히 튼튼해졌든. 승마 덕분이라고 생각해. 우리 가족 중 절반은 오전 6~7시쯤 말을 타고 나갔다가 왕성한 식욕을 느끼며 돌아온다네. 그런 다음 건초를 말리느라 분주하게 보내지. 새 정원을 막 조성했거든. 때론 실험하고, 독서하고, 드로잉하고. 나뿐만 아니라 온 가족 모두 바쁘게 지낸다네.

매우 화목한 집안이었음이 틀림없다.

웨지우드는 당장 런던으로 갈 수 없는 처지를 매우 아쉬워하며 벤틀리에게 자기 집으로 와서 휴가를 보내자고 제안했다. 독감에 걸리는 바람에 턴햄그린에서 함께 파이프 담배를 피우자던 벤틀리의 초대에 응하지 못한 것이다. 본래 턴햄그린은 웨지우드가 보기에 너무 저지대인 데다 강과 인접해 있어 옮기지 말라고 만류했던 곳이다. 그럼에도 불구하고 벤틀리는 기어이 그쪽 지역으로 이사하고 말았다.

웨지우드는 집에서 아들들과 행복한 시간을 보내며 화학 연구에 몰입했다. 다음은 웨지우드가 벤틀리에게 1779년 3월 17일자로 쓴 편지다.

우리는 지금 더할 나위 없이 좋은 시간을 보내고 있다네, 단지 시간이 촉박할 뿐. 나는 해 뜨기 전, 종종 캄캄한 새벽녘에 일어나서 저녁 식사시간을 알릴 때까지, 심지어 식사시간을 넘겨서까지 실험에 몰두한다네. 그런데도 해야 할 연구에 비해 시간은 턱없이 부족하지. 아들들은 지식을 물처럼 흡수하고 있다네. 게걸스럽다고 할 만큼. 아비로서는 보기 좋은 모습이지. 잭은 화학적 성향이 아주 뚜렷해서, 과학 분야라면 괜찮은 성과를 보이지 않을까 싶어. 문법 공부할 때보다는 훨씬 즐거워 보이거든! 솔직히 화학에만 빠져 다른 공부에 소홀할까 걱정이 되네.

웨지우드는 아이들에게 보내는 편지에 프러시안 회즙lixivium(재를 물에 우려내어 얻는 알칼리염 함유 용액—옮긴이)으로 낸 색상들을 슬쩍 쓰기도 했다. 공부에 흥미를 갖도록 유도할 뿐만 아니라 기억하기 쉽게 하려는 계산도 깔려있었다. 게다가 다윈 박사와 월튼(화학 강사) 씨도 이 방법을 상당히 효과적이라고 평했다.

1779년 5월, 웨지우드는 동물 전문화가인 스터브스George Stubbs(1724-1806. 말 그림으로 유명한 영국 화가—옮긴이)에게 다음과 같은 두 개의 가족 그림 모델링을 맡겼다. 먼저 하프시코드(14세기쯤 이탈리아에서 고안된 건반악기—옮긴이)를 연주하는 수재너 옆에서 키티가 노래를 부르고, 샐리와 어린 여동생이 카펫에 앉아 놀고 있는 그림 하나. 그리고 잭이 탁자 앞에 서서 유리관을 든 채 실험하는 모습을 두 남동생이 옆에서 지켜보는 그림이 나머지 하나다. 거품 방울이 솟아오르는 모습을 보면서 톰은 환희와 경이로 손뼉 치며 펄쩍 뛰고, 잭은 산에 분필 가루를 첨가하고 있으며, 조스가 화학 사전을 앞에 놓고 생각에 잠긴 모습은 아이들 개개의 성격을 묘사한 것이다.

스터브스는 웨지우드와 그의 가족을 담은 또 다른 그림을 남겼는데, 엄밀히 말해 조슈아 레이놀즈 경이 그린 초상화를 뛰어넘긴 힘들다. 이 책 앞장에 있는 초상화도 레이놀즈 경의 작품이다. 더비의 라이트가 그린 초상화도 있지만, 이 역시 조슈아 레이놀즈의 그림만 못하다.

웨지우드는 볼턴에 두 아들을 보내 라틴어를 배우게 했지만, 얼마 지나지 않아 그리 유용하지 않은 교육이라고 판단한 듯하다. 따라서 우선 건강을 다지고 체질을 개선할 운동에 전념하라는 편지를 보냈다. 그는 친구인 다윈 박사와도 아이들 교육을 의논했다. 다윈 박사 역시 웨지우드의 판단에 동의했다. 장차 무역에 종사할 아이들에게 라틴어를 가르쳐봤자 일정 수준에 도달하기 어렵고, 계속 쓰지 않으면 잊어버릴 수밖에 없다는 논리였다. 차라리 프랑스어와 독일어 같은 현대 언어를 배우고, 회계를 익히는 게 더 낫다고 본 것이다. 이에 따라 아이들은 볼턴에 있는 기숙사에서 나와 에트루리아의 한 학교에 다니게 되었다.

가족과 함께 행복한 시간을 보내는 사이에도, 웨지우드는 자기

조지 스터브스가 그린 웨지우드 초상화(위). 그리고 웨지우드 가족의 단란한 한때(아래).
세 아들과 큰딸 수재너가 승마를 즐기고 어린 딸들은 놀이용 마차에 앉아 있다. 웨지우드 부부가 벤치에 앉아 흐뭇한 표정으로 자녀들을 바라보는 모습이 담겨있다.

일을 근면하고 끈질기게 이어나갔다. 오랜 기간 연락을 주고받던 해밀턴 경은 그에게 부조 주형과 기타 고대 작품들을 보내왔다. 해밀턴 경은 웨지우드의 '호메로스의 신격화'를 진정한 걸작이라 인정하면서 자신의 기대를 훨씬 뛰어넘는 작품이라 평했다.

선생님께서 예술의 완성도를 높여가기 위해 잰걸음을 하고 계시는 증거를 제 눈으로 직접 보고는 얼마나 놀라고 기뻤는지 모릅니다. 선생님의 부조 작품은 이곳의 모든 예술가조차 감동할 정도입니다. 물론 자기네들도 훌륭한 작품들이 많이 있지만, 선생님 작품에는 더 순수하고 더 진실한 애정이 깃들어 있다고 말입니다.

웨지우드는 작고하거나 생존해 있는 위인들의 초상 제작에 몰두했다. 그의 최고의 작품들 중 하나는 윌리엄 해밀턴 경의 카메오 메달리언이었다. 매우 섬세하고 정교하며, 놀라울 정도로 실제 인물과 똑같게 본뜬 작품이었다. 드 위츠, 보어하브, 드 로이테르의 초상은 네덜란드에서 대단한 반향을 불러일으켰다. 그가 제작한 초상 중에는 절친 프리스틀리 박사, 존경하는 친구이자 주치의인 다윈 박사, 그리고 플랙스먼이 모델링한 존슨 박사, 당대 최고 유명인이던 케플 제독, 윌리엄 헨리 왕자(이후 윌리엄 4세가 됨), 그리고 미국인 철학자 프랭클린 박사, 스태포드셔 도기 제작자로 웨지우드의 선대 중 한 명인 존 필립 엘러스가 있다.

웨지우드는 벤틀리에게 이렇게 썼다.

보다 많은 초상 작품들의 해외 판매를 미리 준비해뒀으면 하네. 볼테르, 루소, 린나이우스Linnaeus(카를 폰 린네 또는 카를루스 린나이우스, 스웨덴의 식물학자로 생물 분류학의 기초를 놓는 데 결정적인 기여를 해 현대 식물학의 시조로 불린다. 귀족이 되기 전 이름은 카를 린나이우스이고, 스스로는 라틴어 이름인 카를루스 린나이우스를 썼다 — 옮긴이), 프러시아 왕, 그리고 왕위 세습을 앞둔 왕자들의 초상 말일세. 플랙스먼이 모델링한 이탈리아 시인들도 같이 말이야. 의복을 빼고 머리 모양을 갖추면 상당한 인기 품목이 될 듯해. 그 외 준비 중인 다른 인물들로는 표토르 1세, 베이컨 경, 우리 부부, 평판 모델러인 스터브스 씨, 내 오랜 지인이자 벽돌공인 에드워드 번이 있지.

웨지우드는 벽난로 선반 장식품에도 지대한 관심을 보였다. 이 작품들은 영국보다 아일랜드에서 대거 사들였다. 최신 점토배합률을 적용한 이 장식품들은 그 자체로 예술작품이나 진배없었다. 높이가 4~6인치 되는 그의 부조 메달리언은 당대 최고 세공 능력이 발휘된 만큼 정교하고 아름다웠다. 유명인의 실물 흉상은 감탄을 자아냈으며 수요도 폭발적으로 늘어났다.

웨지우드는 1778년 8월 벤틀리에게 편지를 보내 이듬해 전시를 위해 어떤 작품들을 만들고 있는지 미리 알렸다. 평판이나 프리즈용 '댄싱 아워스Dancing Hours', '호메로스의 신격화'를 넣은 다양한 크기의 에트루리아식 화병, 가장 큰 사이즈로 제작한 목신들이 지켜보고 있는 '바커스의 승리' 그리고 당시 제작 중이던 '아리아드네의 승리'와 기타 작품들이다.

플랙스먼이 모델링한 '댄싱 아워스'(왼쪽 페이지)는 평판용 부조뿐 아니라 화병과 사발, 찻잔, 티포트, 장식용품 등으로 다양하게 변주되었으며 오늘날까지 웨지우드를 대표하는 문양으로 사랑받는다.

1779년 여름, 웨지우드는 리치필드 인근 블라이드필드에 있는 윌리엄 해밀턴 경 저택을 친히 방문했다. 그 내용을 벤틀리에게 이렇게 전했다.

해밀턴 경이 새로 꾸민 방은 코레조(16세기 이탈리아 화가 — 옮긴이), 라파엘로, 게르치노(17세기 볼로냐 화파의 대표 화가 — 옮긴이), 바사노를 비롯해 여러 탁월한 거장들의 작품들로 둘러싸여 있었다네. 해밀턴 경이 벽난로 장식 쪽으로 내 관심을 돌리더니 확신에 찬 어조로 그 방에 있는 작품들 중 최고의 걸작이라 소개하더군. 자네도 알 거야. 호메로스와 헤시오도스 평판과 뮤즈들 프리즈 말일세. 장인들이 정말 잘 만들었어. 굉장히 매혹적이라네. 뛰어난 감식안을 가진 다른 손님들 눈에도 분명 그렇게 보였을걸세. (…) 그 평판의 가장자리에 이가 조금 나간 걸 본 사람들에게서 탄식이 흘러나왔네. 아마도 누군가의 손에서 미끄러진 불운을 겪은 게지. 하지만 윌리엄 경은 오히려 이 작품의 진가를 보여준 행복한 사고라고 말하지 않겠나. 그 질감이 얼마나 곱고 섬세한지를 입증해주는 것이라며, 그렇지 않았다면 분명 칠로 표면을 덮었을 거라고 말야. 아무튼 이번 방문은 대단히 흡족했네.

벤틀리는 웨지우드의 편지가 너무 길다는 투정 섞인 농을 던지면서도, 웨지우드 못지않은 열의를 보이며 콘덴싱 엔진을 하나 보내겠다고 말했다. 이 제안에 놀란 사람은 다름 아닌 웨지우드 여사였다. 웨지우드의 장서와 수집품들이 이미 엄청나게 늘고 있기 때문이었다. "내 아내가 집을 한 채 더 짓기 전에는 책도 더 이상 들이지 말라는 거야. 더 사기보다는 기왕 갖고 있는 책들을 더 읽으라면서 말야." 이런 말은 이 위대한 도공 말고 다른 책벌레들에게나 해줄 충고일 것이다.

1779년 말에 다다를 즈음, 웨지우드는 학교로 보냈던 아들을 데리러 볼턴으로 향했다. 그 길에서 혼란에 휩싸인 면화지구를 지나게 되었다. 노동자들이 파업에 돌입해 증기엔진과 기계류를 부수겠다고 난리 치는 와중에 초우벤트 인근 공장에서는 폭도들에게 발포 명령이 떨어져 여남은 명이나 사망했다. 그래도 소용이 없었다. 폭도들은 다시 모였고, 일부는 방직공장으로 침입해 1만 파운드에 달하는 기물들을 파손했다. 그야말로 국내와 해외 모두 전쟁 중이었다. 웨지우드는 미국과의 전쟁을 '역겨운 짓'으로 간주하고, 그 사이 프랑스가 영국을 침공하지나 않을까 우려했다. "플리머스의 부두와 무기고가 다 파괴될지 몰라. 우리는 전혀 무방비 상태야. 이건 다 정부 당국의 잘못이라고. 그들이야말로 최악의 적이나 다름없네."라고 그는 말했다.

그런 혼란 속에서도 그는 다시 사업에 몰두했다. 1779년 말 런던 최초이자 전 세계 최초로 도기 수도관 제조에 착수했다. 그는 벤틀리에게 편지를 보냈다. '차기 파이프 협상이 마무리 단계에 있네. 자네에게 보낼 15다스의 갈색 잉크포트 포장도 다 마쳤어.' 웨지우드는 점차 고급품 제조에도 관여하기 시작했다. 반지, 팔찌, 평판용 보석과 카메오 등으로 이전까지 만들던 것보다 훨씬 값비싼 품목들이었다. 이제는 그를 대적할 자가 아무도 없었다. 벤틀리에게 그가 말했다. "보기만 해도 굉장히 독특하고 아름다워. 특히 배경색에 따라서 말이야. 화이트블루, 골드, 블랙의 조화가 현격한 아름다움을 자아내거든. 정말이지 세련되고 고상한 컬렉션이 아닐 수 없어. 굉장히 귀한 데다 만들기도 까다롭지. 흰색 뮤즈들이 파란색 바탕에 대비되어 훨씬 더 세련되게 느껴진다네." 며칠 후 웨지우드는 다시 이렇게 말했다. "흰색 형상들에 맞출 배경색 실험을 하는 중이야. 형상들이 돋보이면서도 자연석처럼 느껴지도록 할 만한 것으로는, 제대로 완성만 된다면, 혈석bloodstone이 가장 적합할 걸세."

같은 해 웨지우드는 자기, 일명 차이나를 만들기 시작했다. 이즈음 콘월로부터 충분한 양의 카올린을 확보했기 때문이다. 그의 위대한 기업가 정신을 입증할 또 한 번의 도약이었다. 그를 수행하고 있던 버얼리 씨가 자신의 고용주인 웨지우드에게 이렇게 쓰고 있다.

> 검정색 액자를 씌운 게릭David Garrick(1717-1779. 영국의 배우, 극작가, 프로듀서 — 옮긴이)과 셰익스피어는 요크에서 모두 판매되었습니다. 케플 제독은 수천 점이라도 원하는 가격에 팔 수 있을 것 같습니다. 오! 케플! 왜 케플은 빨리 안 보내시는 겁니까? 다음 달이면 가능할까요?

한편 커다란 반향을 불러일으킨 프리스틀리 박사의 발견(산화수은의 열분해를 통한 산소 발견 — 옮긴이)을 두고, 월튼은 그를 '당대의 뉴턴'이라 칭송했다. 웨지우드는 대중의 수요를 예감하고 서둘러 프리스틀리의 초상 모델을 끝마쳤다. 웨지우드 가의 아들들은 월튼의 화학 강의를 들으며 학업에 더욱 매진했고, 그중 토머스 웨지우드 주도로 광학술 발견이라는 결실이 맺어졌다.

웨지우드는 일기에 이렇게 적고 있다. '고난이 많았지만, 축복도 많았다.'

가장 큰 고난 중 하나는 그토록 아끼던 친구 벤틀리의 죽음이었다. 벤틀리는 오래전부터 병을 앓아왔지만 아무도 그의 병이 치명적이리라고 생각지 못했다. 비교적 젊은, 불과 49세의 중년 남자일 뿐이었다. 웨지우드는 그런 벤틀리가 몸이 좀 안 좋다고 말할 때면 어디라도 함께 산책가자며 졸라대곤 했다. 1780년 6월 30일, 그가 사망하던 해에 웨지우드는 편지에 이렇게 썼었다.

에트루리아로 오게. 기꺼이 자네와 함께 벅스턴, 매틀록, 아니면 그 어떤 곳이라도 가겠네. 더 자주 가지 못한 나 자신을 책망할 정도로 벅스턴은 환경이 좋아. 석회암 지대에 있는 마을의 깨끗한 공기도 한몫하는지 말들도 컨디션이 상승하더군.

하지만 벤틀리는 벅스턴으로 가지 않았다. 대신 바닷가 공기의 덕을 보기 위해 마게이트(잉글랜드 남동부 켄트 주의 타네트 섬에 있는 보양지)로 갔다. 벤틀리가 그곳에 머물 때 마침 패류학을 공부하고 있던 웨지우드는 조개껍데기를 모아달라고 부탁했다. 벤틀리는 수많은 종류를 선별해 정성껏 싸 보냈고 웨지우드는 그 모양들을 그릇에 그대로 재현했다. 벤틀리는 이후 아내와 함께 에트루리아로 가서 몇 주간 행복한 시간을 보냈다. 하지만 그마저도 별 효과가 없었고, 런던으로 돌아오는 길엔 더 악화하고 말았다. 웨지우드는 벤틀리가 그렇게까지 위중한 상태라는 걸 전혀 눈치채지 못했다. 둘 사이의 서신 교환은 내내 이어졌고, 웨지우드의 마지막 편지에는 끝내 답장이 오지 않았다. 벤틀리는 1780년 11월 26일 사망했다. 그의 나이 마흔아홉 살이었다.

그의 죽음은 모두를 슬픔에 빠뜨렸다. 그리피스 씨는 웨지우드에게 보내는 편지에 이렇게 썼다.

턴햄그린, 11월 25일
친애하는 선생님, 우리의 가엾은 친구가 아직 숨을 쉬고는 있지만, 아아! 등잔불처럼 가쁜 숨이 짧게 지속될 뿐이군요. 모든 희망이 우리를 저버린 것 같습니다! 제 입에서 다음에 어떤 말이 나올지, 생각만 해도 두렵습니다!
안녕히! R.G.

벤틀리를 죽음으로 몬 질병에 관한 기록은 남아있지 않지만, 종종 두통을 호소했던 것으로 보아 뇌졸중이 아니었나 싶다. 웨지우드가 친구의 심각한 병세를 전해 들은 건 턴햄그린으로 가는 도중이었다. 벤틀리는 치스윅 교회 지하 납골당에 묻혔다. 많은 친구가 장례식에 모여들었다. 그들은 그토록 밝고 재능있고 총명했던 친구의 갑작스러운 죽음을 애석해했다. 상실감에 압도당했던 웨지우드는 그의 무덤 위에 피터 시메이커스(1691-1781, 플랑드르 출신 조각가 — 옮긴이)가 조각한 평판을 올렸다. 리버풀의 동업자인 샘 보드맨은 벤틀리를 애도하며 이렇게 썼다.

1780년 12월 31일
인생의 모든 사건은 반드시 현명한 결말을 맞는다는 확신이 없다면, 신의 섭리인 이 운명을 도저히 받아들이기 어려울지 모른다. 존경해 마지않던 친구가 우리 곁에서 짧은 시간을 머물면서 아름답고 뜻깊은 삶을 살았다. 그는 미덕과 선의의 고결한 선례를 우리에게 남기고 떠났다. 이 점이 공적으로나 사적으로나 우리의 삶과 행위 모든 면에서 잊히지 않기를!

'아테네인' 스튜어트가 벤틀리의 삶에 대해 남긴 기록 중 마지막 문구는 다음과 같다.

그의 폭넓은 재능이 드넓은 박애 정신을 만나 공공선을 위한 계획을 수립하고 실행하는 데 아낌없이 활용되었다. 그는 철학자의 자유로움으로 사유했고 미덕을 갖춘 시민의 진실성으로 행동했다.

치스위크 교회는 최근 재건축되었지만, 그의 묘비는 교회 내부 남쪽 문 너머로 여전히 굽어볼 수 있다.
벤틀리가 사망한 직후, 웨지우드와 벤틀리의 파트너십과 관련된 런던 주식은 크리스티 경매에서 12일에 걸쳐 매각되었다. 플랙스먼의 디자인으로 1787년에 제작된 '혼인의 신에 대한 번제'는 415파운드에 팔렸다. 8년 후, 싯슨 박사 컬렉션 판매 행사에서 플랙스먼이 디자인한 대형 작품 '호메로스의 신격화'도 735파운드라는 천문학적 금액으로 팔려나갔다. 이 작품은 이후 트위드마우스 Tweedmouth(1820-1894. 스코틀랜드의 사업가이자 정치인, 최초의 골든리트리버 사육자이기도 하다 — 옮긴이) 경의 컬렉션으로 넘어갔다. 한때 웨지우드가 남긴 발언이 진실로 드러난 셈이다. '이 작품들의 값어치를 매길 수 있는 건 오직 시간과 희소성뿐'이라던 그 예언!

19장 ————

웨지우드의 고온계

웨지우드가 도기 제조를 시작한 이래 그의 관심은 늘 가마의 열에 집중돼 있었다. 그는 도기를 굽고 광택제를 녹여낼 최적의 화로를 찾아내기 위해 수없이 가마를 허물고 새로 지었다. 그 비용만도 엄청났지만, 웨지우드는 특유의 인내력으로 어려움을 극복해 나갔다.

웨지우드는 최고 온도까지 단계적으로 열을 끌어 올릴 방법을 찾기 위해 끊임없이 실험했고, 이는 마침내 그에게 고온계 발명이라는 쾌거로 이어졌다. 여기서 고온계란, 고체의 팽창을 통해 열을 측정하는 기구를 말한다. 그는 빨간색이 나타나기 시작한 순간부터 가마에서 생성될 수 있는 최고 온도까지 측정했다. 스웨덴의 화학자 베리만은 은을 녹이는 열이 철을 붉게 달구는 열보다 낮다고 계산했지만, 이는 나중에 오류로 밝혀졌다.

머센브룩Muschenbrock(1692-1761. 네덜란드 과학자―옮긴이), 데사굴리에John Desagulier(1683-1744. 영국의 자연철학자이자 성직자, 엔지니어. 뉴턴의 실험 조수였다―옮긴이), 엘리코트, 공학자 스메튼John Smeaton(1724-1792. 교량, 운하 항구 등대 설계를 담당한 영국 토목기사, 기계공학자, 물리학자―옮긴이)도 고온계 실험을 했지만, 그들 모두 웨지우드가 도달한 만큼의 강렬한 열에는 이르지 못했다. 금속과 화로, 기타 사물의 열을 정확히 측정하는 데서 얻는 이점은 불로 작동시키는 일을 하는 사람 모두에겐 두말할 가치가 없을 정도로 크다. 따라서 이 엄청난 필수기기를 공급하게 된 웨지우드의 발명은 대단히 기발하고 소중한 공헌이었다.

모든 점토는 불에 의해 수축한다. 열의 '강도'에 비례해 점점 더 부피가 줄어든다. 그러므로 동일한 점토의 작은 덩어리를 눈금이 매겨진 관에 넣은 다음 불에 달궈 관 속 덩어리가 더는 수축하지 않는 지점을 숫자로 표시해 열을 표기하면 된다. 웨지우드는 이 열 측정기를 처음에 '파이로미터Pyrometer'라 불렀다. 하지만 이 단어가 팽창을 측정하는 다른 기기 이름으로 이미 사용되고 있어서, '써모미터Thermometer'라는 이름을 유지하기로 결론지었다(웨지우드는 왕립학회에 이 같은 견해를 설명해 놓았다(Royal Society 회보 Philosophical Transactions, vol. 1xxii., vol. 1xxiv., 1xxvi.―저자).

웨지우드는 자신의 첫 번째 논문을 1782년 5월 9일 왕립학회에 보냈다. 제목은 〈고온의 열을 측정하는 온도계 제작 시도, 적열赤熱에서 점토 용기가 견딜 수 있는 강한 열까지*An attempt to make* *a thermometer for measuring the higher degrees of heat, from a red heat up to the strongest that vessels of clay can support*〉였다. 그의 논문이 왕립학회에서 검토되고 몇 달 후, 윌리엄 플레이페어(1759-1823. 스코틀랜드의 엔지니어이자 정치경제학자이며 그래픽을 통한 통계분석법의 주창자—옮긴이)라는 에든버러 교수가 웨지우드에게 다음과 같은 편지를 보냈다.

선생님께.

지난봄 왕립학회를 앞두고 선생님께서 이번에 새로 발명하신 온도계에 관한 매우 천재적인 논문을 검토하는 자리에 참석했던 것을 대단히 영광스럽게 생각하는 바입니다. 학회에 보탬이 되는 장한 업적에 참석자 전원이 큰 감화를 받았습니다. 이 주제에 관해 대화를 나눠본 이들 중 선생님의 온도계를 인정하지 않는 이가 단 한 명도 없을 정도입니다. 사물의 본질을 밝혀주는 완벽한 발명품이니까요. 다만, 선생님의 온도계 눈금이 열 측정에 보편적으로 이용되는 화씨Fahrenheit(독일의 가브리엘 파렌하이트의 이름을 딴 온도 단위—옮긴이) 눈금과 차별화되기를 바라는 사람들 몇몇과 의견을 모은 적은 있습니다. '열의 정도'라는 용어에 새로운 의의를 두지 않고는, 다시 말해 새로운 개념을 부여하지 않고는, 혹여 선생님의 뜻깊은 발명이 제대로 평가받지 못할까 우려하는 마음에서 드리는 말씀입니다. 동봉한 종이에 따로 제시한 방법이 이 목적에 부합하지 않을까 하는 생각이 들어, 선생님의 현명한 판단에 경의를 표하며 이 글을 올리게 되었습니다. 아, 그리고 선생님의 온도계를 어디서 구입할 수 있을지 알려주신다면 대단히 감사하겠습니다. 이곳에서는 통 구할 수가 없군요.

존경의 마음을 담아,

당신의 충직한 종복, 윌리엄 플레이페어

웨지우드는 플레이페어의 충고에 따랐다. 왕립학회에 보낸 다음 논문에서, 그는 자신의 온도계 눈금을 화씨 눈금보다 대폭 줄임으로써 소규모 가마에서 생성할 수 있는 가장 높은 열도 화씨 수천 개 눈금과 일치할 수 있게 만들었다. 즉, 그의 온도계가 기록하는 열의 눈금은 기존 온도계에 비해 34배나 폭넓었다.

또 다른 논문(희보 〈Philosophical Transactions〉 vol. 1xxvi)에서 웨지우드는 같은 환경에서 같은 결과가 도출될 수 있도록, 측정 게이지나 스케일 분할과 함께 점토의 형상과 특성을 균일화하는 방식을 기술했다. 그가 처음에 사용한 점토는 콘월에서 보내온 꾸러미 한 개 중 잔여분이었는데 곧 소진되고 말았다. 따라서 같은 지점에서 채취한 새 점토를 조달받아 사용했지만 열에 의한 수축 정도가 매우 달랐다. 그는 자신이 조달할 수 있는 최고의 점토에 다량의 명반 흙을 첨가할 필요성이 있다고 판단했다. 명반 용액 알칼리로 침전시킨 다음 끓는 물에 씻어내면 젤라틴 상태의 흙이 생성되기 때문이다. 이런저런 실험을 거친 끝에 드디어 적절한 응집력을 가진 점토를 만들어냄으로써 온도 측정의 정확성을 높일 수 있게 되었다.

웨지우드는 왕립학회 회장인 조지프 뱅크스 경과 많은 서신을 교환했다. 뱅크스 경의 초기 편지들은 유명 외국인들을 웨지우드에게 소개하는 내용이 대다수였다. 당시 웨지우드의 에트루리아 작품들은 영국의 자랑거리였기 때문이다. 그중 눈에 띄는 것은 웨지우드가 1783년 1월 16일 왕립학회 회원으로 선출되었음을 알리는 편지다. 여기서 뱅크스 경은 웨지우드에게 도자기에 대해 잘 아는 사람을 천거해 달라는 청을 덧붙였다. 중국 황제 알현에 매카트니 경과 동행할 자로, 중국인이 사용하는 제작기술에 정통한 사람을 추천해주길 부탁하는 내용이었다. 그는 자국의 예술가들이 아직 이 분야에 무지한 편이라며, 이렇게 언급했다. '도자 기술을 예술 이전에 과학으로 연마하시는 선생님께 우리가 그러한 적임자를 어디서 만날 수 있을지 조언을 구하는 바입니다.'

1784년 4월 6일자 조지프 뱅크스 경의 편지는 웨지우드의 고온계와 기타 사항에 관해 이야기하고 있다.

선생님께,

선생님의 온도계 눈금과 화씨온도계 눈금을 비교 분석한 선생님의 논문을 상세히 읽어보았습니다. 전체적으로 제 의견과 완전히 부합합니다. 그래서 제 권한으로 왕립학회에 적극 소개하려 합니다. 허나 한 가지 말씀드려야 할 것은, 선생님께서 아직 모르시는 것 같습니다만 지난겨울 허드슨 베이에서 진행된 실험에 의하면 수은이 가단성 금속으로 응고되는 지점이 화씨온도계로 영하 40도로 정해졌습니다. 따라서 수은 온도계로 관찰되는 온도

이하의 모든 냉점은 별도로 해야 합니다. 물론 이 문제는 선생님께 그리 중요한 문제가 아닐뿐더러 온도계 눈금에 있어 그저 티끌만한 변동사항일 뿐입니다.

진심을 담아 단언컨대, 선생님이야말로 저희 클럽 '아테니언Athenian'(웨지우드가 창설자이자 가장 오래된 멤버다 ─ 옮긴이)에 꼭 필요한 분이십니다. 선생님의 지원과 기여를 학수고대하고 있습니다. (…)

이곳은 아직 봄의 기운이 전혀 느껴지질 않습니다. 산등성이가 파릇파릇해질 기미도 보이질 않고, 구스베리 숲도 조용합니다. 오늘은 구름이 끼더니 바람을 동반한 비가 내리고 있습니다. 그럼에도 불구하고 기상 온도계 눈금은 상승하고 있습니다. 좋은 징조입니다.

당신의 충직한 친구, 조. 뱅크스

당시 파리에 있던 프리스틀리 박사에게 보내는 1791년 9월 2일자 편지에서 웨지우드는 이렇게 썼다.

라부아지에Antoine Lavoisier(1743-1794. 프랑스의 화학자. ─ 옮긴이) 씨가 제 온도계 두 점을 원하신다기에 가지러 오신 분께 전달해 드렸습니다. 세구인 씨는 이런 말을 남겼습니다. "이 온도계가 매우 유용하다는 것을 잘 알고 있을 뿐더러 그 어느 때보다도 절실히 필요한 상황입니다. 라부아지에와 제가 현재 융합로 이론the theory of Furnace of fusion을 완성하는 일에 착수하고 있기 때문입니다." 다만 몇 가지 설명이 필요하니, 선생님께서 알려주시길 간곡히 요청드립니다.

웨지우드가 왕립학회에 보낸 논문들은 프랑스어, 독일어를 비롯해 여러 언어로 번역되었다. 이렇듯 웨지우드는 과학적·예술적 명성을 국내는 물론 해외에서도 쌓고 있었다. 스웨덴에서는 그의 논문이 대량으로 재판될 정도였다. 웁살라 왕립과학회는 조사이어 웨지우드의 방대한 논문이 게재된 5권짜리 회보뿐 아니라, 화학 모음집까지 소장하고 있었다. 이 책 또한 전 5권으로 구성되어 있으며 시금, 야금, 염색, 유리 표면 페인팅, 자기 점토용 유약, 시멘트, 착색물질, 용광로 등에 관한 매우 귀중한 논문과 메모들뿐 아니라 세세한 중량 목록표들까지 빼곡했다. 이 두 시리즈 모두 (대영박물관 카탈로그에 따르면) 스웨덴과 독일에서 번역·출간되었으며,《재료학 실험사》의 저자인 르위스 박사Dr. W. Lewis의 원본 출처 일부가 포함되어 있었다(삽화와 함께 매우 깔끔하게 기술된 웨지우드의 원고들은 현재 대영박물관이 소장하고 있다. 도서번호: Additional MSS. 28,309 –313, 상동 28,314–318 — 저자).

고온 측정 기술의 발달은 필연적인 수순이었다. 거니Goldsworthy Gurny(1799–1875. 영국의 외과의사, 화학자, 발명가 — 옮긴이) 씨는 와이어로 끌어당길 수 있는 다양한 금속의 상대적 팽창성을 확인하기 위해 자신의 화학 강의에서 활용한 새로운 방법을 창안해냈고, 에릭슨John Ericsson(1803–1889. 스웨덴계 미국인 발명가 — 옮긴이)도 천재적인 발명가로 고온계 향상에 일조했다. 그 외에 많은 개선사항이 이어졌지만, 고온계에서 여타 모든 발명을 능가할 만한 가장 중요한 혁신은 1821년 대니얼John Frederic Daniell(1790–1845. 영국의 화학자이자 물리학자 — 옮긴이)에 의해 이루어졌다. 그러나 이 발명에서도 웨지우드의 자기 제작 점토 이용방식이 여전히 차용되고 있었음은 물론이다. 따라서 이 주제를 벗어나기 전에 우리가 반드시 기억해야 할 것은 고온측정기라는 과학적 진보에 있어서 웨지우드가 크나큰 족적을 남겼다는 사실이다.

웨지우드는 계속해서 발명하고, 자신의 발견을 더 높은 단계로 끌어올렸다. 그는 1777년 기물 전체의 태토를 재스퍼로 만드는 것이 아니라, 기물을 담가 재스퍼 코팅을 입히는 '재스퍼 딥' 방식을 도입했다. 이로써 제품의 아름다움은 전혀 손상하지 않으면서 재스퍼웨어의 단가를 대폭 낮추는 쾌거를 이뤄냈다. 웨지우드의 무역 기조는 여전히 성장세였다. 러시아로 대량 수출되었고, 규제 관세를 매기는 독일, 이탈리아, 심지어 프랑스에서도 주문이 쇄도했다. 그는 제품의 효용성에 장식성을 더하는 노력을 꾸준히 이어갔고, 벽난로 선반 장식까지도 자신이 할 수 있는 한 가장 예술적인 디자인을 채택하기 위해 고심했다.

웨지우드는 벽난로가 집에서 가장 생기있는 장소여야 한다는 견해를 갖고 있었다. 벽난로는 그 주위로 가족들이 모여 즐겁게 이야기를 나누는 공간일 뿐 아니라, 손님을 모시는 응접실의 중심이기 때문이다. "모두가 자연스레 바라보게 되는 벽난로 장식이 왜 아름다운 예술작품이 아니어야 하는가?" 이것이 바로 그가 벽난로 장식에 심혈을 기울인 이유이며, 특히 고대 작품 모방 및 자신만의 정교한 작품들로 이름을 날리던 당대 최고 장인 플랙스먼에게 아름다운 카메오와 부조장식 디자인을 맡긴 까닭이다.

사실 웨지우드는 최고의 기술자들을 곁에 두고 일하는 데 있어서 누구보다도 큰 어려움을 겪어 왔다. 외국 업자들이 작업장 주변을 서성거리며 장인들을 뇌물로 꼬드겨 해외로 빼돌리기 위해 혈안이 돼있었기 때문이다. 버밍엄의 볼턴과 와트의 회사 또한 이같은 매수꾼들로 포위돼, 해적질을 일삼는 외국인들을 막기 위해 회사 입구를 봉쇄해야 할 정도였다.

당시 제조업 지구마다 범법이 판을 쳤다. 랭커셔 방직공들은 이 공장 저 공장을 돌며 자신들의 생계수단인 방적기를 파손했다. 그들은 자신들이 직접 사업체를 꾸려 이익을 낼 수 있게 된다면, 그 수익이 전부 자신들에게 돌아갈 뿐만 아니라 소외계층까지 함께 수혜를 볼 것이라 주장했다. 하지만 그 자본도 따지고 보면 훔친 것이 아닌가! 결국은 방직공들의 파업을 끝내기 위해 군대가 동원되었다. 비슷한 사태는 스태포드셔에서도 일어났다. 요업 노동자들은 도로를 점거한 폭도들을 피해 무리 지어 귀가할 수밖에 없었다. 에트루리아 노동자들마저 무장하지 않은 채 홀로 작업장 밖을 나서지 못하는 형국이었다. 경찰이 폭도들을 진압해 일부는 체포, 수감, 재판을 받았음에도 불구하고, 각종 약탈이 끊이질 않았다. 한 무리의 강도들이 웨지우드의 선박 중 한 척을 점거하기도 했다. 맨체스터로 향하는 물품들로 가득했던 그 배는 처참한 약탈을 당하고 아무렇게나 팔려나갔다.

웨지우드는 자신의 작업장도 위협받고 있다고 직감하고, 연락원들을 뉴캐슬언더라임으로 급파했다. 웨일스 소총병과 스태포드셔 민병대가 에트루리아에 속속 파견되었다. 강도들은 붙잡혀 실형을 선고받았다. 그들 중 한 명은 교수형에 처해지고, 소요사태는 일단락되었다. 하지만 극심한 불안은 여전했다. 미국과 전쟁이 코앞으로 닥쳐왔고, 국내 정황은 대혼란에 빠져 있었다. 공장들은 문을 닫고, 랭커셔와 요업지구의 많은 노동자가 일자리를 잃었다. 이런 정국에서도 에트루리아 공장에서는 열심히 일할 의지가 있는 사람이라면 언제라도 높은 임금을 주고 고용했다.

상황이 어느 정도 진정되었을 때 웨지우드는 사회적 병폐를 바로잡기 위해, 이와 같은 사태를 빚은 어리석음을 경고하는 소책자를 발간했다. 그는 '요업지구 젊은이들에게 고하는 글'이라는 제하의 메시지를 자신의 작업자들에게 배포했다. 그 내용의 일부는 다음과 같다.

저는 여러분이 부모님들께 현재 거주하고 있는 이곳이 과거에는 어땠는지 여쭤보았으면 좋겠습니다. 그러면 그분들께서는 지금은 상상도 못 할 정도로 모두가 가난에서 벗어나지 못했다고 얘기해주실 겁니다. 집은 다 쓰러져가는 오두막이나 다름없었고, 토지는 제대로 개간되지 않았으며, 인간이나 가축이 먹는 식량도 형편없었습니다. 길도 사람이 지나다닐 수 없는 지경이었으니 외부 세계와는 단절되다시피 했습니다. 무엇보다 우리 마을 사람이 제일 불편을 겪었을 것입니다. 제가 실제로 알고 겪은 그때의 모습과 이곳의 현재 모습을 한번 비교해보시기 바랍니다. 노동자들 임금은 두 배로 상승했고, 집도 새로 지어 깨끗하고 편안하며, 토지와 도로를 비롯한 여타 환경이 바람직한 방향으로 빠르게 향상되고 있습니다. (…)
근면성이야말로 이 행복한 변화의 모체입니다. 우리 모두의 근명성과 인내력 덕에 건물과 토지, 도로와 운하 등 마을의 토대가 월등히 개선되었습니다. 현재 다소 불미스러운 상황에 처해 있습니다만, 이 말씀은 꼭 드리고 싶습니다. 이곳 주민인 여러분의 매너와 품성이 우리 마을에 대해 잘 알지 못하던 사람들의 귀감이 되며 주목과 감탄을 불러일으키고 있다는 점, 나아가 이러한 발전이 지금껏 우리를 견인시켜온 장점에 의해 얼마나 더 이어질 수 있을지 가늠해보는 것이야말로 제 인생 가장 기분 좋은 상상 중 하나라는 점을 말입니다.

웨지우드는 또 다른 소책자를 발간했다. 앞서 말한 대로, 외지인들이 기를 쓰고 장인들을 매수해 스태포드셔 현지 공장을 이탈하게 만든다는 경고를 담은 내용이다. 버틀렘이라는 사람이 일부 도공들을 꾀어내 사우스캐롤라이나로 데려갔지만 결과가 좋지 못했고, 프랑스와 독일로 간 몇몇 기술자들 역시 별로 재미를 보지 못했다며, 해외 제조업자 밑에서 일할 때 봉착할 문제점과 위험성을 주민들에게 주지시켰다. 특히 외국인, 어쩌면 적들에게 놀아나 그들의 수중에 스태포드셔 도공들이 피와 땀으로 일궈낸 최고의 기술을 헛되게 넘겨버려선 안 된다고 역설했다.

1785년, 영국 제조업자들의 이익을 보호할 목적으로 상공회의소가 결성되었다. 웨지우드와 볼턴이 바로 이 작업을 주도한 인물들이다. 그 해가 저물 무렵 런던에서 첫 회의가 열릴 당시, 다수의 제조업자가 회의에 참석했다. 당시 자치권을 갖고 있던 아일랜드 의회는 영국에서 아일랜드로 수입되는 모든 제조품에 중과세를 매기는 법안을 통과시켰다. 반면 아일랜드 제조품들은 면세로 영국에 들어왔다. 영국에 악감정을 갖고 있던 아일랜드 의회는 한발 더 나아가 주민들에게 포상금까지 지급하며 수출을 부추겼다.

	상공회의소는 이 법안의 편파성과 부당함에 강력히 항의하고, 동일한 조건에서 자유로운 거래가 이루어지도록 조치할 것을 영국 의회에 청원했다. 정치 운동 참여를 극히 꺼리던, 콘덴싱 증기기관 발명가 제임스 와트까지 문제 해결을 촉구하는 소책자 집필자로 나섰다. 그는 아일랜드 제조업자들을 진정으로 독려하는 방법은 포상도 제한도 아니라, 두 나라 사이의 자유로운 상업이라는 사실을 입증하기 위해 애썼다.

아일랜드 제조업자들에게 힘을 실어주는 최선의 방법은 자본, 산업 및 무역 지식을 소유한 영국 제조업자와 공존하는 것입니다. 아일랜드에 여태 제조공장이 없었기 때문에, 지금도 없다고 주장하는 것은 말도 안 되는 난센스입니다. 100년 전 아일랜드에 리넨 공장이 없어서 리넨을 수입했다 칩시다. 그런데 지금은 100만 필 가까이 우리에게 팔고 있습니다! 이것을 어떻게 설명할 겁니까? 찰스 2세 휘하의 스코틀랜드 추밀원의 폭정은 장로교인들을 스코틀랜드 밖으로 쫓아냈습니다. 그때 아일랜드는 피난민들을 받아 보호했고, 북부 지방에 거주했던 그들 중 상당수가 직조공으로 일했습니다. 그들은 아일랜드에서 사업을 일구고, 그 기술을 다른 사람들에게 가르쳤습니다. 필립 2세는 종교 때문에 플랑드르에서 주민들을 쫓아냈고, 엘리자베스 여왕은 그들을 받아 보호했습니다. 그 후에는 루이 14세의 박해를 피해 위그노Huguenot(위그노교도 16-17세기경 프랑스 신교도 ― 옮긴이)들이 대거 몰려왔고, 그들에 의해 영국과 아일랜드에 대규모 제조소가 설립되었습니다.

진술문 말미에서 와트는 이렇게 반문했다.

아일랜드인들이 영국과 완전한 연합을 이루어, 같은 세금과 소비세를 지불하는 것이 더 신사답고 더 합당하지 않을까요? 그러면 국가의 모든 차별이 정의로서 철폐되고 우리가 누리는 모든 이점을 아일랜드인들도 정정당당히 요구할 수 있게 될 것입니다.

상공회의소가 나선 결과 원자재에 새로운 세금을 부과하자는 제안은 대부분 철회되었고, 아일랜드의 결의안도 상당 부분 수정되었다. 대표단들은 제조 지구에서 조직을 확장하고 유지하겠다는 서약과 함께 해산했다.

웨지우드의 이력으로 다시 돌아가면, 그의 대외무역량은 1786년 프랑스와 통상조약이 체결된 후, 그러니까 프랑스 혁명이 발발하기 몇 년 전부터 계속 확대되었다. 주로 러시아가 웨지우드 장식품의 최고 고객이었으나 네덜란드, 독일, 이탈리아, 스페인까지 그의 제품 가치에 민감하게 반응했다. 플랙스먼이 로마로 간 후 웨지우드는 다른 훌륭한 모델러들을 몇몇 확보했는데, 그들 중 웨버가 독보적이었다. 그 외 웨스트마코트(1775-1856. 영국의 조각가―옮긴이)와 와이어트(1746-1813. 영국의 건축가―옮긴이)라는 젊은이들도 가세했다. 보석과 소품 모델링에 능했던 로치 역시 웨지우드가 고용한 또 한 명의 탁월한 예술가였다.

옛 친구들이 세상을 떠나고 새로운 친구들이 그의 곁을 지켰다. 조슈아 레이놀즈 경이 1783년 웨지우드와 웨지우드 여사의 초상화를 그렸고, 웨지우드는 플랙스먼의 모델링을 거쳐 조슈아 레이놀즈의 메달리언을 제작했다. 조슈아 레이놀즈 경이 사망하고 몇 년 지나자 이 메달은 더욱 유명해졌다. 화가 롬니도 웨지우드의 절친이었다. '스케치하고 싶었던 예술품은 무엇이든 기꺼이 건네준 친구의 사려 깊은 배려에 깊은 고마움을 표하며, 기회 닿는 대로 다시 방문'하겠다고 인사하는 롬니의 편지가 남아있다.

레이디 템플턴Lady Templeton(본명은 엘리자베스 업튼. 1746-1823. 웨지우드의 재스퍼웨어 디자인을 했던 영국의 예술가―옮긴이) 역시 웨지우드의 절친이었다. 그녀는 웨지우드의 작품들을 무척 좋아해서 자신이 디자인한 작품들을 두어 번 그에게 건넸고(첫 번째는 1783년 6월 27일, 그리고 두 번째는 그로부터 몇 달 후), 웨지우드는 이를 재

레이디 템플턴이 디자인한 '스턴의 마리아'와 '부르보네의 양치기'. 이 디자인은 뛰어난 작품성은 물론 이 그림이 담고 있는 서정적 서사로 인해 특별한 인기를 끌어서, 메달리온과 평판, 찻주전자와 접시 등 다양한 용도의 재스퍼웨어에 다채로운 컬러로 구현되었다.

스퍼 부조에 그대로 차용했다. 이것이 바로 레이디 템플턴의 디자인을 본떠 웨지우드가 제작한 왕비의 오페라글라스다. 한쪽은 스턴의 마리아를, 다른 한쪽은 부르보네의 양치기를 표현한 것이다(예술가들에게 인기있는 '불쌍한 마리아'와 '부르보네의 양치기'는 작가 로렌스 스턴이 1768년에 발표한 베스트셀러 소설 《프랑스와 이탈리아를 통한 감상적 여행》을 바탕으로 한 것이다 — 옮긴이). 그녀의 또 다른 디자인은 주피터를 주제로 한 대단히 아름다운 반지로 구현되었다. 만일 레이디 템플턴이 가난한 여성이었다면, 천부적 재능으로 큰돈을 벌었을지도 모른다.

웨지우드는 '빛의 화가' 조지프 라이트의 절친이자 고객이었다. 1784년 라이트로부터 이래즈머스 다윈 박사의 초상화와 함께 '코린트 메이드Maid of Corinth'(코린트 도공의 딸이 도시를 떠나는 연인의 모습을 기록으로 남기고자 그가 자는 동안 벽에 그림자 윤곽을 그렸고, 그녀의 아버지가 이 실루엣을 최초의 부조로 남겼다는 일화로, 라이트는 웨지우드의 의뢰에 따라 배경 의상 등 꼼꼼한 고고학적 고증을 거쳐 잠자는 엔디미온을 모델로 이 그림을 그려냈다 — 옮긴이)라는 그림 한 장을 전해 받은 기록이 남아있다. 라이트는 이 작품에 대해 '감미로운 주제'라 언급했고, 완성된 그림을 본 웨지우드도 매우 흡족해했다고 한다. 라이트는 이 외에도 웨지우드에게 페넬로페 스케치를 비롯한 다수의 작품을 보냈다. 한편 웨지우드는 호프너John Hoppner(1758-1810. 조슈아 레이놀즈의 영향을 받은 영국 화가 — 옮긴이)와도 가까운 사이였다. 1785년 1월, 그가 아직 젊은 청년으로 초상화가 자리를 구하던 당시 웨지우드에게 30파운드의 융자를 요청하자 너그러운 품성의 웨지우드는 그에게 즉각 돈을 보내줬다고 한다. 그런 호의에 힘입어 호프너는 어려운 고비를 넘겼고, 1795년 왕립미술원 회원이 되었다.

1785년 즈음, 웨지우드와 연락을 주고받은 사람 중에는 윌리엄 피트, 윌리엄 윌버포스(1759-1833. 노예제 폐지 및 노예무역 폐지를 위한 법 제정에 앞장선 영국의 정치인 — 옮긴이), 셰리단, 존 헌터(1728-1793. 영국의 저명한 과학자이자 외과의, 천연두 백신의 선구자인 에드워드 제너의 교사이자 협력자 — 옮긴이), 그랜빌 샤프(1735-1813. 영국의 학자이자 노예무역 폐지에 앞장선 운동가, 1769년 노예제도 반대 소책자 출판 — 옮긴이), 리처드 아크라이트, 토머스 데이(1748-1789. 영국의 작가이자 노예제도 폐지론자, 루소의 교육적 이상을 강조한 책으로 유명하다 — 옮긴이)가 있었다. 그러나 이들의 편지에는 공유할 만한 별다른 정보가 들어있지 않다.

다만 이 장을 마치기 전에 벤저민 프랭클린의 서신 한 장을 덧붙이고자 한다. 웨지우드가 보낸 선물의 가치를 알아보고 찬사를 보내는 내용으로, 다음과 같이 쓰여 있다.

1787년 5월 15일, 필라델피아
선생님께,
영광스럽게도 제게 보내주신 귀중한 선물과 2월 29일자 서신 모두 무사히 잘 받았습니다. 대단히 훌륭하게 구현된 카메오 작품들은 제 친구들에게도 나눠주었습니다. 카메오 속 탄원자의 형상('저는 사람도 아니고, 형제도 아닌가요?'라는 이 탄원자의 형상은 노예제 폐지협회를 위해 윌리엄 핵우드가 디자인한 것이다)을 본 제 친구들도 깊은 감화를 받은 표정이 역력했습니다. 그 모습을 보며, 억압받는 이들을 돕기 위한 대의의 측면에서 이 예술품이 잘 쓴 팸플릿에 필적하는 효과를 가지고 있음을 더욱 확신케 되었습니다.

저의 진심 어린 감사의 뜻을 받아주시길 바라며,

존경하는 당신의 충복, B. 프랭클린

20장 ———

마침내 '포틀랜드 화병'을
완벽하게 복제하다

현재 대영박물관에 안착한 바르베리니 또는 '포틀랜드 화병'은 아마도 고대 그리스인들이 만든 비슷한 유형의 작품 중 최고 걸작일 것이다. 이 화병은 로마에서 4킬로미터쯤 떨어진 프라스카티로 향하는, 몬테 델 그라노 아래에 묻힌 석관 속에서 발견되었다. 그 뒤 바르베리니 가문의 소유로 들어갔다가 1770년 이 가문의 예술품 매각 시 골동품상 제임스 바이레스James Byres(1733-1817. 스코틀랜드 건축가이자 골동품 수집상 — 옮긴이)가 구입했고, 나중에 해밀턴 경의 수중에 들어오게 되었다. 해밀턴 경은 웨지우드에게 이 화병 구매에 관한 편지를 쓰면서 이렇게 말했다.

로마에서 제게 이 화병을 판 사람이 정교한 고대 걸작품의 탁월한 우수성에 첫눈에 반했다고 할 정도여서, 제가 그에게 진지하게 물었습니다. "당신

소유입니까?" "파실 의향이 있으십니까?" 그랬더니 그가 "네, 그렇습니다. 하지만 1,000파운드 이하로는 절대 안 됩니다."라고 선을 긋더군요. 그래서 "그럼, 1000파운드로 합시다." 하고 곧장 값을 치렀습니다. 물론 저로서도 그리 쉬운 결정은 아니었지만, 거래는 순식간에 성사되었습니다.

아폴로 벨베데레, 니오베, 일류 대리석 두세 작품을 제외하면 그만큼 대단한 예술가에 의해 만들어진 현존하는 다른 고대 작품이 있다고 보이지 않습니다. 저는 이 작품이 알렉산데르 황제 시절의 작품인 것으로 확신합니다. 아마도 알렉산데르 세베루스Alexander Severus(208-235. 서기 222년부터 235년까지 통치한 로마 황제로, 세베루스 왕조 출신 마지막 황제 — 옮긴이)가 아시아에서 가져온 것이 아닐까 추정합니다. 그의 유골이 바로 그 안에 보관되어 있었기 때문입니다.

세계적으로 유명한 바르베니리 화병은 로마 황제 알렉산데르 세베루스와 그의 어머니인 줄리아 마마에아의 유골이 봉안되어 있던 바로 그 항아리다. 이 항아리는 서기 235년쯤부터 몬테 델 그라노의 기념물 아래 놓여 있다가 교황 바르베리니 우르바노 8세(1623-1644년 재위)의 명으로 파헤쳐졌다. 그 화병의 구성 성분은 마노로 추정되나 오닉스라 주장하는 사람도 있다. 이 화병의 바탕은 투명하면서도 짙은 자수정 색상이며, 화병을 장식하는 흰색 양각 무늬는 매우 정교하다. 높이 9와 3/4인치, 직경 7과 1/4인치, 둘레 21과 3/4인치이고, 양쪽에 손잡이가 달려 있다.

이 화병의 제작연도는 몬테 델 그라노에 묻힌 시기보다 훨씬 더 오래전이라 짐작된다. 알렉산데르 세베루스 황제는 고대 그리스 예술품의 열광적 수집가임을 자처했던 만큼, 사후에라도 자신의 유해가 그리스 최고의 항아리 안에 보관되기를 원했을 것이다. 단 이 항아리 위에 저부조로 새겨진 형상들은 황제의 삶이나 행적과는 아무런 관련이 없다.

백조와 함께 있는 레다, 주피터 앞에서 활을 들고 있는 큐피드, 그리고 화병 바닥에는 파리스로 추정되는 프리지안 보닛Phrygian bonnet(끝이 앞으로 처진 원추형 모자—옮긴이)을 쓴 남자가 있다. 이 역시 황제나 그의 어머니인 마마에아의 개인사와는 아무런 관련이 없다. 어떤 이는 엘라가발루스Heliogabalus(204-222)의 악덕을 풍자한 것으로 해석하고, 또 다른 이는 그의 바로 다음 승계자였던 알렉산데르 세베루스의 덕을 칭송한 것으로 간주한다. 하지만 전체적인 주제는 여전히 수수께끼다.

이 저부조 장식에 대해 메리어트Thomas Marryat(1730-1792. 의사이자 작가—옮긴이)는 얇게 펴 바른 반죽을 적절한 경도까지 구워낸 도자기 재질이라며, 열이 가해져 드레스덴 도자기처럼 광택이 나는 것이라고 분석했다. 즉 몰딩한 형상을 몸체에 열 혹은 납땜으로 접착해 완성한 항아리로, 후에 뼈와 재를 담은 후 바닥에 고정한 것이라고 설명했다.

윌리엄 해밀턴 경은 이 화병을 골동품상 바이레스에게서 1,000파운드에 사들였고 이후 고대 장인의 예술품들을 열정적으로 수집하던 포틀랜드 공작 부인에게 판매했다. 이후부터 이 진귀한

'바르베리니 화병' 혹은 '포틀랜드 화병'.
투명한 자수정 바탕에 흰색 양각으로 주피터와 큐피드, 백조와 함께 있는 레다 등을 정교하게 표현하고 있는 이 화병의 제작연도는 정확하게 밝혀지지 않았다. 나폴리 대사로 머물던 윌리엄 해밀턴이 골동품상 제임스 바이레스에게서 구입한 후 포틀랜드 공작부인을 거쳐 현재는 대영박물관에서 소장하고 있다.

그리스 도예품은 '포틀랜드 화병'이라 불리기 시작했다. 작품을 넘긴 해밀턴 입장에서는 1,000파운드에 구입한 화병을 1,800기니를 받고 되팔았으니, 적잖은 차익을 실현한 셈이다. 이 화병은 1786년 그녀의 사후 재산 매각 시, 1,029파운드에 포틀랜드 가에서 도로 '사들였다'(경매에서 부르는 값이 너무 싸다고 판단해 주인이 되산 경우다).

웨지우드는 그리스 혹은 에트루리아의 찬란한 예술품이 재매각될 것이라는 소식을 듣자 이번에야말로 고대의 보물을 반드시 손에 넣겠다고 마음먹었다. 젊은 포틀랜드 공작Duke of Portland(1738-1809. 정치인. 훗날 옥스퍼드대학교 총장을 역임하고, 영국 총리를 두 차례 역임했다 — 옮긴이)은 소유권을 유지하려는 뜻이 확고했다. 스키너앤컴퍼니라는 회사를 통해 이뤄진 경매의 입찰 열기는 뜨거웠다. 웨지우드는 1,000파운드 이상을 불렀지만, 그때마다 공작이 더 높은 금액을 제시했다. 마침내 응찰자가 단 두 명만 남게 되었을 때 젊은 공작이 경매장을 가로질러 웨지우드에게 다가와 이 화병을 그토록 애타게 소유하려는 진짜 목적이 무엇이냐고 물었다. 웨지우드가 답했다. "그대로 본뜨고 싶습니다." 이에 공작은 이렇게 제안했다. "선생님께서 입찰을 포기하신다면, 작품활동에 도움을 드리기 위해 원하는 기간 동안 얼마든지 갖고 계시도록 하겠습니다." 이 제안은 진솔하게 제안된 만큼 진솔하게 받아들여졌다. 이로써 공작은 1,029파운드에 화병 소유자로 남았고, 웨지우드는 값을 매길 수 없는 보배를 에트루리아로 가져올 수 있게 되었다.

그러나 포틀랜드 화병을 본뜨는 데는 심각한 어려움이 따랐다. 웨지우드는 면밀하고 세심하게 연구한 결과 화병의 형상들이 별도로 성형된 다음 나중에 유리 몸체에 부착되었을 리 없다는 결론을 내렸다. 그게 아니라 짙푸른 유리 몸체에 먼저, 적어도 부분적으로 아주 뜨거울 때 반투명 흰색 에나멜이 코팅되었을 것이라 유추했다. 그런 다음 실제 카메오 방식으로 푸른 유리 몸체까지 흰색 코팅을 잘라가며 일일이 형상을 조각한 방식이라는 것이다. 이러한 작업을 통해 그림자가 더 짙거나 옅어야 할 때 부분적으로 두께를 달리해 긁어냄으로써, 예술가는 조각의 절묘한 아름다움에다 빛과 그림자 효과까지 더할 수 있었으리라! 이 방법으로 인해 바탕의 푸른색이 반투명한 흰색 부조를 통해 살짝 비쳐 보이게 된 것이다. 사실 이런 식으로 큰 화병을 제작하려면 작품 하나를 만드는 데 너무 많은 시간과 노동, 기술이 투입되어야 한다. 따라서 현대의 예술가는 아무리 능력이 있다손 치더라도 이렇게까지 공을 들이지 않는다. 이런 이유로 누군가는 웨지우드가 재스퍼 제작 방식으로 동일한 효과를 내기 위해 노력하는 것을 두고, 주제넘은 시도라 조롱하기도 했다.

웨지우드는 이 작업에 착수하기 전에 여러 인물로부터 많은 조언을 구했다.

웨지우드는 한때 포틀랜드 화병의 소유주였던 윌리엄 해밀턴 경의 충고를 받아들였다. 해밀턴 경은 이렇게 조언했다.

나폴리, 1786년 7월 24일

선생님께.

지난달 22일자 귀하의 서신에 대해 지체하지 않고 제가 아는 한도 내에서 충실히 답변 드리겠습니다. 바르베리니 화병이 영국에 남아있을 뿐만 아니라, 귀하의 수중에 있다는 걸 알고는 얼마나 마음이 놓였는지 모릅니다. 아무도 귀하만큼 그 화병을 잘 활용할 수 없으리라는 것을 매우 잘 알기 때문입니다.

(…) 귀하께서 이 화병의 복제를 시도하실 때 맞닥뜨리게 될 난제들을 누구보다도 잘 알고 계시지 않습니까! 때문에, 이 문제와 관련해 귀하께서 해오신 모든 고민에 대해 제가 따로 보탤 것은 전혀 없다고 생각합니다. 게다가 가장 단순명료한 복제부터 시작하신다는 데 대해 전폭적인 지지를 보내는 바입니다. 인물들 하나하나, 심지어 머리 모양까지 본뜬다고 하시니 이보다 더 기쁠 수가 없습니다. 한 마디로 이 멋진 작품의 가치를 그보다 더 배가시킬 수는 없는 일이니까요. 다만 확신컨대, 귀하께서도 말씀하셨듯이 어느 장인이 만든 이 화병의 복제본조차 유럽 내에서 구매자를 찾기엔 너무나도 값비싼 것이 될 테지요.

이 화병을 꾸준하고 면밀하게 연구하시는 귀하의 열정에 감탄을 금할 길 없습니다. 또한 눈 밝은 몇몇 분들이 이 화병의 뛰어난 진가를 알아보게 되었다는 점도 기쁘기 한량없습니다. 1년 넘게 매일 이 화병을 봐왔던 사람으로서, 볼 때마다 점점 더 경탄하게 되었다고 감히 말씀드릴 수 있습니다. 부조 원 도안에 약간의 결함이 있다는 귀하의 말씀에 저도 동의합니다. 그렇다고 직접 만져서 되돌릴 수도 없을 터인데, 복제품을 통해 시간의 손길에 의해 손상된 부분들을 원래대로 복원하신다고 하니 얼마나 다행인지 모릅니다. 횃불이 뒤집힌 여성상도 완벽하게 보존되고, 반대편도 가능한 한 그렇게 되어야겠지요.

플랙스먼이 이 일에 크게 기여할 수 있지 않을까 생각합니다. 그가 만든 '호메로스의 신격화'를 비롯해 귀하께서 제게 친히 보내주신 다른 화병들만 보더라도, 그의 솜씨 절반만큼이라도 따라가는 저부조 작품은 그 어디에서도 본 적이 없기 때문입니다.

귀하의 장식용 화분과 다른 작품들은 이곳에서 대단한 호평을 받고 있지만, 귀하께서 12실링에 판매하는 작품을 여기서 2기니 이상 요구하니 구매자가 거의 없습니다. 가능하다면, 화병 바탕을 하늘색 대신 오닉스 색상으로 하면 어떨지요. 우선 하늘색 자연석이 없다는 이유가 그 하나입니다. 두 번째 이유로는 바르베리니 화병도 빛에 비춰보지 않는 한 진짜 오닉스로 보이는 데다, 실제로 오랫동안 오닉스로 오인되었기 때문입니다.

현재 귀하께서 착수하신 일이 성공하기를 진심으로 바라마지 않습니다. 귀하의 판단만을 따르십시오. 진품의 가치나 복제품 제작의 어려움을 귀하만큼 명확히 꿰뚫어 볼 수 있는 이는 아무도 없다고 저는 확신합니다. 귀하의 손길이 닿는다면, 그 형태는 더욱더 우아해질 것입니다. 보다 우아하면서도 순전한 멋이 담긴다면 금상첨화일 것입니다.

당신의 충복, Wm. 해밀턴

웨지우드는 윌리엄 해밀턴 경이 모국의 예술을 진일보시킨 공을 기리는 한편, 그가 대영박물관에 가져다 놓은 찬란한 화병들에 대해 깊은 감사를 표하는 답신을 보냈다. 또 헤르쿨라네움에서 발굴한 조각상들을 본떠서 점토 모형을 제작하게 된 것에 대한 고마움도 잊지 않았다. 그는 해밀턴 경에게 새로 고용한 훌륭한 모델러들, 특히 조슈아 레이놀즈 경과 윌리엄 체임버스 경의 추천을 받은 웨버에 대해 알려주기로 약속했다.

웨지우드는 이어서 말했다.

아시다시피 저는 기초를 놓고 있을 뿐이며, 미래를 위해 현재를 희생하는 측면이 있긴 합니다만, 저 혼자서 다 짊어지고 있는 것만은 아닙니다. 수년째 웨버의 가르침을 받아온 훌륭한 모델러도 있고, 런던 최고의 동상제작자로 알려진, 아마 귀하께서도 이탈리아 시절부터 알고 계셨을 뱅크스 씨와 또 다른 예술가가 있습니다. 이들 모두 저를 위해서라면 할애할 수 있는 모든 시간을 다 바치겠다고 약속했습니다.

사실 당장 만들어야 할 벽난로 장식품들도 많습니다. 그중 일부는 함께 어우러질 화병과 인물상들도 있고 해서, 시간적으로나 비용적으로나 만만치 않을 것입니다. 그렇지만 제 필생의 업은 역시 포틀랜드 화병입니다. 세 번째이자 마지막 인물상 도판 작업을 이제 막 끝냈습니다. 처음 두 판은 세 번째 판을 훨씬 더 완벽하게 만들리라는 희망으로 보관만 해왔는데, 이번에야말로 확실히 성공을 거뒀다고 생각합니다. 다만 전체적으로 제가 얼마나 해냈는지, 그리고 어떤 성공을 거두었는지는 남들이 판단해주겠지요. 지금 저의 숙제는 인물상 중 가늘고 먼 부분에 아름다운 음영을 부여하는 것입니다. 원작자는 아마도 흰색유리의 반투명성을 이용해 짙은 색 바탕 쪽으로 점점 더 깊게 깎아 내려갔을 것입니다. 비율에 따라 음영의 깊이를 더하고 싶은 바람이었을 것입니다.

하지만 저의 경우는 사정이 매우 다릅니다. 다른 예술가에게 의존해야 하니 그 효과가 제 마음대로 되는 것도 아니고, 생산되는 시점에 바로 인지할 수도 없는 형편입니다. 다시 말씀드리면, 실물에 미치는 불의 작용이라든지, 열의 미묘한 차이나 같은 온도라 하더라도 지속성의 차이 등이 이 섬세한 작업에 심대한 영향을 미칠 것입니다. 그래서 저는 되도록 정확하게 이러한 속성들을 판별하고 가늠하기 위한 실험을 진행하고 있습니다. 바로 이점이 이 대업의 완성을 지체시키는 유일한 이유입니다.

저 역시 귀하께서 고대의 훌륭한 작품들을 보내주신 데 대한 보답으로라도 이 화병의 복제품을 어서 내놓길 간절히 희망하고 있습니다. 제가 할 수 있는 모든 방법을 동원해 첫 번째 생산품을 보실 수 있게 하겠습니다.

각하에 대한 진심 어린 감사와 존경을 담아,

제가 드리는 인사는 여러 차례 베풀어주신 은혜에 대한 작은 보답일 뿐입니다.

마침내 1790년, 웨지우드는 모델러의 손길이 불충분한 부분마다 다른 방편을 동원하는 수많은 시도 끝에 포틀랜드 화병의 복제품을 만들어냈다. 원작과 철저히 비교해본 결과, 영국의 가장 저명한 예술가들조차 완벽한 만족감을 드러낼 만한 작품이었다. 웨지우드는 직접 비교해볼 기회를 얻지 못한 수많은 사람을 대신해, 최고의 감식안을 가진 사람들이 매우 엄격한 방식으로 이 복제품의 가치를 공식 인증해주는 것이 필요하다고 판단했다. 우선 이 진품 화병의 소유주인 포틀랜드 공작과 왕립학회 회장 조지프 뱅크스, 고미술학회 회장인 레스터 백작 토머스 윌리엄(1754-1842. 영국의 정치가이자 농업개혁가 ― 옮긴이) 경, 왕립미술원 원장 조슈아 레이놀즈 경 등이 그 대상이었다. 이 작품을 감정한 조슈아 레이놀즈는 "감히 단언컨대, 전반적인 효과로 보나 각 부분의 세세한 디테일로 보나 매우 정확하고 충실한 복제품"이라고 평했다.

웨지우드는 12개월 넘게 이 포틀랜드 화병을 소유할 수 있었다. 그리고 이 기간에 50개의 복제품을 만들었다. 복제품 한 개당 가치는 50기니로 책정되었다. 그렇게 해서 얻은 총액은 그가 이 복제품들을 만드는 데 사용한 경비에 턱없이 못 미쳤다. 그럼에도 웨지우드 스스로는 이 복제품들을 자신의 최고 걸작으로 여겼다. 그의 다른 작품들과 마찬가지로 이 복제품의 값어치는 그의 사후 크게 상승했다. 로저스의 매각 당시 이 복제품 중 하나가 127기니에 팔렸다. 그리고 1892년 3월 24일 또 다른 복제품이 크리스티 경매에서 205기니에 낙찰돼 리버풀의 홀트Alfred Holt(1829-1911. 영국의 엔지니어, 선박 소유주 및 상인 ― 옮긴이) 씨에게 돌아갔다.

윌리엄 해밀턴 경이 영국을 방문한 이유 중에는 당연히 포틀랜드 화병 복제품을 직접 보기 위한 목적도 있었다. 에트루리아를 방문했던 그는 웨지우드에게 다음과 같은 편지를 보냈다.

1790년 7월 23일

런던에서 귀하를 만나는 행운을 누리지 못하게 되어, 더비셔 방문 길에 시간을 내어 에트루리아에 들렀습니다. 귀하의 자택에서 지금 막 돌아왔습니다만, 귀하와 나폴리에서 만났던 두 아드님을 댁에서 만나지 못해 못내 아쉬운 마음입니다. 그래도 저의 가장 큰 목적 하나는 이루었습니다. 바로 포틀랜드 화병의 훌륭한 복제품을 제 눈으로 직접 보게 된 일 말입니다. 진품을 익히 잘 알고 있는 사람으로서, 귀하의 고충을 미루어 짐작할 만합니다. 진품을 최고경지에 오르게 한 속성들이 귀하의 복제품에 훌륭히 재현되어 있었기 때문입니다. 귀하의 재료로는 도저히 모사할 수 없는 투명성의 문제 외에 진품에 미치지 못할 것이 하나도 없었습니다. 귀하와 저만큼 잘 알지 못하는 사람들이라면 가히 진품으로 착각할 정도입니다. 요컨대, 이 작품에 대해 더없는 만족감을 표하는 바입니다. 현존하는 고대의 예술적 탁월성을 보여주는 최초의 표본이라 할 만한 이 작품을 완벽히 모사해낸 귀하의 업적과 공로에 깊은 존경을 보냅니다. (…)

같은 해 웨지우드는 《포틀랜드 화병에 관한 논문》을 출판했다. 이 논문에서 그는 진본 제작과정에 관한 자신의 연구 결과를 상세히 기술하고, 이 화병을 장식하고 있는 인물군의 의미에 관해 설명했다. 이 중 몇몇 부분에 명백한 오류가 있는 것은 사실이다. 오른손이 왼손으로, 남성이 여성으로 뒤바뀌는 등 아마도 부정확한 원 도안에서 비롯된 실수가 아닌가 싶다. 하지만 사실 이 모든 내용은 단지 그의 추측에 불과할 뿐, 아름다운 진품을 눈앞에 둔

1790년 웨지우드가 완성한 포틀랜드 화병 복제품. 숱한 시행착오를 견뎌낸 후 드디어 이 화병의 복제품을 만들어냈다. 원작의 아름다움을 고스란히 재현해낸, 나아가 원작의 한계들마저 뛰어넘은 놀라운 성과였다. 웨지우드가 만들어낸 최고의 작품 중 하나가 포틀랜드 화병과 나란히 대영박물관에 보관돼 있다.

웨지우드의 따뜻한 상상력이 착오를 빚었다고 해서 그리 큰 잘못은 아닐 것이다. 더불어 그의 천재성이나 감식안을 깎아내릴 정도로 큰 실수라 보기도 어렵다.

웨지우드의 기업가 정신은 나이가 들어감에도 불구하고 전혀 수그러들지 않았다. 1790년, 그는 드레스덴 근처 마이센을 방문해 작센 왕 프리드리히 아우구스트 1세Friderick Augustus I of Saxony(1750-1827)가 운영 중인 로열 팩토리를 방문했다. 그러나 경비가 부족해 파행 운영되었고, 군주의 내탕금도 이미 바닥난 상태였다. 그곳의 잠재성을 높게 평가한 웨지우드는 잘만 운영한다면 수익이 날 것으로 판단해 연간 3,000파운드를 지원하는 대가로 자신이 운영을 맡겠다고 제안했지만 거절당했다.

이후 이곳은 경비조달에 진력이 난 왕으로부터 재무부로 넘겨졌고, 한동안 유명무실해지는 운명을 맞이했다. 아우Aue에서 공수하던 고령토도 거의 바닥나 점점 쇠퇴일로를 겪다가 현재 열악한 제품만을 생산하고 있는 형편이다. 웨지우드로서는 제안이 거부되는 바람에 국내 사업에 주력할 수밖에 없었던 선택이 오히려 다행스러운 일이었다.

포틀랜드 화병은 웨지우드의 손을 떠나 대영박물관에 보관된 지 한참 후인 1845년, 윌리엄 로이드라는 미치광이에 의해 박살나고 말았다. 이 남성은 즉시 체포되었으나, 투옥 대신 치안판사가 부과한 벌금만 내고 풀려났다. 수백 조각으로 깨진 포틀랜드 화병은 더블데이(John Doubleday(1798-1856. 영국의 공예가이자 복원가, 골동품 딜러로 생애 마지막 20년 동안 대영박물관에서 근무했다 — 옮긴이) 라는 전설적 전문가가 흠집이 거의 눈에 띄지 않을 정도로 조심스럽게 모아 완벽하게 결합했다(이후 100년 이상 견뎌내던 이 화병은 접착제가 점점 변색되었고 1948-1949년 예술품 전문 복원가 알렉스텔에 의해, 그리고 1988-1989년 니겔 윌리엄에 의해 재복원되었다 — 옮긴이). 복원된 화병은 웨지우드의 복제품 중 한 점과 함께 박물관 메달리언 전시실에 보관되어 있다.

21장

자녀교육, 그리고 그의 마지막

웨지우드는 다양한 일에 관여하면서도 가족에게 한치도 소홀하지 않았다. 사업적인 번창에다 완벽한 가정적 행복이 더해진 축복의 나날은 그의 아내에게 힘입은 바 크다. 그는 아내에게 자녀들의 유아기와 일정 기간 딸의 훈육을 맡겼다. 그러나 아들들의 교육에 관한 한, 특히 아동기를 벗어나자마자 그는 특별한 관심을 쏟았다.

사고력을 키워야 할 나이이자 남자들의 본분에 대해 자각해야 할 시기부터, 아들들의 훈육은 주로 그의 몫이었다. 그는 친구를 대하듯 자녀들과 편안하고 거리낌 없이 지냈다. 아이들에게 전적인 신뢰를 보냈고, 그들은 신의와 성실로 보답했다. 그는 농담이나 장난으로라도 속임수나 폐 끼치는 행위는 절대 용납하지 않았고, 모든 거짓과 위선은 철저히 배격했다.

요컨대 그는 자녀들을 유아기부터 성인이 될 때까지 시종일관 이성적인 인간으로 대우했다. 특히 스스로 의문을 갖고 검증하는 습관을 들이게 함으로써, 편견 없는 판단이라는 귀중한 자질을 몸에 배게 해주었다.

웨지우드의 자녀들처럼 가정에서 행복하고, 존중받으며, 자유롭게 자란 아이들은 스스로 판단과 습관을 정립하기 이전까지 굳이 바깥세상과 따로 교유해야 할 필요가 없었다.

앞서 웨지우드가 아들들과 함께 가스, 점토, 기타 모든 종류의 재료에 대한 화학실험을 수행하고 연구했던 열정을 잠시 언급한 바 있다. 1785년 10월, 웨지우드는 장남 존을 에든버러대학교에 보냈다. 거기서 존은 다윈 박사의 소개로 조지프 블랙Joseph Black(1728-1799. 스코틀랜드의 화학자이자 물리학자. 주로 이산화탄소의 발견자로 알려져 있고, 잠열과 비열의 기초를 확립했다 — 옮긴이) 박사를 알게 되었다. 화학 교수인 그는 잠열의 발견자로 이름을 날렸으며, 제임스 와트의 콘덴싱 증기기관 개발에 큰 도움을 주기도 했다. 존은 에든버러에서 다른 많은 이들과 교유했으며, 아버지 조사이어 웨지우드의 부조 작품을 대단히 좋아하던 교장과도 친분을 맺었다. 그 외에도 러더포드, 던컨, 허튼, 로빈슨 등 자신이 수업을 들었던 교수들과도 가깝게 지냈다.

학기를 모두 마친 존은 프랑스어를 완벽하게 연마하기 위해 버얼리 씨와 파리로 갔고, 거기서 툴리에크 씨 댁에 머물렀다. 이때 웨지우드는 버얼리 씨로부터 파리는 식수 사정이 별로 좋지 않아 부득이 평상시 식단에서 벗어나 와인을 마시다 보니 건강이 다소 상했다는 소식을 들었다. 이에 그는 곧장 아들에게 다음과 같은 편지를 써서 보냈다.

버얼리 씨가 너 역시 그런 상황에 처했다고 말하더구나. 이미 이 문제에 대해 버얼리 씨에게 충분히 설명했다만, 한마디로 말하자면 술은 '백해무익'이다. 두 사람 모두에게 득 될 것이 전혀 없다는 뜻이다. 젊은이가 발효주에 탐닉해서는 절대 안 된다는 내 확고한 생각에 변함이 없다는 건 너도 잘 알 테지. 음주 습관은 금세 자리를 잡아 점차 양이 늘어갈 뿐 아니라, 부지불식간에 심신에 고착화하기 십상이다. 그러니 아무리 일찍 그리고 아무리 진지하게 경계해도 지나치지 않단다. 하나님께서 내 사랑하는 아들이 이 모든 악습에서 멀어지도록 보호해주시길 간절히 기도드린다.

너의 사랑하는 아버지, J. W.

다음 편지에서 존은 자신이 로슈푸코 공작의 저택을 방문해 따뜻한 환대를 받았으며, 화학자 라부아지에 씨와 함께 저녁 식사를 했다고 전하고 있다. 라부아지에는 프랑스에서 가장 저명한 철학자 중 한 명이었는데, 후에 '파리에 철학자들은 불필요하다'는 혁명론자들의 논리에 따라 단두대에서 처형당했다(1794년 불과 51세의 나이로 사망했다—옮긴이).

1786년 존은 버밍엄의 볼턴, 와트와 함께 세브르 제조소를 방문한 것을 계기로, 오락과 향락으로 산만한 파리를 벗어나 수준

높은 프랑스어를 구사하는 한적한 그곳에 자리 잡기로 했다. 아버지 웨지우드도 이에 동의하면서, 관심 있거나 중요하다고 생각하는 모든 것을 일기나 비망록에 반드시 기록하라고 조언했다.

존은 1787년 11월 28일 픽테Marc-Auguste Pictet(1752-1825. 스위스의 과학 저널리스트이자 실험적인 자연철학자. 영국에서 생산된 지식과 예술을 대륙에 보급하는 데 앞장선 《Bibliotheque Britannique》의 과학 섹션을 편집했다 — 옮긴이)라는 제네바 철학 교수의 집에서 아버지에게 편지를 보냈다. 그는 동생 토머스를 에든버러대학교에 보내고, 더불어 픽테의 가르침을 받도록 다시 제네바까지 동생을 합류케 해준 아버지의 배려에 따뜻한 감사 인사를 전했다. 웨지우드는 자신의 두 아들이 픽테 씨처럼 훌륭한 철학자로부터 지적 훈련을 받은 것에 대해 무한한 존경과 감사를 표했다.

존과 토머스의 다음 여행지는 로마였다. 둘은 고대 그리스 조각품들을 감상하기 위해 로마 구석구석을 방문했다. 아버지 웨지우드는 윌리엄 해밀턴 경에게 다음과 같은 편지를 썼다.

대사님께,
제 수석예술가인 웨버 씨와 동행으로 두 아들이 로마를 방문하게 되었다는 소식을 일전에 전해드린 바 있습니다. 귀하께서 베풀어주신 은혜를 여러 차례 입은 바, 이번에도 염치없지만, 이들의 보호와 함께 배움을 증진할 만한 기회를 귀하께서 열어주시길 삼가 요청드리는 바입니다. 이 여행은, 아비로서도 간곡히 바랍니다만, 두 젊은이의 성장과 향상을 위한 것이기 때문입니다.

당신의 충복임을 더할 나위 없는 영광으로 생각하며,

조사이어 웨지우드

두 아들은 나폴리로 이동해 해밀턴 경의 융숭한 환대를 받았다. 해밀턴 경은 이들에게 고대 작품 컬렉션을 보여주었다. 1788년 4월 29일, 해밀턴은 웨지우드에게 다음과 같이 썼다.

플랙스먼 씨가 나폴리 인근에서 발굴한 화병들 중 일부를 드로잉했습니다만, 안타깝게도 그의 건강이 허락지 않아 이곳에 그리 오래 머물지는 못했습니다. 재방문할 정도로 이곳을 좋아하는 두 아드님을 다시 만나게 되어 저 역시 무척 반가웠습니다. 자제분들의 행실과 됨됨이는 어디 가서든 칭찬이 자자하리라고 확신합니다. 아드님들 소식은 로마로 돌아간 뒤 전해들으셨겠지요? (…) 조국의 품격을 두루 높이기 위해 귀하께서 기울이는 고귀한 노고에 건강과 행운이 내내 함께하길 진심으로 바라마지 않습니다.

당신의 영원한 벗, 해밀턴

한편 둘째 아들 조사이어는 스페인 여행에서 영국으로 돌아온 직후이자 에트루리아에서 본격적인 일에 착수하기 전 다시 국내 여행을 떠났다. 1789년 7월 5일 웨지우드는 당시 마드리드 대사로 있던 오클랜드 경에게 편지를 보냈다.

제 아들 조사이어가 귀국한 지 6개월 정도 되었고, 지금은 국내 탐사 여행 중입니다. 해외에서 친분을 맺은 콘월의 뛰어난 광물학자인 존 호킨스(1761-1841. 영국의 지질학자이자 여행가, 작가 — 옮긴이) 씨와 함께 잉글랜드 서부인 웨일스에서 란즈엔드 곶까지 두루 다니고 있는 모양입니다. 그렇지 않았다면, 제 아들 조사이어가 이토록 따뜻한 관심을 기울여 주신 대사님께 직접 감사 인사를 드릴 기회를 놓치지 않았을 텐데 말입니다.

란즈엔드에서 돌아온 조사이어는 에트루리아에서 아버지의 든든한 조력자가 되었다. 그는 아버지 대신 각종 서신을 처리하기도 했으며, 다시 런던으로 가서 제조와 무역을 비롯해 본사의 이모저모를 살피고 익혀나갔다. 그가 이 일을 도맡게 된 것은 형이자 파트너인 존 웨지우드가 이 무렵 사망했기 때문이다. 이로써 조사이어 웨지우드만이 자신이 설립한 이 거대 기업의 단독 소유주로 남게 되었다.

하지만 이 문제도 곧 정리되었다. 1790년 1월 웨지우드는 세 아들인 존, 조사이어, 토머스에게 지분을 증여하고, 자신의 조카인 버얼리Thomas Byerley(1747-1810. 웨지우드 도자기 회사의 파트너, 1768년 미국으로 이주했다가 1775년 돌아와 에트루리아의 사무원으로 일했다. 나중에, Wedwood & Byerley라고 불리는 런던 쇼룸과 매장을 운영. 1795년 조사이어 웨지우드가 사망하고 조사이어 2세가 들어오면서 에트루리아 지사를 맡게 되었다 — 옮긴이)와도 파트너십을 맺었다. 버얼리에게는 이익의 8분의 1이 책정되었다. 한동안 런던 사업을 관리해 왔던 버얼리는 이제 에트루리아 무역부문을 총괄하게 되었다. 존과 토머스 웨지우드는 후에 사임했는데, 존은 런던앤미들섹스 은행에 합류했고, 토머스는 화학과 과학적 탐구, 특히 헬리오타이프 판heliotype(사진 제판의 일종―옮긴이)과 광학에 전념했다. 이후 회사는 '조사이어 웨지우드, 아들들 그리고 버얼리Josiah Wedgwood, Sons, and Byerley'로 알려지게 되었다.

웨지우드는 다윈 박사와 지속적으로 서신을 교환했다. 한번은 다윈 박사가 그의 첫 나무 의족(의족은 약 8년 전 하노버 가의 인체모형 제작자 에디슨이 처음 만들어주었고, 이후부터는 어느 솜씨 좋은 목수가 제작과 수리를 도맡았다)에 대해 묻자 웨지우드가 이렇게 답했다. "그 목수가 지금 새 의족을 제작 중이고, 거의 끝나가는 걸로 알고 있네. 전에도 한두 개 만들어 준 적이 있는데, 그때마다 수년간 잘 관리를 했지. 이미 수차례 수리를 받은 터라 날과 손잡이만 여러 번 교체한 항해사의 칼 같은 상태랄까? 자네가 부탁한 그 신사분을 위해서도 기꺼이 만들어 줄 걸세."

웨지우드는 수년간 나무 의족으로 인한 고초를 겪어야만 했다. 매번 장애가 되었을 뿐 아니라 종종 건강을 위협하기도 했다. 특히 그는 운동을 못 하게 되어 담즙이 쌓이지 않을까 우려했다. 귀한 고객을 모셔야 하는 상황에서 목발 없이 걷는 건 아예 생각조차 할 수 없었다. 소호(그릭 가 그의 창고가 있는 곳) 세인트앤즈의 교구 민생감독관으로 징발되었을 때도 그는 고문인 J. 발게니의 조언에 따라 그 직분을 거절할 수밖에 없었다. 우선 런던에 살지 않으며, '나무 의족에 의지할 수밖에 없다'는 근거에서 그의 부득이한 청원은 받아들여졌다.

다윈 박사는 시집 《식물원*Botanic Garden*》을 쓸 당시 웨지우드에게 다시 다음과 같은 편지를 보냈다.

> 만약 작품 '희망Hope'(웨버가 모델링한 작품)의 글귀가 좀 더 길길 바란다면, 자네가 덧붙일 만한 내용을 한번 보내줘 보게나. 가령…,
> "여기 미래의 뉴턴들은 하늘을 탐험하고,
> 여기 미래의 프리스틀리들, 미래의 웨지우드들이 날아오르리라."
> 그리고 보낼 때, '나비를 불태우는 큐피드' 드로잉도 꼭 부탁하네.

그리고 1789년 2월 22일, 다윈 박사는 웨지우드에게 다음과 같은 편지를 다시 썼다.

> 내가 쓴 시집 《식물원》을 함께 보내네. 자네가 런던을 오가는 길에 여기 더비에 들르지 않은 걸 질책해야겠군! 그래도 일단 이곳에서 만날 기쁨을 누리기 전까지는 참아야겠지.

다음 편지에서 다윈 박사는 웨지우드에게 도공으로서 자신의 장점이 무엇이라 생각하는지 물었다. 이에 대한 웨지우드의 답변은 다음과 같았다.

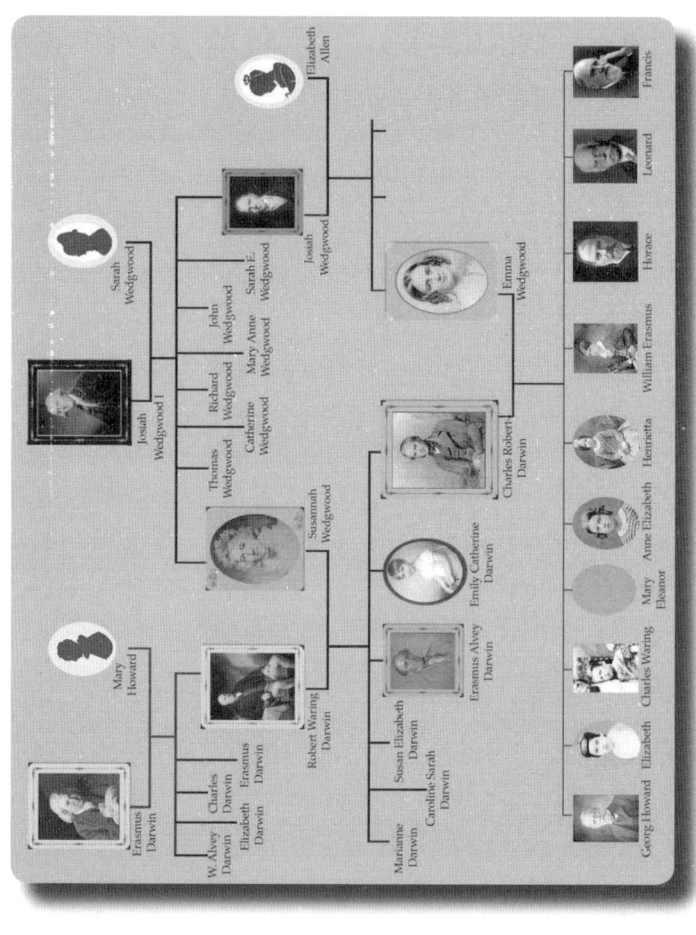

평생을 두고 절친했던 웨지우드와 다윈 가문이 자녀들 간 혼인을 통해 새롭게 그려낸 가계도(아래). 웨지우드의 장녀와 다윈 박사의 막내아들 사이에서 태어난 아이들 중 하나가 찰스 다윈이며 다윈은 다시 웨지우드의 친손녀인 엠마 웨지우드와 결혼한다.

자네의 질문에 답하자면, 우선 나는 그저 훌륭한 고전 작품들을 본뜨려고 시도한 것뿐이네. 그렇다고 일방적인 모방이 아니라 스타일과 정신을 담아내려 노력해왔지. 말하자면 고전 작품의 우아한 단순성을 말일세. 그 과정에서 내가 할 수 있는 한, 모든 다양성을 도입해보고자 애썼어. 윌리엄 해밀턴 경도 바로 이 점에 대해 확신을 주었고. 그래서 감히 해볼 수 있었던 게 아닐까. 그것이야말로 고전 작품을 제대로 모방하는 진실한 길이라고 믿고 있네.

나의 두 번째 장점을 꼽기 전에, 이 질문부터 하고 싶네. "전에 제대로 된 메달리언이나 카메오 류를 본 적이 있나?" 실제 돌이든 아니면 돌 모양이든 반죽이든 색유리든, 무엇으로 만들었든 말이야. 물론 이전에도 만들어진 적이 있긴 하네. 포틀랜드 화병을 보게. 그리고 그보다 못한 수많은 작품을 보면, 다양한 크기의 저부조들은 모두 한 가지 색, 거친 밤색 흙으로 만든 것들이지. 둘 이상의 색에 독특한 질감을 가진 건 고대인들도 절대 만들어내지 못했어. 내가 알기론 현대에도 시도된 적이 없을 거야. 몇 명이 내 재스퍼 카메오를 거칠게나마 모방하기 시작하기 전까지는 말일세. 하지만 내 자랑같이 들릴 테니 여기서 이만 줄이겠네.

만약 웨지우드가 유일한 특허를 침해하려는 사람들을 상대로 자신의 권리를 변호할 때 법원에 제출한 진술문(1771년 7월 27일)을 복사해두었더라면, 다윈 박사에게 이보다 상세한 답변을 썼을 것이다. 그는 법원 진술문에서 이렇게 단언했다.

스태포드셔에서 도공의 가업을 이루며 20년 넘는 세월 동안 장인으로서 에나멜 작업 등 온갖 기술을 연마해왔다. (…) 수많은 발명과 발전을 통해 이 나라의 요업 기반을 탄탄하고 풍성하게 만듦으로써 쇠퇴일로의 조악한 단계에서 현재 영국 전역에서 가장 번창하는 제조업의 반열에 올려놓았다.

처음으로 다양한 종류의 유색 광택제로 장식하는 기술을 발명했다.

처음으로 동력 회전 선반을 점토 작업에 적용했고 나아가 도기 제조에 도입했다.

퀸즈웨어를 출시해 국내 시장과 가정의 식탁에서 프랑스 제품을 몰아냈다.

끊임없는 점토 실험 끝에 화병, 카메오, 평판, 초상, 재스퍼의 고전적 부조 등 혁신적인 장식품들을 개발해냈다.

이 소송의 목적은 어느 제조업체에 의해서든 에트루리아 화병을 특정 방식으로 생산하는 웨지우드의 특허에 대한 침해 행위를 절대 금하기 위한 것이다.

한편 웨지우드는 에트루리아에서 자신의 사업을 평소의 신념대로 이끌어갔다. 향상을 꾀할 수 있는 분야라면 어디서든 새 방식을 적극 도입했다. 플랙스먼은 로마에서 새로운 캐스트와 드로잉들을 보내왔다. 존 드비어 역시 공들여 제작한 '보르게스 화병 Borghese Vase'('보르게세 화병'이라고도 불리는 이 작품은 기원전 1세기 후반 로마 살루스티우스 정원의 장식품으로 쓰였다. 펜텔릭 대리석으로 조각된 기념비적인 종 모양 크레이터로, 현재 루브르 박물관이 소장하고 있다—옮긴이)의 페르세포네 저부조 작품을 보내왔다. 그를 따라 로

존 드비어가 공들여 제작한 보르게세 화병의 페르세포네 저부조를 토대로 웨지우드사가 현대적으로 제작한 장식용 화병이다. 참고로 이 제품은 2010년 국내에서 2,900만 원에 판매되기도 했다.

마로 온 웨버 또한 다른 정교한 모델들을 그릭 가로 보내왔다. 웨지우드는 이탈리아에 또 다른 많은 예술가를 두고 있었다. 그들 중 가장 눈여겨볼 이는 달마조니Angelo Dalmazzoni로, 웨지우드 밑에서 일하는 손꼽힐 만한 장인이었다. 당시 플랙스먼은 주로 자신의 조각 작품을 만드느라 여념이 없었다. 파체티와 안젤리니도 웨지우드를 위해 일한 모델러였고, 프라도티와 만지아로티도 그의 주된 카메오 조각가들이었다. 이탈리아에서 웨지우드에게 보낸 모델러들 또한 적잖았다.

하지만 이제 그의 정력적인 삶도 마지막을 향하고 있었다. 정신은 그 어느 때보다 활력이 넘쳤지만, 육체는 점점 시들어가고 있었다. 그는 자주 휴가를 냈고, 종종 벅스턴과 블랙풀에도 다녀왔다. 간혹 레이크 지구를 여행하기도 했다. 자택에 머물 때면, 정원을 손질했다. 정원사의 자질에 관해 다윈 박사에게 쓴 긴 편지도 남아있다. 다윈 박사는 일평생 그의 가장 좋은 벗 중 한 명이었고, 종종 만나 과학 토론 삼매경에 빠지기도 했다.

웨지우드의 관심은 국내 문제에만 국한되지 않았다. 노예무역 폐지에 관해 애나 수어드Anna Seward(1742-1809. 종종 리치필드의 백조라고 불리는 영국 낭만주의 시인 — 옮긴이), 토머스 클락슨Thomas Clarkson(1760-1846. 영국의 노예제도 폐지론자이자 대영제국 노예무역에 반대했던 선도적인 운동가 — 옮긴이)과 긴 서신을 교환했다. 한번은 클락슨이 웨지우드에게 '상호 참여하고 있는 대의'에 관한 편지를 써서 보냈다. 클락슨은 자신이 이 노력을 지속해 나가야 하는지, 아니면 개인적 삶으로 물러나야 하는지를 두고 고민하고 있었다. 이미 7년째 이 힘든 싸움에 투신해온 그로서는 심신이 크게 상한 상태였다. 넉넉지 않은 살림에 1,500파운에 달하는 돈을 내놓기도 했다. 그가 자신에게 맡겨진 온갖 소명에 부응하려면, 아마도 '파멸을 피할 수 없을 터'였다. 이 같은 토로를 들은 웨지우드는 클락슨을 물심양면으로 도왔고, 그의 든든한 뒷받침에 힘입어 클락슨은 노예제 폐지 주창자로서 자신의 길을 끝까지 걸어갈 수 있었다. 웨지우드가 "저는 사람도 아니고 형제도 아닌가요?"라는 저 유명한 호소 문구의 무릎 꿇은 탄원자 메달리언을 제작하지 않았더라면, 과연 어떻게 되었을까?

웨지우드의 넉넉한 배포는 동인도제도 흑인 노예 문제를 넘어 종교개혁을 피해 영국에 모여든 폴란드 개신교도를 돕는 데까지 미쳐서, 1792년 1월 세 아들과 함께 각각 50파운드씩 기부했다.

웨지우드는 사업상 주도적인 역할에서 점차 물러나기 시작했지만, 완전히 손을 떼지는 못했다. 1788년 그는 다윈 박사에게 이렇게 썼다.

내가 노인이 되어 가고 있다는 사실에 한숨이 나오는구먼. 노쇠와 병약이 나를 덮쳐, 이제는 관심 대상을 늘리기보다는 줄여야 할 때라는 걸 내 귓전에 대고 속삭이지.

당시 그는 58세에 불과했다. 많은 남자들이 인생의 전성기라 여기는 나이였다.

웨지우드는 옛 친구들을 잊지 않았다. 특히 다윈 다음으로 가는 절친 프리스틀리를 늘 마음에 두고 있었다. 화학을 향한 프리스틀리의 열정을 오래도록 존경하고 지원해왔던 웨지우드는 그의 대중강연 소득이 얼마 되지 않는다는 사실을 깨닫고 자금을 지원할 최선의 방법을 강구해냈다. 볼턴, 다윈과 함께 협의체를 결성해 다윈이 이름 붙인 '건강한 실험맥' 프로젝트를 실천에 옮긴 것이다. 프리스틀리는 웨지우드와 나눈 대화에서, 자신의 실험으로 금전적 이득을 얻을 생각은 한 번도 해본 적이 없다고, 실험 결과가 나오면 있는 그대로 사람들에게 공개해 왔으며, 앞으로도 계속 그런 식으로 이어나갈 생각이라고 말했다. '과학을 위한 과학'을 추구하는 태도, 이는 대단히 멋진 것이었다. 그럼에도 불구하고 경제적 지원이 절실히 필요하다는 건 부인할 수 없는 사실이었다. 이 문제는 위에 언급한 사람들의 따뜻한 공감대로 해결되었다. '루나 소사이어티'(1765–1813. 버밍엄에서 정기적으로 만난 사업가, 자연철학자, 지식인을 포함해 미들랜드 계몽주의의 저명한 인물들로 구성된 영국의 디너 클럽이자 비공식 학회. 처음에는 Lunar Circle이라 불리다가 1775년 Lunar Society로 공식 명명되었다. 회원들은 주로 보름달이 뜨는 시기에 모임을 가졌는데 가로등이 없는 밤, 달빛이 귀갓길을 안전하게 밝혀준다는 의미로 이런 이름을 붙였다. 또 회원들은 미치광이를 은유하는 '루나틱'이라고 스스로를 유쾌하게 부르기도 했다. 정기적으로 참석한 회원으로는 다윈, 볼턴, 프리스틀리, 제임스 와트, 토머스 데이 등 열네 명으로 확인되며, 토머스 퍼시벌, 벤저민 프랭클린, 조지프 뱅크스 등과 정기적으로 연락하거나 협력한 것으로 알려져 있다—옮긴이) 회원들이 자금을 기탁했고, 프리스틀리의 몇몇 친구들도 이 프로젝트에 동참했다. 웨지우드는 매년 25기니를 꾸준히 냈고, 웨지우드 사후 아들 조사이어가 기부를 이어받아 프리스틀리가 사망할 때까지 후원을 이어갔다.

웨지우드는 건강이 여의치 않은 상황에서도 과학을 향한 관심의 끈을 놓지 않았다. 1790년 그는 왕립학회 회보 제74권과 76권에 자신의 마지막 논문을 실었다. 호주의 뉴사우스웨일스 산 광물질이 순수 흑연 또는 석묵으로 구성되어 있다는 내용이었다. 이 광물질은 동일 지역에서 채취한 점토와 함께 조지프 뱅크스 경이 보낸 것이었다. 우수한 품질의 이 점토로 웨버는 탁월한 메달리언 한 점을 모델링했다. 바위 위에 선 채 자기 앞에 서 있는, 각각 평화, 예술, 노동을 상징하는 세 명의 인물들을 향해 손짓하는 '희망Hope'을 형상화한 것이다.

웨지우드는 여전히 건강이 좋지 않았다. 건강을 챙기기 위해 벅스턴과 블랙풀로 갔지만, 이번에는 시력 악화로 고초를 겪었다. 설상가상 천식마저 찾아온 데다 극심한 환상통에도 시달렸다.

고향에 돌아와서는 사랑하는 딸들이 그의 곁을 지키는 가운데 정원 일로 잠시 즐거움을 되찾았다. 그의 앞에는 드넓은 땅이 완벽할 정도로 아름답게 펼쳐져 있었다. 정작 주인 외엔 모든 것이

1789년 조지프 뱅크스 경이 웨지우드에게 보내온 호주의 뉴사우스웨일스 산 광물질을 섞어서 헨리 웨버가 '희망' 이라는 주제로 메달리언 한 점을 모델링했다. 앞면에는 바위 위에 선 여신이 앞에 있는 세 인물에게 손을 내미는 장면이, 뒷면에는 시드니 만에서 들여온 점토로 조사이어 웨지우드가 만들었다는 설명이 새겨져 있다.

밝고 유쾌했다. 정원사 다운즈가 온실에서 키워낸 탐스러운 포도가 수확을 기다리고 있었고, 주인만 이용할 수 없었던 잔디볼링장은 이웃들의 즐거운 웃음소리로 가득했다.

에트루리아 홀을 찾는 손님들은 끊이지 않았다. 특히 각국 명사들의 방문이 잦았다. 손님들은 환대를 받으며, 이곳이 보유한 아름다운 작품들을 둘러보느라 여념이 없었다. 화병, 저부조 작품, 카메오, 메달리언과 다른 유명 예술품들까지, 웨지우드 최고의 컬렉션이 거기에 모여 있었다. 웨지우드는 수많은 방문객에 둘러싸여 즐거운 시간을 보내려 애썼지만, 학문과 예술의 거대 보석함과도 같은 이곳 주인을 치유해줄 것은 그 어디에도 없었다.

대의를 향한 그의 통 큰 후원은 나이가 들어가면서 더하면 더했지, 조금도 줄어들지 않았다. 박애와 봉사, 자선, 핍박당하는 폴란드인들, 노예무역 폐지, 프랑스 혁명 발발 후 영국으로 넘어온 프랑스 이민자 등을 위해 그는 막대한 후원금을 쾌척했다. 그 외에도 자기 밑에서 일하는 노동자들의 복지를 위해 무료 도서관과 질병요양기금을 만들었다. 이러한 조치는 당시 매우 드문 것이었다. 그는 의회개혁 운동의 대표적 옹호자로서, 개선을 위한 모든 조치가 의회에서 논의되고 수립되어야 한다는 의견을 적극 개진했다. 그는 아들 조사이어에게 이렇게 썼다. '진정한 의회개혁이야말로 우리에게 가장 절실한 것이다. 이 고귀한 대의를 위해 내 시간, 내가 가진 가장 소중한 것, 그 밖에 내가 할 수 있는 모든

것을 기꺼이 바치고자 한다.'

예술의 진보를 위해 웨지우드가 크게 이바지한 또 다른 사례로 언급할 만한 것은 1792년 그가 국립조각갤러리National Gallery of Sculpture 설립을 위해 1,000파운드를 기부하려 했다는 사실이다. 하지만 이 제안은 당시 무슨 이유에서인지 거부되었다. 코커렐Cockerell 교수는 1836년 예술교육 설립에 대한 하원위원회 청문회에서 웨지우드의 제안에 대해 다음과 같이 증언했다.

1792년 국립조각갤러리, 골동품 주조 등을 건의하는 팸플릿을 작성한 브리스틀의 컴벌랜드 씨를 통해 저와 연락이 닿았던 고 웨지우드 씨의 일화를 언급하고 싶습니다. 웨지우드 씨는 이 시설을 지원하기 위해 1,000파운드를 기탁하겠다는 뜻을 밝힌 바 있습니다. 이어서 좀 더 말씀드리면, 웨지우드 씨의 작품들은 유럽 전역에서 높은 평가를 받고 있으며, 최고의 컬렉션으로 분류되고 있습니다.

일상 도자기에 쓸 저렴한 광택제 실험에 한창 골몰하던 웨지우드는 다시 병으로 몸져눕는 신세가 되었다. 그는 눈에 띄게 쇠약해지고 있었다. 천식이 악화하고, 환상통도 극심해졌다. 게다가 오른쪽 턱 통증이라는 새로운 증상이 더 추가되었다. 그는 평소처럼 벅스턴으로 갔고, 다소 회복해서 돌아온 후 다윈 박사에게 건강이 호전되었다는 기분 좋은 편지를 쓰기도 했다. 아들 조사이어 역시 다윈 박사에게 아버지의 건강이 좋아지고 있다는 편지를 보냈다. 두 통의 편지를 받고 안심한 다윈 박사는 1794년 12월 9일자 편지에 이렇게 답했다.

> 편지를 받고 얼마나 마음이 놓였는지 모른다네. 자네 아들 조사이어가 언급한 경과에 더해서, 통증이 덜하고 심계항진과 맥박불규칙 증상이 그쳤다는 건 건강이 좋아진다는 또 다른 증거일세. 언덕을 오를 때 숨이 차는 건 나이가 들어 그럴 뿐 천식 때문이 아니라네. 나이 드는 건 누구나 싫어하지만 어쩔 수 없지. 이제는 건강하니 너무 괘념치 말고 약도 끊어보게나.

하지만 이 편지를 받고 며칠 뒤 웨지우드의 오른쪽 뺨이 부어오르기 시작했다. 치통이라 여긴 웨지우드는 이를 빼기 위해 벤트 씨를 불러들였다. 그의 입속을 들여다본 외과의는 괴저가 시작되었음을 알아차리고 경악했다. 다윈 박사가 더비에서 급히 달려오고 내과의 두 명도 속속 도착했지만, 이미 손쓸 도리가 없었다. 환자의 상태는 급격히 나빠지기 시작했다. 염증이 목구멍까지 퍼졌고, 열이 오르면서 의식을 잃었다.

1795년 1월 3일, 웨지우드는 그렇게 황망하게 세상을 떠났다. 그의 나이 65세였다.

사흘 후 그는 스토크 교구 현관 옆에 묻혔다.

22장 ──────

웨지우드의 인품

웨지우드는 거의 1세기 전(저자의 저술 시점이다 — 옮긴이)에 우리 곁을 떠났다. 하지만 그가 뿌린 씨앗은 사라지지 않고 우리 곁에 남아있다. 그의 인품과 작품에 깃든 정신은 오늘날까지 고스란히 전해지고 있다. 그는 동시대 사람들을 깊이 감화시킨 인물이자 후대 사람들에게 선의와 도의의 훌륭한 전형으로 남았다.

불우했던 어린 시절, 질병까지 덮친 호된 시련, 잇따른 부상과 수술, 사회생활에서 겪은 온갖 우여곡절 등을 여기서 다시 언급할 필요는 없을 것이다.

그는 생의 마지막까지 자기 향상의 길을 걸었다. 도공 경력 초반, 손으로 빚은 도기들은 조악하고 실험적인 것이었지만 그는 이를 빠르게 예술의 경지로 올려놓았다. 동력 회전 선반을 도입해 제품들의 형태를 혁신적으로 개선했다. 그러나 그가 얻은 명성은 가늠하기조차 힘든 투쟁과 노력 없이는 불가능했다. 그는 자기 일에서 효율성을 확보하려 애썼고, 결함을 수정하거나 보완해 나가기 위해 가마를 수없이 부수어야 했다.

그는 제조과정을 개선하기 위해 새로운 도구와 기계를 연이어 발명했다. 작업자들 한 명 한 명을 개인적으로 지도했으며, 자신의 도기 원본 작품의 첫 패턴들을 손수 다 만들었다. 저녁 시간은 주로 혁신을 가져올 만한 새로운 도구와 장비를 고안하거나 화학 실험을 하는 데 할애했다. 그는 내일 할 일을 미리 계획하지 않고는 잠자리에 드는 법이 없었다.

이 모든 노력이 도공의 선배격인 팔리시처럼 그를 빈곤의 지경으로 몰아넣었지만, 가난의 고통이 제아무리 크다 한들 그의 강인한 의지력과 자존감에는 미치지 못했다. 그는 자신의 미래에 대한 신념을 저버리지 않았다. 단 한 순간도 회의나 주저, 낙담으로 흘려보내지 않았다. 근면과 인내가 반드시 승리할 것이라 믿었다.

웨지우드의 또 다른 특징적 면모는 인간의 성품에 대한 예리한 통찰에서 찾아볼 수 있다. 그가 성공을 거둔 비결은 자신의 머리와 손에만 의지하지 않은 데 있었다. 그는 자신의 지시를 잘 따라줄 만한 이를 제대로 선택하는 안목을 갖추고 있었다. 웨지우드의 사람들 또한 자신의 특별한 능력을 알아봐 주는 웨지우드를 깊이 신뢰하고 존경했다. 웨지우드가 런던 파트너로 벤틀리를 첫 손가락에 꼽은 것도 마찬가지 이유에서였다. 벤틀리라는 인물이 높은 지성과 사업가적인 자질, 그리고 누구도 따라올 수 없는 인품을 가진 신사였기 때문이다.

  웨지우드는 아내로부터 지대한 도움을 받았다. 벤틀리에게 보내는 편지에서 그는 아내와 먼저 의논하지 않고는 어떤 새로운 계획도 착수할 수 없다고 말했다. 새라 웨지우드는 그의 천상배필이 아닐 수 없었다. 웨지우드의 시를 인용하자면, 그녀는 그야말로 완벽한 아내였다.

  굳건한 이성, 온화한 의지,
  인내, 예지력, 강인함과 재능을 갖춘;
  완벽한 여성, 고귀한 계획을 지표 삼아,
  충고와 위로를 아끼지 않고 지휘해나가는;
  밝고 고요한 영혼
  천사의 빛과도 같도다.

  웨지우드는 그 무엇도 과거 그대로 남아있는 것을 그냥 보아넘기지 않았다. 지속적인 향상이 있어야만 했다. 그가 어렸을 적 영국은 주로 해외, 특히 네덜란드, 프랑스, 독일 등지에서 들여오는 최상의 도기들을 공급받았다. 그럴진대, 영국이라고 도기를 자체 제조하지 못할 이유가 뭔가? 인구도 많고 점토나 다른 재료들도 해외 못지않았다. 다만 국내 무역을 선도하고 촉진해 나갈 만한 일류 제조업체가 없을 뿐이었다.
  웨지우드는 일류 사업가의 추진력을 보여준 선두 리더였다. 불굴의 인내력으로 새길을 열었고, 많은 제조업자가 그의 뒤를 따랐다. 그의 개척정신 덕에 스태포드셔 도기 생산과 그곳 사람들의 고용이 엄청나게 증가했다.

웨지우드는 평범한 도기 제작에 만족하지 않았다. 그의 야망은 실용성에 아름다움을 더하는 것이었다. 즉 가정용으로도 적합할 뿐 아니라 예술적인 아름다움이 깃든 작품을 만들고자 했다. 국내외 시장에서 점점 늘어나는 퀸즈웨어 주문량을 제때 공급하는 것만으로는 충분치 않았다. 그는 제품을 예술로 승화시킴으로써, 일상적으로 사용하고 바라보는 것만으로도 미적 감각과 취향, 안목을 끌어올릴 만한 물품을 생산하는 것으로 자신의 명성을 드높이고자 했다.

1863년 10월 26일, 버슬렘에 웨지우드 기념관의 초석을 놓는 자리에서 글래드스턴이 행한 감동적 연설 내용 중에는 예술성과 실용성의 조합에 관한 뜻깊은 발언이 많았다. 그의 연설 일부를 옮기자면 다음과 같다.

왜냐하면 이 부문에서 우리 고유의 탁월성을 찾아야 한다고 믿기 때문입니다. 바로 이 점에서 웨지우드 특유의 위대성을 짚고 넘어가지 않을 수 없습니다. (…) 제조품 생산에 있어서 미의 요소를 추구한다는 것은 한마디로 상업 정신에 온화하고 기품있고 세련된 영향력을 미치는 행위입니다. 다시 말해, 무역과 제조업에 결부되는 도덕적 위험성을 막는 일종의 방부제 성격을 지니는 것입니다. 그러므로 예술성 부여가 단지 경제적 이득만 가져오는 게 아니라고 여기는 데에는 그만한 이유가 있습니다. 단지 제품의 가격 요소에만 영향을 미치는 것이 아니라는 뜻입니다. 인간 본성이라는 특정 요소에 적절한 영양분을 공급할 뿐만 아니라, 자유화 및 문명화의 힘이자 그 자체로 사회적, 도덕적 개선의 수단이자 계기가 됩니다.

이어서 글래드스턴은 웨지우드의 업적에 관해 언급했다.

그의 가장 독창적이고 특징적인 장점은, 전에도 말했듯이 우리가 소위 산업예술이라고 부르는 것, 즉 더 높은 수준의 예술을 산업에 적용하는 원칙을 매우 확고하고 진지하게 인식했다는 점입니다. 그 원칙이 우리에게 일깨워준 것은 먼저, 모든 대상에 그 목적에 맞는 최대한의 적합성과 편의성을 부여하고, 다음으로는 그 대상을 최고의 아름다움을 지닌 매개체로 만드는 것을 목표로 삼아야 한다는 것입니다. 이는 두말할 필요도 없겠습니다만, 첫 번째 목적을 두 번째 목적으로 대체하는 것이 아니라 처음부터 그 둘을 조화시키는 연구를 비즈니스의 중요한 덕목으로 인지하라는 것입니다. 이 원칙을 올바르고 확실하게 이해하고, 그 결과를 다양한 제조품의 세부사항에까지 구현하는 일은 언제, 어느 곳에서나, 누구에게나 높은 수준의 경지입니다. 바로 이 지점에서 웨지우드는 다른 누구보다 더 높고 더 독특했습니다. 그가 가장 명확하게 꿰뚫어 본, 탁월성의 기저에 깔린 예술의 진실성을 그의 조국은 제대로 인지하지 못했던 것이 사실입니다. 다른 흔치 않은 자질을 갖추고 힘과 번영을 구가하던 나라임에도 불구하고, 영국은 오래도록 제품의 미적인 면이 아니라 저렴한 가격 면에서 유럽 선두를 달려왔기 때문입니다. 만약 영국이 생산의 경제성만이 아니라 예술적 취향 면에서 선두를 달리는 그날이 온다면, 그건 아마도 웨지우드 같은 위대한 인물의 덕이라는 점을 믿어 의심치 않습니다.

현재의 스태포드셔 도자기 제조업자들이 웨지우드가 만들었던 평판이나 화병들보다 더 잘 만든다고 단언하는 비평가도 없지 않다. 당연히 그럴 것이다! 웨지우드는 약 100년 전에 최고의 작품을 만들어냈다. 그의 사후 한 세기나 지나는 과정에서, 스태포드셔 도공들이 도자기 제조에서 향상을 이루지 못했다면 오히려 그게 더 이상한 일이다. 그러나 웨지우드야말로 그 이후 성취한 모든 것의 선구자이자 출발점이었다. 그는 오랜 시간에 걸친 고통스러운 노력을 통해 그리스와 에트루리아 예술을 영국 도자기에 구현해냈다. 그는 사망할 때까지 영국에서 제조되는 모든 제품의 특성에 완전한 혁명을 일으켰다. 그의 생산품은 그리스 예술을 떠오르게 할지언정 단순한 모사품이나 재현품의 경지를 넘어선다. 웨지우드는 그저 모방하려는 의도로 고전 형태를 부활시킨 것이 아니다. 그의 스타일은 놀라우리만치 독창적이다. 긴 세월을 거치며 다른 제조자들이 품질 면에서 그를 넘어설지 모르지만, 어느 누가 그에게서 버슬렘과 에트루리아의 예술적 생산품 선구자이자 창립자라는 영예를 벗겨낼 수 있겠는가?

그의 묘비에 기록된 진실을 인용하자면, 그는 '조악하고 미미한 단계에 머물러있던 제조업을 우아한 예술작품이자 국가의 중요한 상업 부문으로 전환시켰다.' 웨지우드가 태어날 당시 버슬렘의 도공들은 50여 명에 불과했다. 그들 중 여남은 명이 웨지우드 가문에 속해 있었다. 하지만 그들이 만든 도기들은 하나같이 형편없는 수준이었다. 현재 상당한 위치에 오른 한리Hanley만 해도 당시에는 도공 일곱 명, 말 한 마리, 노새 한 마리가 전부였다. 마차는커녕 운송수단 하나 없었다. 석탄은 남녀를 불문하고 등짐으로 날라야 했다. 스토크에 있는 집이라고는 워드 가와 풀슨 가 단 두 채뿐이었으며, 도자기 제조소는 전무했다.

웨지우드가 확고히 자리를 잡고 무역이 크게 일어난 후 그의 뒤를 따라온 다른 제조사들은 엄청난 매출 증대를 이루어냈다. 스태포드셔의 연간 총 도기제조량은 1725년 1만 5,000파운드 미만에서 50년 후인 1777년에는 5배 이상으로 늘었다. 1785년에는 도자기 제조업체가 200여 개로 불어나 약 1만 5,000~2만 명에 달하는 사람들을 고용하고 있었다. 같은 시기, 전체 요업 종사 인구가 대폭 증가한 것은 두말할 필요도 없다(1871년 인구조사에 따르면, 한리에는 4만 명의 거주자가 있었고, 스태포드셔 도공 수는 16만 6,625명이었다 — 저자).

웨지우드는 애국심을 지닌 거인이었다. 자기 분야의 무역을 증진하는 데 힘쓴 것 외에도 고향을 개방해 더 큰 세상과 이어지도록 다방면으로 뛰었다. 스태포스셔를 관통하는 유료도로와 공공도로를 건설하는 일에 열정적으로 나섰고, 대운하 계획이 구상되자 몸과 마음을 다해 성공을 향해 헌신했다. 지역 상업 활성화에 전력투구했으며, 이웃들의 진심 어린 지지에 힘입어 스태포드셔 도기 생산 확대를 위한 모든 조치를 동원하는 일을 주도해나갔다.

그는 많은 재산을 모았지만, 자신의 부를 명예롭게 사용했다. 교육과 관련한 것이라면 적극적인 후원을 아끼지 않았다. 1760년 초, 매우 궁핍하던 상황에서도 그는 버슬렘에 학교를 설립하자는 제안을 적극 지지하며 설립 비용으로 10파운드(아버지가 남긴 유산 20파운드를 감안할 때 10파운드는 그 절반에 해당하는 큰돈이었다 — 옮긴이)를 기탁했다. 그는 오버하우스에 있는 맏형 토머스와 먼 사촌 버슬렘 웨지우드에게도 기부를 독려했다. 이 학교는 메이폴이 서 있던 자리에 세워졌다. 후에 이 건물은 철거되고 버슬렘 시청이 그 자리를 대신했다. 학교는 더 좋은 건물로 이전했다.

그는 자신의 노동자들에게 더없이 좋은 친구였다. 무료 도서관 설치와 질병 요양기금이 그들의 복지를 위해 시행되었다. 또 지원이 필요한 모든 선한 일에 아낌없이 돈을 내놓았다. 클락슨 씨의 노예해방운동, 노예무역 폐지, 폴란드 애국자 돕기, 미국 내 영국 거주민들 돕기, 영국에 이민 온 프랑스 성직자 돕기, 그 밖의 모든 박애 자선사업에 관여했다.

웨지우드가 자신의 자녀교육 명목으로 레슬리 교수에게 연금을 지급했던 일은 앞서 언급한 바 있다. 또 버밍엄의 볼턴과 함께 프리스틀리가 화학 연구에 매진할 수 있도록 세심하게 도왔다. 나아가 예술가와 그 밖의 다른 종사자들을 막론하고 누구든지 어려운 처지에 있는 사람들에게 도움의 손길을 내밀었다.

다윈 박사는 이렇게 언급했다.

웨지우드만큼 주변의 시기를 사지 않으면서 큰 부를 쌓아 스스로 모범적인 명사의 반열에 오른 예를 나는 지금껏 본 적이 없다. 신중하고 사려 깊은 태도에서 우러난 고귀한 미덕이 작용했기 때문이다. 쉽게 얻은 부로 흥청망청 써대거나 가난한 자들을 무시하는 어리석은 행태와는 거리가 먼 인물이었기 때문에 가능한 일이라고 생각한다. 그는 자신의 부를 선용했고, 많은 이들에게 꼭 필요한 도움을 주었다.

사람은 자신이 선택한 친구들에 의해 어느 정도 그 인품이 가늠된다고 한다. 웨지우드의 친구들 대부분은 뛰어난 인물들이었다. 그의 가장 친한 친구는 시인이자 내과의인 이래즈머스 다윈이었다. 다윈은 웨지우드를 속속들이 잘 알고 있었다. 그의 기쁨과 슬픔까지도. 그는 웨지우드의 예술품에 대단한 존경심을 품었고, 그가 관여하는 모든 일을 지지해 주었다. 그가 다리를 절단할 때도, 마지막 눈을 감을 때도 웨지우드의 곁을 지켰다. 다윈 가와 웨지우드 가는 매우 밀접하게 연결돼 있다. 웨지우드의 큰딸 수재너와 다윈 박사의 아들 로버트가 결혼해 다윈 가에서 가장 유명한 인물이자 《종의 기원》의 저자인 찰스 다윈을 낳았다. 찰스 다윈 역시 뛰어난 연구 동료이자 외사촌인 엠마 웨지우드와 결혼하면서 학문적 성취를 이뤄나갔다. 이렇듯 웨지우드 가와 다윈 가의 연은 대를 이어 계속되고 있다.

웨지우드의 다른 저명한 친구 중에는 콘덴싱 증기기관 발명가인 제임스 와트, 버밍엄의 유명 제조업자 매튜 볼턴, 왕립학회 회장 조지프 뱅크스, 《샌드포드와 머튼의 역사》의 저자 토머스 데이, 윌리엄 해밀턴, '아테네인' 스튜어트, 클락슨과 윌버포스, 그리고 앞서 언급한 수많은 예술가와 조각가들이 있다.

웨지우드는 생전 갖가지 영예를 얻었다. 고온계를 발명하고 학회에 논문을 기고한 업적으로 왕립학회 회원이 되었으며, 그리스와 에트루리아 예술작품에 대한 지적 기여로 골동품학회 회원 자격을 얻었다. 그 외에도 수많은 해외 학회 회원으로 활동했다.

버슬렘과 에트루리아에 그가 끼친 영향력과 모범적인 행보, 제품들은 도기마을 거주민의 지적·도덕적 품성을 함양시키는 데에도 막대한 힘을 발휘했다. 앞서 1760년 존 웨슬리가 버슬렘을 처음 방문했을 때의 일화를 언급했다. 그는 웨지우드가 번듯한 도기 공장을 세운 후인 1781년에 다시 방문해 이런 말을 남겼다.

불과 20년 만에 이 지역의 면면이 어떻게 이토록 향상될 수 있을까! 사람들이 계속해 이곳으로 흘러들어오고, 그 이후 황무지와 다름없던 땅이 말 그대로 결실의 낙원으로 변모했다. 말, 마을, 도시가 우후죽순처럼 생기고, 지역민들의 수준도 크게 올라갔다.

존 웨슬리의 이러한 찬사에 무슨 말을 더 덧붙이랴!

웨지우드가 버슬렘의 올드 처치야드 공장에서 처음 낡은 물레를 돌리던 그 순간부터 에트루리아 홀 저택의 침상에서 임종을 맞이할 때까지, 그의 정신과 마음은 활달함으로 충만해 있었다. 늘 생각하고, 일하고, 과학적 사실을 추구하고, 동포들을 이롭게 하기 위해 쉼 없는 나날을 보냈다. 분주한 삶 속에서도 그는 항상 간명하고 성실하며 굳건한 태도를 잃지 않았다. 어쩌면 개인적 고통이 그의 덕성을 좀 더 따뜻하고 부드럽게 다듬었을지도 모른다.

고통은 평생토록 그를 따라다녔다. 천연두의 치명적 공격으로 고통받던 끝에 다리를 절단했고, 눈 질환으로 실명 위기를 몇 번이나 넘기는 등 일평생 질병과 힘겹게 싸우다 죽음에 이르렀다.

그런 그가, 짧은 생애 동안 영국의 예술과 상업 그리고 영국 국민 모두를 이롭게 만드는 일에서 얼마나 많은 성취를 이루었던가!

웨지우드는 결코 죽음을 두려워하지 않았다. 죽음을 삶의 완성으로 여겼다. 그는 자신에게 주어진 시간 동안 해야 할 일을 훌륭하게 마쳤다.

죽음은, 웨지우드에게 가해졌던 무수한 고난과 오랜 고통으로부터 마침내 그를 해방시켰다.

| 찾아보기 |

ㄱ

건강한 실험맥 332
게이니 251
경질자기 190, 202, 203, 206, 208, 209, 316
고령도 69, 203, 206, 209, 210, 211
광기 어린 열병 105, 106
국립조각갤러리 336
그랜빌 레브슨 고워 92, 97, 99, 103, 122, 128, 150, 160, 196, 213, 244,
그랜빌 샤프 301
금속 상감 161

ㄴ

납화기법 202
네 명의 뮤즈와 아폴로 249
노섬벌랜드 공작 107, 137
노예무역 172, 301, 330, 335
노예해방운동 345
뉴캐슬언더라임 22, 25, 39, 50, 71, 120, 148, 294

ㄷ

대영박물관 166, 195, 303, 307, 310, 314, 316, 317
대운하 8, 92, 95, 111, 123, 129, 130, 147, 344
댄싱 아워스 275, 277
데이비드 로즈 142, 186, 187
델프트 도기 33, 177
동력 선반 7, 74, 75, 76, 92, 97, 102, 154, 164, 167
드레스덴 203, 205, 211, 267, 305, 316
드보라 쳇윈드 97

ㄹ

란즈엔드 222, 223, 323
랑드르 여사 145, 167, 289
랜슬럿 브라운 112, 114, 171
러스틱웨어 62
러시안 서비스 107, 142, 145
레이디 템플턴 298, 300
레인엔드 214
로렌스 스턴 247, 300

찾아보기 349

로버트 플롯 117
로열 패턴 100
루나 소사이어티 196, 332
류마티스 196
르위스 박사 291
리버풀 13, 70, 77, 79, 81, 202, 250, 283
리처드 로벨 에지워스 196
리처드 아크라이트 20, 301
리처드 웨지우드 46, 87
리처드 챔피언 212, 213

ㅁ

마르스와 평화 257
막자사발 133, 190, 202, 269
매튜 볼턴 68, 73, 100, 102, 160, 161, 226, 293, 296, 320, 332, 345, 346
매튜 터너 81, 141, 146,
맨체스터 95, 96, 121
메달리언 172, 174, 186, 238, 255, 256, 268, 274, 275, 298, 317, 327, 331, 333, 335
메리 스트링어 20
메리 잉글랜드 31
메이든 성 218
목재 의족 153
몬태규 공작 107, 137
몬테 델 그라노 303
몰리 부인 244

몽포콩 103, 255
무어스톤 211

ㅂ

바르텔레미 포자 드 생퐁 178
바르베리니 우르바노 8세 304
바커스의 출생 260, 265
밤과 낮의 신 190
백돈자 210, 219
버밍엄 46, 50, 68, 226, 293, 320, 334, 345
버설트 75, 104, 105, 133, 165,
버슬렘 19, 20~45, 59, 70, 72, 80~86, 92, 100, 111, 119, 341, 343, 344, 345, 347
베드포드 공작 136, 150, 160
베르나르 팔리시 62, 64, 208
벤저민 프랭클린 9, 247, 274, 301, 302, 333
보르게세 가문 261
보르게스 화병 328
볼테르 275
뷰들리 70
브리스틀 121, 127, 212, 213, 221
브리지노스 70
브리지워터 225
브리지워터 공작 95, 96, 97, 121, 122, 123, 125, 150, 196
브릭하우스 62, 111, 163, 164, 171
블랙 버설트 35, 134, 164, 165, 172,

186, 193
블랙웨어 94

ㅅ
사우스웰 부인 145, 187
사우스캐롤라이나 159, 213, 295
사진 과학 230
새라 시돈스 87, 247
새라 웨지우드 87, 90, 91, 340
새뮤얼 스트링어 141
샤를 플루미에 74
샬럿 왕비 76, 78, 269
세번강 70, 127, 130
세브르 자기 177
소호 68, 73, 142, 192, 200, 324
스코틀랜드 68, 69, 166, 172, 194, 244, 250, 284, 287, 296, 297, 319
스태포드셔 19, 2~38, 44, 48, 69, 71, 90, 97, 100, 111, 117~131, 184, 196, 198, 202, 212, 214, 274, 293, 340, 343, 345
스턴의 마리아 299, 300
스톤웨어 6, 29, 34, 36, 37, 55, 94
스톤헨지 218

ㅇ
아리아드네의 승리 245, 275
아서 영 118
아우구스투스 2세 204, 205, 206

아이비 웍스 59, 60, 62
아이비하우스 60, 111, 275, 296
아일랜드 111, 191, 296, 297
아킬레우스의 발견 262, 263
아테네인 스튜어트 194, 201
아폴로와 다프네 175, 190
아폴로의 뮤즈 241
안젤로 달마조니 330
안토니오 카노바 260
알레고리 251, 253
알렉산데르 세베루스 304
앙투안 라부아지에 290, 320
애너 수어드 330
앨런 커닝햄 243, 244
에드먼드 버크 213
에드워드 서로우 80
에든버러대학교 23, 229, 319, 321
에렌프리트 발터 폰 치른하우스 205, 206
에지컴 산 219, 225
에트루리아 13, 34, 69, 86, 100, 103, 104, 111~116, 131, 134, 226, 245, 246, 252, 261, 272, 282, 285, 293, 294, 307, 313, 322~330, 343, 347
에트루리아 첫 산물 164, 182
엑시터 219
엠마 웨지우드 9, 326, 346
연질자기 57, 190, 203, 209
영국왕립학회 7, 9, 216

예카테리나 2세 107, 108, 109
왕립미술원 139, 235~240, 301, 313
왕비 폐하의 도공 76, 99
요한 프리드리히 뵈트거 203~208
우스터 자기 회사 224
울버햄튼 운하 127
웨지우드 기념관 44, 62, 70, 84, 341
웨지우드의 고온계 285~301
윌리엄 글래드스턴 44, 70, 341, 342
윌리엄 메러디스 93, 94, 150
윌리엄 부챈 250
윌리엄 블레이크 235
윌리엄 월렛 147
윌리엄 윌버포스 301, 347
윌리엄 체임버스 166, 311
윌리엄 콜린스 200, 244
윌리엄 쿡워시 209, 210, 211, 212
윌리엄 피트 80, 301
윌리엄 해밀턴 164, 165, 179, 195, 246, 252, 255, 274, 278, 305, 308, 310, 313, 321, 323, 347
윌리엄 핵우드 7, 9, 141, 172, 186, 196, 238, 302
윌리엄 헤이스팅스 257
윌콕스 부인 141, 144, 167
융합로 이론 290
의회개혁 335
이래즈머스 다윈 9, 147, 148, 150, 300, 346
이집션 블랙 35

인탈리오 15, 138, 137, 172, 268

ㅈ

잡화 물감 164
장 자크 루소 245
재스퍼 딥 184, 292
재스퍼웨어 6, 7, 41, 94, 135, 139, 183, 186, 292, 298
전사인쇄 79
제임스 바이레스 303
제임스 보드맨 82, 115, 158
제임스 브린들리 121, 122, 123, 128, 129, 130
제임스 와트 9, 67, 160, 161, 293, 296, 319, 333, 346
제임스 윌콕스 142, 144
제임스 키어 172, 190
제임스 타시 139, 140, 167
조사이어 스포드 50, 51, 52
조슈아 레이놀즈 139, 236, 240, 259, 272, 298, 300, 311, 313
조지 3세 76, 96, 139, 212
조지 새빌 150
조지 스터브스 91, 271, 272, 273
조지 스티븐슨 23, 127
조지프 라이트 141, 151, 300
조지프 뱅크스 201, 313, 333
조지프 블랙 319
조지프 프리스틀리 83, 332, 333, 345
존 더블데이 317

존 데사굴리에 286, 328
존 레슬리 23, 24, 230, 345
존 베이컨 137, 138, 139, 175
존 새들러 79
존 셰리단 301
존 스메튼 215, 386
존 에릭슨 291
존 에이킨 83
존 웨슬리 31, 32, 118, 347
존 카워드 107, 136, 137, 186, 192
존 포더길 187, 247
존 플랙스먼 7, 186, 231~265, 267, 275, 284, 293, 298, 310, 328, 330
존 헌터 301
존 호킨스 323
존 호프너 300, 301
질병요양기금 335

ㅊ

찰스 다윈 9, 147, 326, 346
찰스 웨슬리 118
찰스 젠킨스 250
찰스 테일러 74, 76
천연두 81, 146, 348
첼시 15, 36, 103, 142, 144, 166, 170, 174, 274, 293, 301, 302, 308, 327, 330, 335
첼시요업제조소 134

ㅋ

카메오 138, 201, 241, 252, 268,
카를 폰 린네 275
카올린 69, 203, 206, 207, 209, 210, 221, 280
칸델라브라 139, 145, 190
캡틴 쿡 250
코르넬리우스 네포스 232
코린트 메이드 300
코발트 170, 184, 211, 215
콘덴싱 증기 엔진 161
콘월 점토 202
퀸즈웨어 6, 48, 64, 76, 77, 99, 100, 103, 107, 132, 202, 328, 341
크림웨어 73, 79, 96, 97, 150

ㅌ

타운리 갤러리 195
테라 폰데로사 160
토머스 개스코인 107, 137
토머스 데이 301
토머스 메리어트 305
토머스 버얼리 201, 322, 323
토머스 벤틀리 14, 73, 81~86, 88, 92, 105~201, 219, 236, 267~283, 339
토머스 스토타드 140, 158, 235
토머스 윌던 50, 51, 52, 58
토머스 윌리엄 313
토머스 채터튼 239

토머스 클락슨 330
토머스 퍼시벌 83, 146, 333
톰스 피트 210
트렌트앤머지 운하 30

ㅍ

파리석고 231
페그마타이트 203
페르세포네 저부조 328
페이디아스 247
펜턴 55, 59
포틀랜드 공작 166, 307, 313
포틀랜드 화병 141, 166, 303~317
폴 엘러스 196
프랑수아 루빌리악 141
프랑스 혁명 335
프랜시스 드레이크 220
프레더릭 허셜 250
프로세르피나 262
프리드리히 1세 204
프리즈 238, 246, 275
플라크 15, 238, 241,
플린트 글래스 133, 216
피터 시메이커스 283
필립 시드니 196

ㅎ

한리 20, 30, 344
한리 뮤지엄 40
헐 70, 121

헤르쿨라네움 179, 180, 195, 246, 311
헤스페리데스 정원에 있는 헤라클레스와 벗들 164, 254
헥토르의 시신을 돌려달라고 아킬레우스에게 간청하는 프리아모스 241
헨리 본 212
헨리 웨버 7, 140, 140, 141, 298, 311, 330, 333, 335
헬리오타이프 230, 324
호메로스와 헤시오도스 245, 254, 278
호메로스의 신격화 241, 242, 246, 274, 284, 310
혼인의 신에 대한 번제 284
화감청 239
휴 헨셜 130

옮긴이 **송연수**

고려대학교 사범대학 영어교육과를 졸업하고, 동 대학교 국제대학원에서 북미유럽 분야를 전공해 석사학위를 취득했다. 1995년부터 2005년까지 외교통상부 외교안보연구원(현 국립외교원) 아태연구부 선임연구원을 지냈다. 현재 전문번역가로 활동 중이다. 번역한 책으로 《사람을 살린다는 것》《균열일터》《용서라는 고통》《레일웨이 맨》 등이 있다.

조사이어 웨지우드

첫판 1쇄 펴낸날 2024년 12월 5일

지은이 | 새뮤얼 스마일스
옮긴이 | 송연수
펴낸이 | 지평님
본문 조판 | 성인기획 (010)2569-9616
종이 공급 | 화인페이퍼 (02)338-2074
인쇄 | 중앙P&L (031)904-3600
제본 | 다인바인텍 (031)955-3735

펴낸곳 | 황소자리 출판사
출판등록 | 2003년 7월 4일 제2003-123호
대표전화 | (02)720-7542 팩시밀리 | (02)723-5467
E-mail | candide1968@hanmail.net

ⓒ 황소자리, 2024

ISBN 979-11-91290-42-4 03990

* 잘못된 책은 구입처에서 바꾸어드립니다.